Studienwissen kompakt

Mit dem Springer-Lehrbuchprogramm „Studienwissen kompakt" werden kurze Lerneinheiten geschaffen, die als Einstieg in ein Fach bzw. in eine Teildisziplin konzipiert sind, einen ersten Überblick vermitteln und Orientierungswissen darstellen.

Marc Oliver Opresnik
Carsten Rennhak

Allgemeine Betriebswirtschaftslehre

Grundlagen unternehmerischer Funktionen

2., vollständig aktualisierte und überarbeitete Auflage

Marc Oliver Opresnik
Lehrstuhl für Allgemeine Betriebswirtschaftslehre, insbes. Marketing,
Management und Unternehmensführung
Luebeck University of Applied Sciences
Lübeck, Deutschland

Carsten Rennhak
Universität der Bundeswehr München
München, Deutschland

Die erste Auflage erschien unter dem Titel: Grundlagen der Allgemeinen Betriebswirtschaftslehre. Eine Einführung aus marketingorientierter Sicht.

ISBN 978-3-662-44326-2   ISBN 978-3-662-44327-9 (eBook)
DOI 10.1007/978-3-662-44327-9

Die Deutsche Nationalbibliothek verzeichnet diese Publikation in der Deutschen Nationalbibliografie; detaillierte bibliografische Daten sind im Internet über http://dnb.d-nb.de abrufbar.

Springer Gabler
© Springer-Verlag Berlin Heidelberg 2012, 2015
Das Werk einschließlich aller seiner Teile ist urheberrechtlich geschützt. Jede Verwertung, die nicht ausdrücklich vom Urheberrechtsgesetz zugelassen ist, bedarf der vorherigen Zustimmung des Verlags. Das gilt insbesondere für Vervielfältigungen, Bearbeitungen, Übersetzungen, Mikroverfilmungen und die Einspeicherung und Verarbeitung in elektronischen Systemen.

Die Wiedergabe von Gebrauchsnamen, Handelsnamen, Warenbezeichnungen usw. in diesem Werk berechtigt auch ohne besondere Kennzeichnung nicht zu der Annahme, dass solche Namen im Sinne der Warenzeichen- und Markenschutz-Gesetzgebung als frei zu betrachten wären und daher von jedermann benutzt werden dürften.

Lektorat: Michael Bursik/Margit Schlomski

Gedruckt auf säurefreiem und chlorfrei gebleichtem Papier.

Springer Gabler ist eine Marke von Springer DE. Springer DE ist Teil der Fachverlagsgruppe Springer Science+BusinessMedia
www.springer-gabler.de

Vorwort zur 2. Auflage

Das bewährte Konzept der ersten Auflage führen wir in der zweiten Auflage weiter: durch die kompakte und überaus verständliche Aufbereitung der entsprechenden Themenkomplexe ist das Lehrbuch auch für Studierende mit dem Fach Betriebswirtschaftslehre im Nebenfach ideal geeignet und nicht – wie viele andere Bücher zu diesem Thema auf dem Markt – überdimensioniert. Dieser Vermittlungsansatz entspricht den Anforderungen der neuen Springer-Lehrbuchreihe *Studienwissen kompakt*. Wir freuen uns, dass wir mit der 2. Auflage nun innerhalb dieser Reihe erscheinen und haben in diesem Zusammenhang einige didaktische Elemente ergänzt und verstärkt. Der modulare Aufbau des Buches erlaubt es, jede unternehmerische Funktion wie Marketing, Investition oder Finanzierung für sich allein zu studieren bzw. zu vertiefen. Darüber hinaus geben am Anfang jedes Kapitels Lernziele einen Überblick über die nachfolgend dargestellten Zusammenhänge. Neben der Hervorhebung der wichtigsten Definitionen im Text und aktuellen Fallbeispielen aus der Wirtschaftspraxis dienen Wiederholungsfragen am Ende eines jeden Abschnitts der laufenden Lernkontrolle und einer gezielte Prüfungsvorbereitung.

Die Verbesserungen im Rahmen der zweiten Auflage sind vor allem inhaltlicher Natur. Alle Kapitel wurden vollständig aktualisiert und überarbeitet und bewusst so kompakt wie möglich aufbereitet.

Unser großer Dank für die Unterstützung bei der Herausgabe der zweiten Auflage geht an Frau Carina Schmidt und Herrn Stefan Plenk vom Institut für Organisationskommunikation der Universität der Bundeswehr in München, ohne deren Unterstützung wir dieses Projekt nicht hätten realisieren können. Unser herzlicher Dank gilt ebenso Frau Sabine Müller von der Fakultät Betriebswirtschaft der Universität der Bundeswehr in München, die in unermüdlicher Detailarbeit die Druckfahnen korrigiert hat. Frau Ulrike Lörcher sowie Herrn Michael Bursik vom Springer-Verlag danken wir für die hervorragende Betreuung des Projektes.

Ein Buch lebt von den Anregungen seiner Leserinnen und Leser. Wir würden uns deshalb freuen, wenn Sie uns auch weiterhin über eine der angegebenen E-Mail-Adressen bei der Weiterentwicklung und kontinuierlichen Verbesserung dieses innovativen Lehrbuches unterstützen würden.

Herzlichen Dank im Voraus für Ihre Rückmeldungen und Anregungen!

Marc Oliver Opresnik
Luebeck University of Applied Sciences
Opresnik@FH-Luebeck.de

Carsten Rennhak
Universität der Bundeswehr München
Carsten.Rennhak@unibw.de

Vorwort zur 1. Auflage

Betriebswirtschaftliche Kenntnisse sind in unserer heutigen Welt eine wesentliche Voraussetzung für das Verständnis der komplexen Vorgänge innerhalb der Wirtschafts- und Gesellschaftssysteme.

Das vorliegende Buch soll als Einführung einen Überblick über das betriebswirtschaftliche Grundwissen geben. Es richtet sich an Dozenten, welche das Fach Betriebswirtschaftslehre an Universitäten, Fachhochschulen und Berufsschulen unterrichten, und Studierende, die sich mit betriebswirtschaftlichen Fragen im Rahmen ihrer Aus- und Weiterbildung auseinandersetzen. Angesprochen sind aber auch Studierende, welche die Betriebswirtschaftslehre als Nebenfach gewählt haben (z. B. Juristen, Ingenieure, Psychologen etc.) und Praktiker, die mit betriebswirtschaftlichen Problemstellungen konfrontiert werden. Das Buch bietet die Möglichkeit, entweder einen vollständigen Überblick über die gegenwärtige Betriebswirtschaftslehre zu gewinnen oder aber nur einzelne Fragestellungen zu bearbeiten.

Eine Durchsicht der zurzeit einschlägigen Lehrbücher führt zu der Erkenntnis, dass eine Zusammenfassung des umfangreichen betriebswirtschaftlichen Wissens in eine Gesamtschau zwangsläufig mit einer enormen Reduktion in der Darstellung der einzelnen Stoffgebiete verbunden ist. Weiterhin haben wir aufgrund der Sichtung entsprechender Bücher sowie der Rückmeldung zahlreicher Studierender und Praktiker bei der Konzeption dieses Lehrbuches folgende zentralen Elemente realisiert, um den Lernerfolg nachhaltig sicherzustellen und den Leserinnen und Lesern einen echten Mehrwert zu liefern:

- Durch die kompakte und verständliche Aufbereitung der entsprechenden Themenkomplexe ist das Buch auch für Studierende mit dem Fach Betriebswirtschaftslehre im Nebenfach sowie für Bachelorstudierende ideal geeignet und nicht überdimensioniert oder überfrachtet.
- Der Aufbau des Buches erlaubt es, jede unternehmerische Funktion wie Marketing, Investition oder Finanzierung für sich allein zu studieren bzw. zu vertiefen.
- Am Anfang jedes Kapitels geben Lernziele einen ersten Überblick über die nachfolgend dargestellten Zusammenhänge.
- Wichtige Definitionen werden im Text gesondert hervorgehoben.
- Unter der Rubrik Wirtschaftspraxis werden Beispiele dargestellt, welche der Verdeutlichung der theoretischen Sachverhalte dienen.

- Mit Hilfe der Wiederholungsfragen sind eine laufende Lernkontrolle und eine gezielte Prüfungsvorbereitung möglich.

Insbesondere wird der Bereich des Marketings in den meisten klassischen Lehrbüchern zur „Allgemeinen Betriebswirtschaftslehre" zu kompakt behandelt, was der zunehmenden Bedeutung dieses Gebietes nicht gerecht wird. Vor diesem Hintergrund und aufgrund der Entwicklung des Marketings von einer unternehmerischen Funktion hin zu einer Führungsphilosophie, welche die bewusste Führung des gesamten Unternehmens vom Markt her beinhaltet, d. h. die Kunden und ihre Nutzenansprüche sowie deren konsequente Erfüllung in den Mittelpunkt des unternehmerischen Handelns stellt, um so unter Käufermarktbedingungen Erfolg und Existenz des Unternehmens dauerhaft zu sichern, bildet das Stoffgebiet des Marketings den inhaltlichen Schwerpunkt dieses Lehrbuches.

Unser großer Dank für die Unterstützung bei der Herausgabe dieser Auflage geht an unsere Familien ohne deren Unterstützung und Geduld dieses Buch nicht hätte realisiert werden können. Frau Ulrike Lörcher vom Gabler-Verlag danken wir für die hervorragende Betreuung des Projektes, insbesondere aber für ihre große Geduld mit den Autoren und ihre unablässige Motivation in der Endphase bei der Einreichung der Manuskripte. Besonderer Dank gebührt darüber hinaus Herrn Mathias Helms für dessen großartige Unterstützung im Rahmen der finalen Überarbeitung und der Erstellung der Grafiken.

Ein Buch lebt von den Anregungen seiner Leserinnen und Leser. Wir würden uns deshalb freuen, wenn Sie uns zukünftig über eine der angegebenen E-Mail-Adressen bei der Weiterentwicklung und kontinuierlichen Verbesserung dieses innovativen Lehrbuches unterstützen würden.

Herzlichen Dank im Voraus für Ihre Rückmeldungen und Anregungen!

Marc Oliver Opresnik

Carsten Rennhak

Über die Autoren

Prof. Dr. Marc Oliver Opresnik

Marc Oliver Opresnik ist Professor für Marketing und Management sowie Mitglied des Direktoriums beim SGMI Management Institut St. Gallen, eine renommierte international tätige Business School sowie Professor für Allgemeine Betriebswirtschaftslehre an der Luebeck University of Applied Sciences. Darüber hinaus ist er Gastprofessor an internationalen Hochschulen wie der European Business School in London und der East China University of Science and Technology in Shanghai. Dr. Opresnik war zehn Jahre lang erfolgreich im Management eines internationalen Weltkonzerns tätig und ist Autor zahlreicher Artikel und Fachbücher, u. a. des internationalen Marketing-Lehrbuches „Marketing – A Relationship Perspective". Zusammen mit Kevin Keller und Phil Kotler, dem bekanntesten Marketing-Professor der Welt, zeichnet er als Co-Autor für die deutsche Ausgabe von „Marketing Management", der „Bibel des Marketings", verantwortlich. Darüber hinaus ist er als „Senior Executive Vice President" und „Chief Research Officer" bei Kotler Impact Inc., dem global agierendem Unternehmen von Phil Kotler, für die weltweite Entwicklung, Einführung und Durchführung von Studiengängen, Executive Trainings sowie Forschung verantwortlich.

Prof. Opresnik arbeitet als Trainer, Keynote-Speaker und Berater (www.opresnik-management-consulting.de) für zahlreiche Institutionen, Regierungen und internationale Konzerne. Über 100.000 Menschen haben ihn als Referenten auf Kongressen und Symposien und als Trainer in Seminaren zu Marketing, Vertrieb und Verhandlungsführung im In- und Ausland, u. a. in St. Gallen, Berlin, Houston, Moskau, London, Mailand, Dubai und Tokio erlebt und von seinen Impulsen beruflich wie persönlich profitiert. Mit seiner langjährigen internationalen Erfahrung zählt Marc Opresnik weltweit zu den renommiertesten Experten für Marketing, Strategisches Management und Verhandlungsführung.

Prof. Dr. Carsten Rennhak

Carsten Rennhak ist Professor für PR und Marketing an der Universität der Bundeswehr München. Von 2004 bis 2013 lehrte er Marketing an der ESB Reutlingen. Er ist Visiting Professor u. a. an der Zagreb School of Economics and Management, der SP Jain in Mumbai, der Polytechnical University in St. Petersburg und der Haaga-Helia, Helsinki. Von 2003 bis 2004 war er zudem als Professor für Marketing an der Munich Business School tätig.

Prof. Rennhaks Lehr- und Forschungsschwerpunkte sind u. a. Produkt- und Preispolitik, Unternehmenskommunikation und Kundenbindung. Von 1997 bis 2003 war er als Unternehmensberater und Projektleiter im Bereich Telekommunikation, Medien, High-Tech bei booz & Co tätig. 2001 promovierte Rennhak an der Ludwig-Maximilians-

Universität München mit einer Arbeit zur Wirkung vergleichender Werbung. Er besitzt einen M. A. in Volkswirtschaftslehre und ist zudem Dipl.-Kfm. Er ist Mitherausgeber mehrerer Fachzeitschriften und fungiert als Gutachter für diverse Journals. Prof. Rennhak ist Autor von etwa 20 Fachbüchern und über 150 wissenschaftlichen Aufsätzen.

Inhaltsverzeichnis

1	**Grundlagen der Betriebswirtschaftslehre** 1
	Marc Oliver Opresnik, Carsten Rennhak
1.1	**Gegenstand der Betriebswirtschaftslehre** 2
1.1.1	Grundlagen des Wirtschaftens. 3
1.1.2	Träger der Wirtschaft 6
1.1.3	Betrieblicher Umsatzprozess 9
1.1.4	System der betrieblichen Produktionsfaktoren 10
1.1.5	Betriebstypologie 11
1.1.6	Stakeholder 14
1.2	**Betriebswirtschaftslehre im System der Wissenschaften**............... 15
1.2.1	Betriebswirtschaftslehre als Wissenschaft.............................. 15
1.2.2	Einordnung im System der Wissenschaften 16
1.2.3	Erkenntnis- und Erfahrungsobjekt der Betriebswirtschaftslehre 18
1.2.4	Erkenntnisziele der Betriebswirtschaftslehre 18
1.2.5	Gliederung der Betriebswirtschaftslehre............................... 19
1.3	**Lern-Kontrolle** 21

2	**Konstitutive Entscheidungen und Organisation**.................... 23
	Marc Oliver Opresnik, Carsten Rennhak
2.1	**Grundlagen der Entscheidungstheorie** 25
2.2	**Grundelemente entscheidungstheoretischer Modelle**................. 26
2.2.1	Entscheidungen unter Sicherheit 28
2.2.2	Entscheidungen unter Risiko 28
2.2.3	Entscheidungen unter Unsicherheit................................... 30
2.3	**Standortentscheidungen**... 32
2.3.1	Ziele von Standortentscheidungen 32
2.3.2	Betriebliche Standortfaktoren 33
2.4	**Rechtsformentscheidungen** 34
2.4.1	Ziele und Auswahlkriterien der Rechtsformenwahl...................... 34
2.4.2	Einzelunternehmen 38
2.4.3	Personengesellschaften 39
2.4.4	Kapitalgesellschaften.. 44
2.5	**Organisation** 47
2.5.1	Ziele und Begriff der Organisation 47
2.5.2	Aufbauorganisation... 48

XII Inhaltsverzeichnis

2.5.3	Organisationsformen	50
2.5.4	Ablauforganisation	54
2.6	**Unternehmensverbindungen**	55
2.6.1	Ziele von Unternehmenszusammenschlüssen	56
2.6.2	Einteilung von Unternehmenszusammenschlüssen	57
2.6.3	Kooperationsformen	60
2.6.4	Konzentrationsformen	63
2.7	**Lern-Kontrolle**	65
3	**Marketing**	69
	Marc Oliver Opresnik, Carsten Rennhak	
3.1	**Grundlagen**	70
3.2	**Konsumentenverhalten**	73
3.2.1	Involvement	74
3.2.2	Entscheidungsverhalten	76
3.3	**Marktsegmentierung**	77
3.4	**Marktforschung**	79
3.4.1	Aufgabe und Systematik der Marktforschung	80
3.4.2	Marktforschungsprozess	81
3.4.3	Gütekriterien der Marktforschung	82
3.4.4	Datenanalyse	83
3.5	**Produktpolitik**	83
3.5.1	Markenpolitik	84
3.5.2	Programmpolitik	86
3.5.3	Produktlebenszyklus	88
3.6	**Preispolitik**	89
3.6.1	Preisbündelung und Preisdifferenzierung	90
3.6.2	Preisstrategien	91
3.6.3	Ansatzpunkte zur Bestimmung des optimalen Angebotspreises	92
3.7	**Kommunikationspolitik**	92
3.7.1	Instrumente der Kommunikationspolitik	94
3.7.2	Messung der Kommunikationswirkung	95
3.8	**Distributionspolitik**	96
3.8.1	Absatzorgane	96
3.8.2	Absatzwege	97
3.9	**Lern-Kontrolle**	98

Inhaltsverzeichnis

4	**Investition**	101

Marc Oliver Opresnik, Carsten Rennhak

4.1	**Grundlagen der Investitionsplanung**	102
4.2	**Investitionsarten**	103
4.3	**Investitionsrechnung im Zahlungstableau**	104
4.4	**Statische Verfahren der Investitionsrechnung**	107
4.4.1	Kostenvergleichsrechnung	107
4.4.2	Gewinnvergleichsrechnung	109
4.4.3	Rentabilitätsvergleichsrechnung	110
4.4.4	Amortisationsrechnung	112
4.4.5	Bewertung der statischen Verfahren	113
4.5	**Dynamische Verfahren der Investitionsrechnung**	114
4.5.1	Kapitalwertmethode	118
4.5.2	Annuitätenmethode	121
4.5.3	Beurteilung der dynamischen Investitionsrechenverfahren	124
4.6	**Lern-Kontrolle**	126

5	**Finanzierung**	129

Marc Oliver Opresnik, Carsten Rennhak

5.1	**Corporate Finance**	131
5.2	**Formen der Finanzierung**	134
5.3	**Liquidität**	141
5.4	**Cashflow**	143
5.5	**Kreditrisiko**	145
5.6	**Bewertung von Finanztiteln**	147
5.6.1	Technische Analyse	147
5.6.2	Fundamentalanalyse	149
5.6.3	Portfoliotheorie und Capital Asset Pricing Model	150
5.7	**Lern-Kontrolle**	152

6	**Das betriebliche Rechnungswesen**	155

Marc Oliver Opresnik, Carsten Rennhak

6.1	**Internes Rechnungswesen**	157
6.1.1	Grundlagen	157
6.1.2	Kostentheorie	159
6.1.3	Kalkulation	159
6.2	**Externes Rechnungswesen**	176
6.2.1	Grundbegriffe	177
6.2.2	Aufgaben des externen Rechnungswesens	180

6.2.3	Jahresabschluss	181
6.2.4	Grundlagen internationaler Rechnungslegung	189
6.3	**Lern-Kontrolle**	190

7 Materialwirtschaft 193
Marc Oliver Opresnik, Carsten Rennhak

7.1	**Grundbegriffe**	194
7.2	**Ziele der Materialwirtschaft**	195
7.3	**Beschaffung**	197
7.3.1	Insourcing versus Outsourcing	197
7.3.2	ABC-Analyse	198
7.3.3	XYZ-Analyse	200
7.3.4	Bestellpolitik	200
7.4	**Logistik**	202
7.5	**Lern-Kontrolle**	204

8 Produktion 207
Marc Oliver Opresnik, Carsten Rennhak

8.1	**Grundlagen**	208
8.2	**Gestaltungsmöglichkeiten von Produktionssystemen**	210
8.2.1	Festlegung des Prozesstyps der Produktion	210
8.2.2	Festlegung des Organisationstyps der Produktion	211
8.3	**Produktionstheorie**	212
8.3.1	Substitutionale Produktionsfunktionen	213
8.3.2	Limitationale Produktionsfunktionen	213
8.3.3	Produktionsfunktion vom Typ A (Ertragsgesetz)	214
8.4	**Lern-Kontrolle**	218

Serviceteil	221
Definitionen im Überblick	222
Tipps fürs Studium und fürs Lernen	228
Literatur	233

Grundlagen der Betriebswirtschaftslehre

Marc Oliver Opresnik, Carsten Rennhak

1.1 Gegenstand der Betriebswirtschaftslehre – 2
1.1.1 Grundlagen des Wirtschaftens – 3
1.1.2 Träger der Wirtschaft – 6
1.1.3 Betrieblicher Umsatzprozess – 9
1.1.4 System der betrieblichen Produktionsfaktoren – 10
1.1.5 Betriebstypologie – 11
1.1.6 Stakeholder – 14

1.2 Betriebswirtschaftslehre im System der Wissenschaften – 15
1.2.1 Betriebswirtschaftslehre als Wissenschaft – 15
1.2.2 Einordnung im System der Wissenschaften – 16
1.2.3 Erkenntnis- und Erfahrungsobjekt der Betriebswirtschaftslehre – 18
1.2.4 Erkenntnisziele der Betriebswirtschaftslehre – 18
1.2.5 Gliederung der Betriebswirtschaftslehre – 19

1.3 Lern-Kontrolle – 21

M. O. Opresnik, C. Rennhak, *Allgemeine Betriebswirtschaftslehre*,
Studienwissen kompakt, DOI 10.1007/978-3-662-44327-9_1,
© Springer-Verlag Berlin Heidelberg 2015

Kapitel 1 · Grundlagen der Betriebswirtschaftslehre

Lern-Agenda
Die Betriebswirtschaftslehre basiert auf diversen spezifischen Begriffen und wirtschaftlichen Sachverhalten. Dieses Kapitel hat die entsprechenden Lernziele zum Inhalt und möchte vermitteln
- was Gegenstand der Betriebswirtschaftslehre ist,
- was es bedeutet, zu wirtschaften,
- welche Arten von Gütern es gibt,
- was Märkte sind,
- welche Anspruchsgruppen es für Unternehmen gibt,
- wie die Betriebswirtschaftslehre in die Wissenschaften eingeordnet wird und
- wie die Betriebswirtschaftslehre weiter untergliedert werden kann.

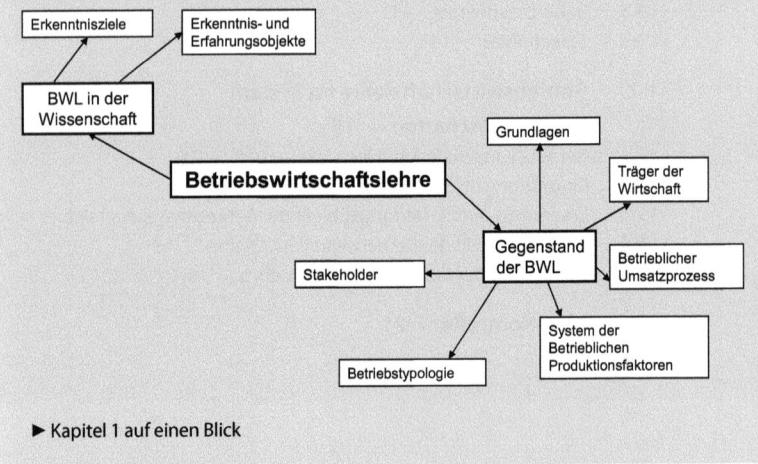

▶ Kapitel 1 auf einen Blick

1.1 Gegenstand der Betriebswirtschaftslehre

Die Betriebswirtschaftslehre ist eine relativ junge wissenschaftliche Disziplin, welche ihre Ausprägung als selbstständige Wissenschaft der wirtschaftenden Unternehmen erst im Laufe des zwanzigsten Jahrhunderts gefunden hat.

Merke!

Gegenstand und Erkenntnisobjekt der **Betriebswirtschaftslehre** ist das Wirtschaften in und von Unternehmen.

1.1 · Gegenstand der Betriebswirtschaftslehre

Im Mittelpunkt der folgenden Ausführungen stehen die spezifischen Merkmale von Betrieben und was es bedeutet zu **wirtschaften**.

1.1.1 Grundlagen des Wirtschaftens

Bedürfnisse

Ausgangspunkt allen wirtschaftlichen Handelns sind die **Bedürfnisse** der Wirtschaftssubjekte.

> **Merke!**
>
> Unter **Bedürfnissen** versteht man die Mangelempfindungen nach Gütern oder Dienstleistungen mit dem gleichzeitigen Wunsch ihrer Befriedigung.

Aus der Vielzahl der menschlichen Bedürfnisse interessieren in der Betriebswirtschaftslehre vor allem diejenigen, welche durch die Wirtschaft als Anbieter von Gütern und Dienstleistungen befriedigt werden können. Grundsätzlich können drei Arten von Bedürfnissen unterschieden werden (Jung 2010):

- **Existenzbedürfnisse**, auch **primäre Bedürfnisse** genannt, dienen der Selbsterhaltung, sind lebensnotwendig und müssen deshalb zuerst befriedigt werden. Beispiele sind Nahrung, Kleidung und Unterkunft.
- **Grundbedürfnisse** ergeben sich aus dem kulturellen und sozialen Leben sowie dem allgemeinen Lebensstandard einer jeweiligen Gesellschaft. Als Beispiele sind die Bedürfnisse nach Bildung (Kurse, Bücher), Sport, Reisen oder Haushaltsgegenständen (Radio, Kühlschrank) zu nennen.
- **Luxusbedürfnisse** erfüllen den Wunsch nach luxuriösen Gütern und Dienstleistungen. Sie können in der Regel nur von Personen mit hohem Einkommen befriedigt werden. Beispiele sind Schmuck, Ferienwohnungen und Luxusautos.

Da die den Wirtschaftssubjekten zur Verfügung stehenden Mittel im Allgemeinen limitiert sind, können sie niemals – oder zumindest nicht gleichzeitig – alle Bedürfnisse befriedigen. Die Wirtschaftssubjekte haben daher eine Wahl zu treffen, welche Bedürfnisse sie vor allem oder zuerst befriedigen möchten. Aus diesem Grunde fasst man die Grund- und Luxusbedürfnisse unter dem Begriff der **Wahlbedürfnisse** zusammen.

Der Übergang von den Existenz- über die Grund- zu den Luxusbedürfnissen ist dabei fließend. Was der eine als Grundbedürfnis empfindet, stuft der andere als Luxusbedürfnis ein. Die Einordnung eines Bedürfnisses hängt dabei in starkem Maße von den Normen einer Gesellschaft sowie von den persönlichen Wertvorstellungen des Wirtschaftssubjektes ab. Diese können sich über die Zeit zudem stark verändern. Viele Bedürfnisse, die früher den Luxusbedürfnissen zugeordnet wurden, werden heute als selbstverständlich und mithin als Grundbedürfnisse betrachtet. Darüber hinaus ruft die Befriedigung einzelner Bedürfnisse meist neue Bedürfnisse auf den Plan, sogenannte **komplementäre Bedürfnisse**. So hat beispielsweise das Bedürfnis nach mehr Wohnraum häufig zur Folge, dass das Bedürfnis nach neuen und u.U. hochwertigeren Einrichtungsgegenständen (z. B. Möbel, Bilder) entsteht (Thommen und Achleitner 2012).

Die von der Kaufkraft unterstützen Bedürfnisse führen zur gesamtwirtschaftlichen **Nachfrage** nach einem bestimmten Gut oder einer Dienstleistung. Zentrale Aufgabe der Wirtschaft ist es, bestimmte Bedürfnisse des Menschen zu befriedigen und dem Bedarf an Gütern und Dienstleistungen ein entsprechendes Angebot gegenüberzustellen.

> **Auf den Punkt gebracht:** Zusammenfassend kann man unter dem Begriff Wirtschaft alle Institutionen und Prozesse verstehen, welche der Befriedigung menschlicher Bedürfnisse nach knappen Gütern dienen (Thommen und Achleitner 2012).

Wirtschaftsgüter

Zur Bedürfnisbefriedigung dienen Gegenstände, Tätigkeiten und Rechte. Diese werden in der Betriebswirtschaftslehre unter dem Oberbegriff **Güter** zusammengefasst (Jung 2010). Die Wirtschaftsgüter lassen sich nach verschiedenen Kriterien in die in ◘ Abb. 1.1 aufgezeigten zentralen Kategorien unterteilen.

- **Knappe Güter – freie Güter** Güter, die in nahezu unbegrenzter Menge zur Verfügung stehen und für deren Gewinnung keinerlei Anstrengungen erforderlich sind, werden als freie Güter bezeichnet (z. B. Licht, Luft). Bei dieser Art von Gütern ist ein wirtschaftliches Handeln nicht erforderlich. Güter, die nur in begrenzter Menge vorhanden sind, bezeichnet man als wirtschaftliche oder knappe Güter.
- **Produktionsgüter – Konsumgüter** Diese Unterteilung basiert darauf, ob die Wirtschaftsgüter nur indirekt oder direkt ein menschliches Bedürfnis befriedigen. Konsumgüter (z. B. Schuhe, Ferienreisen) sind stets Outputgüter und dienen als solche unmittelbar dem Konsum, während Produktionsgüter oder Investitionsgüter (z. B. Werkzeuge, Maschinen) nicht nur Outputgüter, sondern zugleich auch Inputgüter für nachgelagerte Produktionsprozesse darstellen, an deren Ende letztlich wieder Konsumgüter stehen können.
- **Verbrauchsgüter – Gebrauchsgüter** Verbrauchsgüter sind Güter, die bei einem einzelnen Einsatz verbraucht werden, d. h. wirtschaftlich gesehen dabei untergehen (z. B. Schmierstoffe) oder in das Produkt eingehen (z. B. Material). Gebrauchsgüter dagegen stellen Güter dar, die einen wiederholten Gebrauch, eine längerfristige Nutzung erlauben (z. B. Kleidungsstücke, Lastwagen).

1.1 · Gegenstand der Betriebswirtschaftslehre

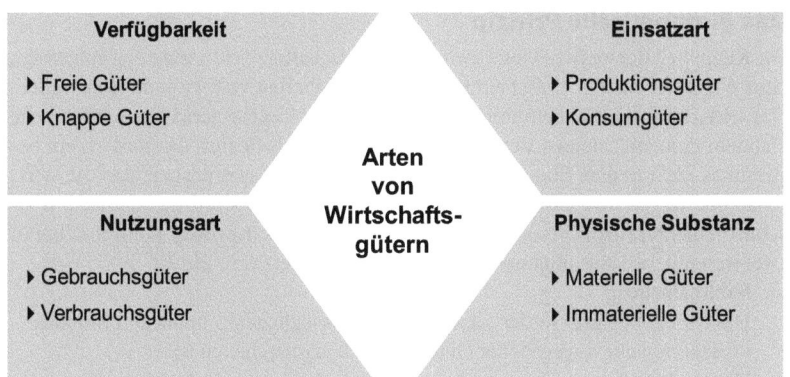

◘ Abb. 1.1 Arten von Wirtschaftsgütern

- **Materielle Güter – immaterielle Güter** Immaterielle Güter haben im Gegensatz zu den erstgenannten keine materielle Substanz. Beispiele sind Dienstleistungen (z. B. Seminare) und Rechte (z. B. Lizenzen).

Wie die Volkswirtschaftslehre verwendet auch die Betriebswirtschaftslehre den Begriff der Produktionsfaktoren. In der Volkswirtschaftslehre werden typischerweise die drei Produktionsfaktoren Kapital, Boden und Arbeit unterschieden.

> **Merke!**
>
> In der Betriebswirtschaftslehre bezeichnet man als **Produktionsfaktoren** alle Elemente, die im betrieblichen Leistungserstellungs- und Leistungsverwertungsprozess miteinander kombiniert werden (Thommen und Achleitner 2012).

Die überwiegende Anzahl der Güter steht nur in begrenztem Umfang zur Verfügung. Da aber die menschlichen Bedürfnisse quasi unbegrenzt sind, ergibt sich ein **Spannungsverhältnis** zwischen den menschlichen Bedürfnissen auf der einen Seite und den zur Befriedigung dieser Bedürfnisse geeigneten Gütern auf der anderen Seite. Aus diesem Spannungsverhältnis zwischen Bedarf und den Deckungsmöglichkeiten entsteht die Notwendigkeit zum Wirtschaften.

> **Auf den Punkt gebracht: Wirtschaften ist ein rationales Verhalten, welches darauf ausgerichtet ist, knappe Wirtschaftsgüter so einzusetzen, dass sie eine höchstmögliche Bedürfnisbefriedigung gewährleisten.**

Das ökonomische Prinzip

Die Knappheit der meisten Güter zwingt die Wirtschaftssubjekte, wie oben aufgezeigt, zum Wirtschaften, d. h. Entscheidungen über ihre alternative Verwendung zu treffen. Das wirtschaftliche Handeln unterliegt wie jedes auf Zwecke gerichtete menschliche Handeln dem allgemeinen **Vernunftsprinzip** (**Rationalprinzip**), das fordert, ein bestimmtes Ziel mit dem Einsatz möglichst geringer Mittel zu erreichen. Auf die Wirtschaft übertragen wird das Rationalprinzip als ökonomisches Prinzip oder auch **Wirtschaftlichkeitsprinzip** bezeichnet. Das Wirtschaftlichkeitsprinzip kommt dabei in zwei wesentlichen Ausprägungen vor (Vahs und Schäfer-Kunz 2012):

- Minimalprinzip
  Das Minimalprinzip fordert, dass bei geringstmöglichem Einsatz an Produktionsfaktoren ein vorgegebener Güterertrag zu erwirtschaften ist.
- Maximalprinzip
  Das Maximalprinzip fordert, dass bei einem gegebenen Aufwand an Produktionsfaktoren der größtmögliche Güterertrag zu erzielen ist.

Das ökonomische Prinzip stellt jedoch kein Erklärungsmodell des wirtschaftlichen bzw. des allgemeinen Verhaltens dar, d. h. es macht keinerlei Aussagen über die Motive oder Zielsetzungen des wirtschaftlichen Handelns, sondern fordert lediglich ein spezifisches Verhalten, welches sowohl individuell als auch gesamtwirtschaftlich bei Konsumenten und Produzenten gültig ist.

1.1.2 Träger der Wirtschaft

Wirtschaften vollzieht sich in konkreten **Wirtschaftseinheiten** unterschiedlicher Größenordnungen. Unter dem Oberbegriff **Einzelwirtschaft** zusammengefasst, erfolgt in diesen organisierten Wirtschaftseinheiten der Prozess der Erstellung von Gütern und die Bereitstellung von Dienstleistungen, der Absatz von Gütern und Leistungen sowie deren Verbrauch.

In den folgenden Abschnitten werden die Träger der Wirtschaft und ihre Bedeutung erläutert. Einen Überblick gibt ◻ Abb. 1.2 (Schierenbeck und Wöhle 2008).

Haushalte

Haushalte sind primär dadurch charakterisiert, dass sie konsumorientiert sind, d. h. vor allem Konsumgüter verbrauchen.

> **Merke!**
>
> **Haushalte** sind Wirtschaftseinheiten, in welchen zur Deckung eigener Bedarfe Güter und Dienstleistungen konsumiert werden.

1.1 · Gegenstand der Betriebswirtschaftslehre

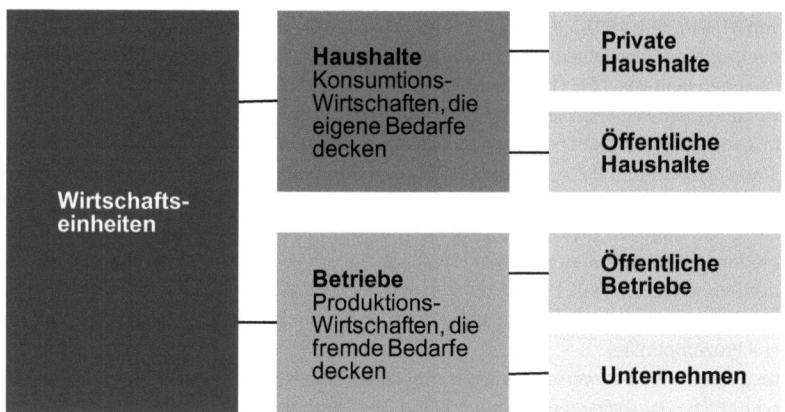

◘ Abb. 1.2 Haushalte und Betriebe

Aus diesem Grund werden Haushalte auch als **Konsumtionswirtschaften** bezeichnet, die auf Eigenbedarfsdeckung ausgerichtet sind. Als Gegenleistung für die konsumierten Güter und Dienstleistungen bieten die Haushalte den Unternehmen ihre Arbeitskraft als Produktionsfaktor an. Haushalte können in **private** und **öffentliche** Haushalte unterteilt werden. Diese beiden Kategorien unterscheiden sich dadurch, dass die privaten Haushalte (Einzel- oder Mehrpersonenhaushalte) aufgrund von Individualbedürfnissen ihren Eigenbedarf decken, während die öffentlichen Haushalte (Bund, Länder, Gemeinden) ihren Bedarf aus den Bedürfnissen der privaten Haushalte deduzieren. Sowohl die privaten als auch die öffentlichen Haushalte sind als Konsumtionswirtschaften in der Regel nicht zentraler Gegenstand der Betriebswirtschaftslehre. Sie werden aber gleichwohl in die Betrachtung betriebswirtschaftlicher Problemkonstellationen einbezogen, da sie letztlich die Nachfrage nach Gütern und Dienstleistungen auslösen (Thommen und Achleitner 2012).

Beispiel aus der Wirtschaftspraxis: Haushalte in Deutschland

Im Jahr 2012 lebten in 75 % der insgesamt rund 40,7 Millionen privaten Haushalte in Deutschland maximal zwei Personen. Unmittelbar nach der Wiedervereinigung, also 1991, waren noch weniger als zwei Drittel (64 %) der Haushalte kleine Haushalte. Basis dieser Ergebnisse ist der Mikrozensus, die größte jährliche Haushaltsbefragung in Deutschland und Europa. Der Mikrozensus 2012 basiert noch auf den Fortschreibungsergebnissen auf Grundlage der Volkszählung von 1987.

Zu diesem Zuwachs kleiner Haushalte haben insbesondere die Einpersonenhaushalte beigetragen. Der Anteil dieser Haushalte betrug im Jahr 2012 knapp 41 %, 1991 hatte er mit knapp 34 % noch deutlich niedriger gelegen. Der Anteil der Zweipersonenhaushalte stieg von 31 % im Jahr 1991 auf knapp 35 % im Jahr 2012. Dagegen entwickelte sich der Anteil der größeren Haushalte im selben Zeitraum rückläufig: Der Anteil der Haushalte mit drei Personen ging von 17 % (1991) auf 12 % im Jahr 2012 zurück; der Anteil der Haushalte mit vier und mehr Personen verringerte sich von 18 % auf gut 12 % im Jahr 2012.

Im Ländervergleich gibt es beim Anteil kleiner Haushalte erhebliche Unterschiede: In den Stadtstaaten Berlin (83 %), Bremen (82 %) und Hamburg (81 %) sowie in Sachsen (81 %) waren 2012 mehr als vier Fünftel aller Haushalte kleine Haushalte mit höchstens zwei Personen. Dagegen wiesen Baden-Württemberg (71 %) sowie Rheinland-Pfalz (72 %) die niedrigsten Anteile dieser kleinen Haushalte auf. Im Vergleich zu 1991 hatte Mecklenburg-Vorpommern (+ 27 Prozentpunkte) den höchsten Anstieg beim Anteil kleiner Haushalte zu verzeichnen; den geringsten Anstieg in diesem Zeitraum verzeichnete Hamburg (+ 4 Prozentpunkte).

Im Zuge der Strukturverschiebungen zugunsten kleiner Haushalte sank auch die durchschnittliche Haushaltsgröße in Deutschland: 2012 betrug die durchschnittliche Haushaltsgröße 2,01 Personen pro Haushalt. 1991 lebten dagegen noch durchschnittlich 2,27 Personen in einem Haushalt. Dieser Rückgang ist im Osten (neue Länder einschließlich Berlin) stärker ausgeprägt als im Westen (früheres Bundesgebiet ohne Berlin). Im Osten sank die durchschnittliche Haushaltsgröße von 2,31 Personen im Jahr 1991 auf 1,87 Personen im Jahr 2012, im Westen war im selben Zeitraum ein Rückgang von 2,26 Personen auf 2,05 Personen zu verzeichnen.

(Quelle: Statistisches Bundesamt Deutschland, ▶ www.destatis.de, Stand: 11.07.2013)

Betriebe

Im Gegensatz zu Haushalten lassen sich Betriebe als produktionsorientierte Wirtschaftseinheiten umschreiben, die primär der **Fremdbedarfsdeckung** dienen und folglich auch **Produktionswirtschaften** genannt werden.

> **Merke!**
>
> **Betriebe** sind Wirtschaftseinheiten, in denen zur Deckung fremder Bedarfe Güter produziert und abgesetzt werden.

Unternehmen können in **private** und **öffentliche (staatliche)** unterteilt werden. Daneben existieren Mischformen, bei denen die „**öffentliche Hand**" am Kapital der privaten Betriebe beteiligt ist (Vahs und Schäfer-Kunz 2012).

Den Ausführungen in den nachfolgenden Abschnitten und Kapiteln liegt als Wirtschaftseinheit primär das private Unternehmen zugrunde.

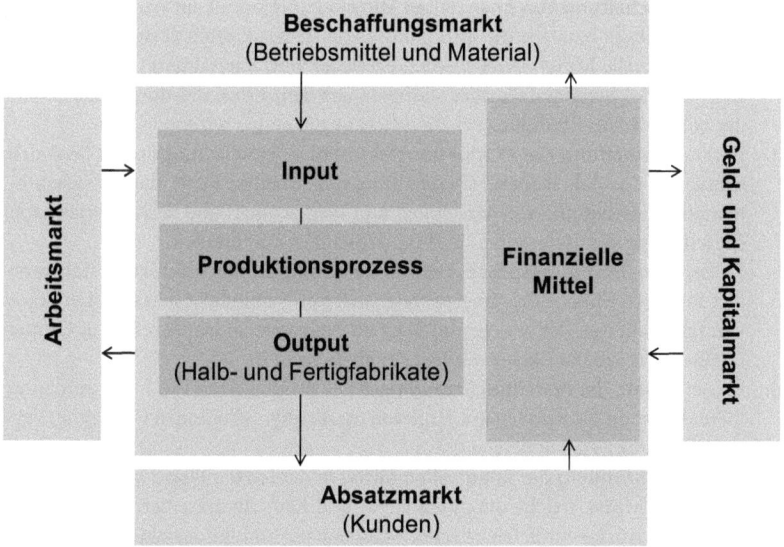

Abb. 1.3 Betrieblicher Umsatzprozess (Quelle: Jung 2010)

1.1.3 Betrieblicher Umsatzprozess

Der allgemeine betriebliche Umsatzprozess bestimmt die Verflechtungen des Unternehmens zu seiner Umwelt. Verknüpfungen des Unternehmens mit dem **Kapitalmarkt**, dem **Beschaffungsmarkt** und dem **Absatzmarkt** ergeben die Grundstruktur der außerbetrieblichen Beziehungen (◘ Abb. 1.3).

> **Merke!**
>
> **Märkte** bestehen aus der Gesamtheit von Wirtschaftseinheiten, die Güter anbieten und nachfragen, die sich gegenseitig ersetzen können.

Der betriebliche Umsatzprozess eines Unternehmens kann vorerst in einen güterwirtschaftlichen und in einen finanzwirtschaftlichen Umsatzprozess unterteilt werden, wobei die beiden Prozesse so eng miteinander verknüpft sind, dass auf eine gedankliche Trennung an dieser Stelle verzichtet wird.

Werden die einzelnen Phasen des gesamten betrieblichen Umsatzprozesses nach Maßgabe des logischen Ablaufs geordnet, ergibt sich folgender Prozess (Thommen und Achleitner 2012):

1. Phase: **Beschaffung von finanziellen Mitteln** Für den Einkauf von Material und Betriebsmitteln bzw. für die Entlohnung von Arbeitskräften verwendet der Betrieb finanzielle Mittel. Diese werden entweder vom Kapitalmarkt (Fremd- oder Eigenkapital) bereitgestellt oder stammen aus dem Erlös, der durch den Absatz der betrieblichen Produkte und Dienstleistungen erzielt wird.
2. Phase: **Beschaffung der Produktionsfaktoren** Der Beschaffungsmarkt lässt sich sinnvoll in den Arbeitsmarkt (Beschaffung von Arbeitskräften), den Betriebsmittelmarkt (Beschaffung von Maschinen und Werkzeugen) und den Materialmarkt (Beschaffung von Roh-, Hilfs- und Betriebsstoffen) unterteilen.
3. Phase: **Transformationsprozess durch Kombination der Produktionsfaktoren** Der innerbetriebliche Leistungsprozess stellt sich vereinfacht betrachtet in Form von Inputfaktoren dar, welche durch einen Transformationsprozess zum Output (Halb- und Fertigfabrikate) werden, der abzusetzen ist.
4. Phase: **Absatz der erstellten Erzeugnisse** Die produzierten Produkte werden in dieser Phase an die Kunden mit Hilfe von Marketingmaßnahmen (Werbung, Verkaufsförderung etc.) abgesetzt.
5. Phase: **Rückzahlung der finanziellen Mittel** In der letzten Phase werden etwaige finanzielle Mittel, welche durch die Geld- und Kapitalmärkte bereitgestellt worden sind, zurückgezahlt. Gleichzeitig werden neue Produktionsfaktoren beschafft, womit wieder in Phase 2 eingetreten wird und der Kreislauf sich schließt.

1.1.4 System der betrieblichen Produktionsfaktoren

Die bei der betrieblichen Leistungserstellung eingesetzten Faktoren werden als Produktionsfaktoren bezeichnet. Die systematische Kombination der verschiedenen Produktionsfaktoren stellt im Ergebnis die betriebliche Leistung dar (◘ Abb. 1.4).

Nach Gutenberg wird die menschliche Arbeitsleistung dabei grundsätzlich in **ausführende Arbeit** und **leitende (dispositive) Arbeit** unterteilt (Gutenberg 1983). Die ausführende Arbeit zählt dabei zusammen mit den Betriebsmitteln und den Werkstoffen zu den **Elementarfaktoren**, welche eine unmittelbare Beziehung zum Produktionsobjekt haben:

- **Ausführende Arbeit** ist objektbezogen und beinhaltet diejenigen Tätigkeiten, welche unmittelbar mit der Leistungserstellung und der Leistungsverwertung im Zusammenhang stehen.
- **Betriebsmittel** sind alle Einrichtungen und Anlagen, die der Leistungserstellung dienen (z. B. Grundstücke, Maschinen, Betriebs- und Geschäftsausstattung, Hilfs- und Betriebsstoffe).
- **Werkstoffe** sind alle Rohstoffe, Halb- und Fertigerzeugnisse, die als Grundmaterialien in die Herstellung der Endprodukte eingehen.

1.1 · Gegenstand der Betriebswirtschaftslehre

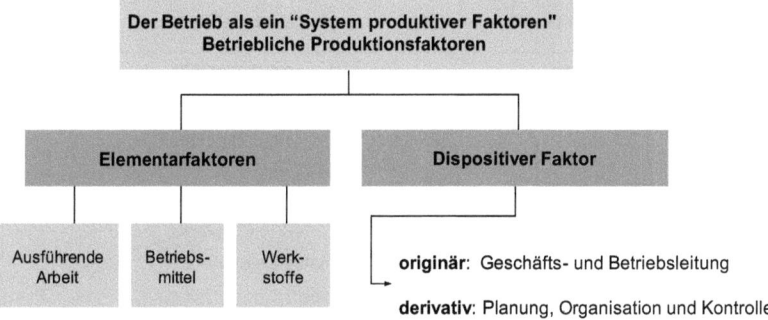

Abb. 1.4 System der betrieblichen Produktionsfaktoren nach Gutenberg

Die betriebliche Leistungserstellung erfordert die dispositive Arbeitsleistung, die in leitender Funktion den Einsatz der übrigen Produktionsfaktoren (ausführende Arbeit, Betriebsmittel und Werkstoffe) ermöglicht. Daher wird der dispositive Faktor als eigenständiger Produktionsfaktor angesehen. Er setzt sich zusammen aus einem originären Bestandteil in Form der Geschäfts- und Betriebsleitung sowie einem derivativen Bestandteil, bestehend aus Planung und Organisation sowie Kontrolle.

1.1.5 Betriebstypologie

Angesichts der Vielzahl unterschiedlicher Betriebstypen ist eine Gliederung in Form einer **Betriebstypologie** sinnvoll.

Aus der großen Zahl an möglichen Gliederungsmöglichkeiten werden in ◘ Abb. 1.5 und in den folgenden Unterkapiteln die wichtigsten angeführt.

Unterteilung von Unternehmen nach der Güterart

In Abhängigkeit von den Gütern, die sie erstellen, können Unternehmen in Sachleistungs- und Dienstleistungsunternehmen unterteilt werden (Wöhe 2013).

Zu den Sachleistungsunternehmen gehören insbesondere die Industrie- und Handwerksbetriebe. Sie können entsprechend der Erzeugerstufen weiter in folgende Betriebsarten unterteilt werden (Vahs und Schäfer-Kunz 2012):

- **Gewinnungsbetriebe**, wie landwirtschaftliche Betriebe, bringen Urprodukte hervor. Da es sich hierbei um die ersten wirtschaftlichen Tätigkeiten in der Entwicklungsgeschichte handelt, werden entsprechende Betriebe dem sogenannten primären Sektor zugeordnet.
- **Veredelungs-** bzw. **Aufbereitungsbetriebe**, wie Stahlwerke, produzieren Zwischenprodukte aus den Urprodukten.

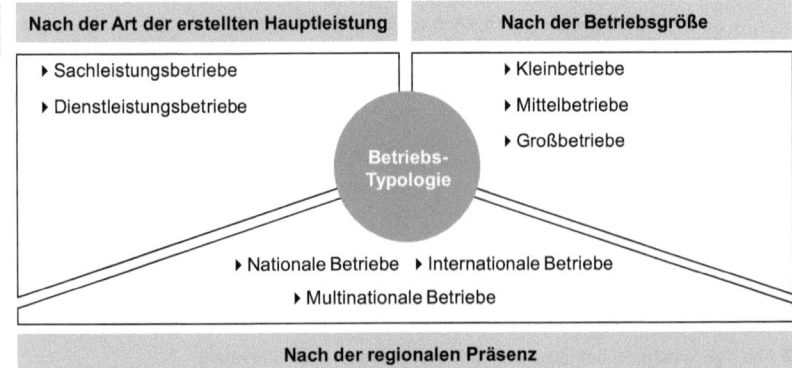

☐ Abb. 1.5 Gliederung der Betriebe: Betriebstypologie

- **Verarbeitungsbetriebe**, wie Automobilhersteller, produzieren Endprodukte aus den Zwischenprodukten. Sie werden wie die Veredelungsbetriebe dem **sekundären Sektor** zugeordnet.

Zu den Dienstleistungsunternehmen gehören beispielsweise Handels-, Bank-, Versicherungs- und Beratungsbetriebe. Sie werden dem **tertiären Sektor** zugeordnet.

Unterteilung von Unternehmen nach der Größe

Mit Blick auf die Größe werden **kleine, mittlere** und **große Unternehmen** unterschieden. Als Maßgröße für die Betriebsgröße wird dabei häufig die Beschäftigtenzahl gewählt. Es gibt keine einheitliche Definition für den Wirtschaftsbereich der kleinen und mittleren Unternehmen (KMU). Nach einer weitverbreiteten Definition des **Institutes für Mittelstandsforschung** liegt die Grenze zwischen **Klein- und Mittelbetrieben (KMU)** und Großunternehmen bei einer Beschäftigtenzahl von 500. Auch das Bundesministerium für Bildung und Forschung hat diese Differenzierung festgelegt. Eine ebenfalls wichtige Einteilung bezieht neben der Anzahl der Beschäftigten auch den Umsatz mit ein und klassifiziert solche Betriebe als KMU, welche einen Jahresumsatz von unter 50 Millionen Euro erwirtschaften. Einen Überblick gibt ☐ Abb. 1.6.

Beispiel aus der Wirtschaftspraxis: KMUs in Deutschland

Laut dem Institut für Mittelstandsforschung Bonn (IfM) gehörten im Jahre 2013 rund 3,7 Millionen Unternehmen zum deutschen Mittelstand, das waren 99,6 % aller Unternehmen mit Umsatz aus Lieferungen und Leistungen und/oder sozialversicherungspflichtig Beschäftigten. Der deutsche Mittelstand erwirtschaftete 2011 mit rund 2.128,20 Milliarden Euro 35,9 % des gesamten Umsatzes deutscher Unternehmen und hatte im Jahr 2011 rund

1.1 · Gegenstand der Betriebswirtschaftslehre

Unternehmensgröße	Zahl der Beschäftigten	Umsatz € / Jahr
klein	bis 9	bis unter 1 Million
mittel	10 bis 499	1 bis 50 Millionen
groß	500 und mehr	50 Millionen und mehr

KMU (klein + mittel)

Definition gem. IFM
> KMU sind Unternehmen mit weniger als 500 Beschäftigten und weniger als 50 Mio. € Jahresumsatz

Abb. 1.6 Klassifizierung der kleinen und mittleren Unternehmen (KMU) (Quelle: Institut für Mittelstandsforschung Bonn 2014, Stand 19.03.2014)

15,71 Millionen sozialversicherungspflichtig Beschäftigte, das waren 59,4 % aller sozialversicherungspflichtig Beschäftigten. 84,2 % aller Auszubildenden fanden sich Ende 2012 in KMUs. Der Exportumsatz des deutschen Mittelstands lag 2011 bei rund 195,2 Milliarden Euro, das waren 18,2 % des Exportumsatzes aller Unternehmen. Der deutsche Mittelstand steuerte im Jahr 2011 knapp 55 % zur gesamten Wirtschaftsleistung der deutschen Unternehmen bei. Unternehmen mit weniger als 500 Beschäftigten hatten im Jahr 2011 mit 9,5 Milliarden Euro einen Anteil von 15,0 % an den gesamten Forschungs- und Entwicklungs-Aufwendungen des Wirtschaftssektors.
(Quelle: Institut für Mittelstandsforschung 2013, ▶ www.ifm-bonn.org, Stand: 12/2013)

Unterteilung von Unternehmen nach der regionalen Präsenz

Eine weitere Differenzierung von Unternehmen kann nach dem Grad der Internationalisierung erfolgen. Unternehmen können dazu nach der Anzahl der Betriebsstätten in
- Einbetrieb-Unternehmen und
- Mehrbetrieb-Unternehmen

unterteilt werden.

In Abhängigkeit von der regionalen Präsenz können Betriebe ferner unterteilt werden in
- nationale Unternehmen,
- internationale Unternehmen und
- multinationale Unternehmen.

Während es sich bei Unternehmen in der Gründungsphase zumeist um nationale Einbetrieb-Unternehmen handelt, entwickeln sich Unternehmen in der anschließenden Umsatzphase häufig über internationale Mehrbetrieb-Unternehmen zu multinationalen Mehrbetrieb-Unternehmen. Internationale Unternehmen sind dadurch gekennzeichnet, dass sich ihre Produktionsstandorte vorwiegend im Inland befinden und ihre Erzeugnisse exportiert werden. Multinationale Unternehmen haben demgegenüber zusätzlich in mehreren Ländern Produktionsstandorte (Schierenbeck und Wöhle 2008).

1.1.6 Stakeholder

> **Merke!**
>
> Die Bezugsgruppen bzw. **Stakeholder** eines Unternehmens sind alle Wirtschaftseinheiten, die in Beziehung zu dem Betrieb stehen und damit das Handeln des Betriebes beeinflussen und/oder von den Handlungen des Betriebes betroffen sind (Rüegg-Stürm 2002).

Die Eigentümer, das Management und die Mitarbeiter stellen dabei interne, die Fremdkapitalgeber, die Lieferanten, die Kunden, die Konkurrenten, der Staat und die Gesellschaft externe Anspruchsgruppen dar (◘ Abb. 1.7).

Die wichtigsten Stakeholder eines Unternehmens verfolgen in der Regel folgende Interessen (Ulrich und Fluri 1995):

- **Eigentümer:** Typische Interessen der Eigentümer sind risikoadäquate Wertsteigerungen des investierten Kapitals, hohe Gewinne und damit eine hohe Verzinsung des investierten Kapitals, der Erhalt und die Selbstständigkeit des Unternehmens und eine weitgehende Entscheidungsautonomie.
- **Mitarbeiter:** Interessen der Mitarbeiter sind vor allem hohe Einkommen, sichere Arbeitsplätze, Möglichkeiten zur Weiterentwicklung, zwischenmenschliche Kontakte, Status und Anerkennung.
- **Fremdkapitalgeber:** Typische Interessen der Fremdkapitalgeber sind sichere Kapitalanlagen und hohe Renditen.
- **Lieferanten:** Interessen der Lieferanten sind in der Regel stabile Lieferbeziehungen, gute Verkaufskonditionen und die permanente Zahlungsfähigkeit der Abnehmer.
- **Kunden:** Typische Motive der Kunden sind qualitativ hochwertige Produkte zu günstigen Preisen und ein guter Service.
- **Konkurrenten:** Typische Interessen der Konkurrenten sind Markterfolge, Einhaltung der Regeln fairen Wettbewerbs und Möglichkeiten der zwischenbetrieblichen Zusammenarbeit.
- **Staat und Gesellschaft:** Vorherrschende Interessen von Staat und Gesellschaft sind hohe Steuerzahlungen, Schaffung und Erhalt von Arbeitsplätzen, hohe Beiträge zur Infrastruktur, Einhaltung von Rechtsvorschriften und Normen sowie Schutz der Umwelt.

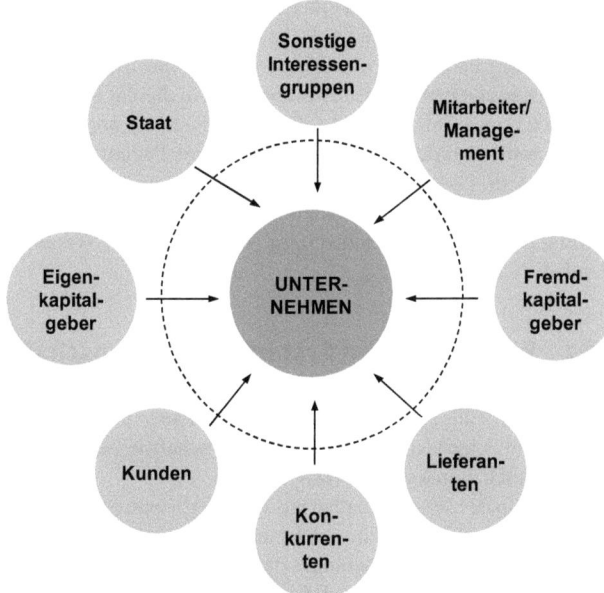

◘ Abb. 1.7 Stakeholder von Unternehmen

1.2 Betriebswirtschaftslehre im System der Wissenschaften

1.2.1 Betriebswirtschaftslehre als Wissenschaft

Unter dem Begriff **Wissenschaft** wird ein dynamischer Erkenntnisprozess verstanden, dessen Ziel die Erforschung der Wahrheit und die Gewinnung von gesicherten Urteilen ist. Die Wissenschaft ist dabei in erster Linie eine Tätigkeit, die in der systematischen Erarbeitung, Diskussion und Wiedergabe des gesamten Wissens einer bestimmten Fachrichtung besteht. Nach dieser Begriffsauffassung ist eine Wissenschaft durch folgende Merkmale charakterisiert (Jung 2010):

- Jede Wissenschaft befasst sich mit einem bestimmten abgegrenzten Gegenstandsgebiet, das als ihr **Erkenntnisobjekt** bezeichnet wird.
- Die Zielsetzungen, d. h. die zu gewinnenden Erkenntnisse bilden ihr **Erkenntnisziel**.
- Zur Erreichung der vorgegebenen Ziele benötigt jede Wissenschaft bestimmte **Methoden**, die je nach Gegenstandsgebiet unterschiedlich sind.
- Die gewonnenen Erkenntnisse werden in einen **geordneten Zusammenhang (System)** gebracht.

Vor dem oben dargestellten Hintergrund ist die Betriebswirtschaftslehre eine pragmatische Wissenschaft, deren Aufgabe nicht nur die Beschreibung realer Sachverhalte (Deskription) und die theoretische Erklärung von Ursache-Wirkungs-Zusammenhängen (Kausalitäten) ist; den Ausführungen in diesem Buch liegt vielmehr ein Wissenschaftsverständnis zugrunde, das in der Regel als **angewandte** oder als **anwendungsorientierte Wissenschaft** bezeichnet wird. Darunter werden solche Tätigkeiten verstanden, die im Wesentlichen darauf ausgerichtet sind, mit Hilfe von Erkenntnissen der theoretischen Wissenschaften oder der Grundlagenwissenschaften sowie der Erfahrung der Praxis Problemlösungen (Regeln, Modelle, Verfahren) für praktisches Handeln zu entwickeln.

1.2.2 Einordnung im System der Wissenschaften

Aufgrund der Fülle an verschiedenen Wissenschaften und wissenschaftlichen Disziplinen wird im Folgenden die Position der Wirtschaftswissenschaften im Gesamtsystem der Wissenschaften festgelegt (◻ Abb. 1.8).

Innerhalb der Wissenschaften stellt die Betriebswirtschaftslehre eine **nicht-metaphysische Wissenschaft** dar, welche anders als metaphysische Wissenschaften, wie die Philosophie oder die Theologie, überprüfbare Sachverhalte zum Gegenstand hat.

Die nicht-metaphysischen Wissenschaften werden weiter in die Real- und die Idealwissenschaften unterteilt. Die Betriebswirtschaftslehre wird den **Realwissenschaften** zugeordnet, die in der Wirklichkeit vorhandene Sachverhalte zum Gegenstand haben. Die Objekte der Idealwissenschaften werden vom Denken erschaffen, d. h. sie sind nicht unabhängig vom Denken gegeben. Dies gilt für die Logik und die Mathematik.

Zu den Realwissenschaften gehören die Naturwissenschaften, wie die Physik, die Chemie oder die Biologie, die sich mit Sachverhalten auseinandersetzen, die auch ohne den Einfluss des Menschen existieren und deren Aussagen in der Natur überprüfbar sind, und die **Geisteswissenschaften**, die sich mit Sachverhalten befassen, die aufgrund des menschlichen Geistes existieren. Die Betriebswirtschaftslehre wird den Geisteswissenschaften zugeordnet.

Teilbereiche der Geisteswissenschaften sind unter anderem die Rechtswissenschaften, die Sprachwissenschaften und die **Sozialwissenschaften**, denen wiederum die Betriebswirtschaftslehre zugeordnet wird. Die Sozialwissenschaften beschäftigen sich mit dem Handeln und dem Zusammenleben der Menschen im sozialen und gesellschaftlichen Kontext.

Zu den Sozialwissenschaften gehören, neben der Soziologie, der Sozialpädagogik und der Politologie, die Wirtschaftswissenschaften als Überbegriff für die Volks- und Betriebswirtschaftslehre:

1.2 · Betriebswirtschaftslehre

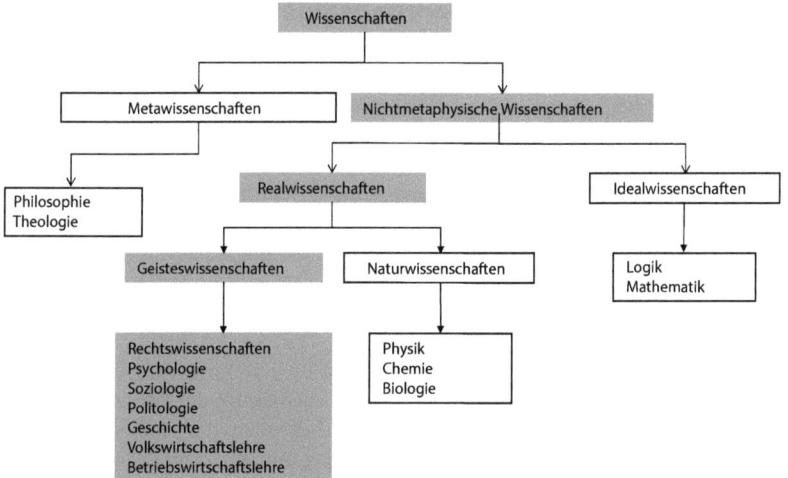

○ **Abb. 1.8** Die Betriebswirtschaftslehre im System der Wissenschaften

- Die **Volkswirtschaftslehre (Nationalökonomie)** untersucht die **gesamtwirtschaftlichen Zusammenhänge** der Aktivitäten, die von den einzelnen Wirtschaftseinheiten (Unternehmen, Organisationen, Staat) ausgehen. Sie ist durch eine makroskopische, auf das Ganze oder zumindest wesentliche Teile hiervon, gerichtete Betrachtungsweise charakterisiert. Die Nationalökonomie versucht aus der übergeordneten Perspektive eines Volkes, Staates oder Staatsverbandes das Wesen der Wirtschaft zu erfassen und ihre Strukturen sowie Abläufe zu gestalten. Dadurch sollen Lösungen für Probleme wie Rezession, Inflation oder Arbeitslosigkeit gefunden werden.
- Die **Betriebswirtschaftslehre** ist in Umkehrung zur Volkswirtschaftslehre einzelwirtschaftlich orientiert. Sie betrachtet die Wirtschaft in erster Linie aus **mikroskopischer Perspektive**. Ihr Interessenfeld sind die einzelnen Wirtschaftseinheiten (Betriebe, Haushalte) und deren Strukturen und Prozesse. Der Bezug zur gesamten Wirtschaft wird nur dann hergestellt, wenn er für die einzelwirtschaftliche Betrachtung von Bedeutung ist (Schierenbeck und Wöhle 2008).

1.2.3 Erkenntnis- und Erfahrungsobjekt der Betriebswirtschaftslehre

Um den Forschungsgegenstand einer Realwissenschaft abzugrenzen, sind das Erfahrungs- und das Erkenntnisobjekt zu bestimmen (Jung 2010):

- Das **Erfahrungsobjekt** ist das reale Erscheinungsbild, welches zur wissenschaftlichen Betrachtung ansteht. Erfahrungen, die in der Realität gemacht wurden, sind Ausgangspunkt einer wissenschaftlichen Forschung.
- Das **Erkenntnisobjekt** stellt ein Teilgebiet des Gesamtkomplexes eines Erfahrungsobjektes dar, welches von den anderen Teilgebieten isoliert die wissenschaftliche Betrachtung bestimmt.

Grundsätzlich gelten in der Betriebswirtschaftslehre alle Wirtschaftseinheiten als Erfahrungsobjekte, sowohl die Konsumtions- als auch die Produktionswirtschaften. Aus betriebswirtschaftlicher Sichtweise sind insbesondere die produktiven Wirtschaftseinheiten interessant, da sie die Herstellung und Verteilung von Gütern ermöglichen und damit als die treibende Kraft des wirtschaftlichen Umsatzprozesses gelten. Prinzipiell gilt daher der **Betrieb** in der Betriebswirtschaftslehre als **Erfahrungsobjekt**.

> Auf den Punkt gebracht: Das Erkenntnisobjekt der Betriebswirtschaftslehre ist auf die wirtschaftliche Seite des Unternehmens ausgerichtet. Dies beinhaltet alle in den Betrieben auftretenden Entscheidungen über die Verwendung knapper Güter, also das Wirtschaften.

1.2.4 Erkenntnisziele der Betriebswirtschaftslehre

Wie bereits weiter oben dargestellt, wird die Betriebswirtschaftslehre heute überwiegend als angewandte Wissenschaft bezeichnet. Sie geht demnach über die Zielsetzungen einer reinen Wissenschaft hinaus und besteht aus einem **theoretischen** und einem **angewandten (praktischen)** Teil.

Die **theoretischen Grundlagen der Betriebswirtschaftslehre** basieren im Wesentlichen auf dem Werk „Grundlagen der Betriebswirtschaftslehre" von Erich Gutenberg. Das **Erkenntnisziel** besteht dabei in der Erklärung der Zustände und Vorgänge im Erkenntnisobjekt Betrieb als planvoll organisierter Wirtschaftseinheit. Betriebsaufbau und Betriebsprozess als Gesamtheit der ablaufenden einzelnen Prozesse dienen der Erkenntnisgewinnung, die dann in einem System objektiver Sätze, einer Theorie, zusammengefasst werden.

Die **angewandte Betriebswirtschaftslehre** dient der Gestaltung des Betriebsablaufs. Sie orientiert sich an dem realen Betriebsgeschehen und sieht ihre Aufgabe in der

1.2.5 Gliederung der Betriebswirtschaftslehre

Im Folgenden werden die Gliederungsmöglichkeiten der Betriebswirtschaftslehre dargestellt. Es haben sich eine **institutionelle**, eine **funktionelle** und eine **genetische Gliederung** herauskristallisiert.

Institutionelle Gliederung

Nach institutionellen Gesichtspunkten unterscheidet man **Allgemeine Betriebswirtschaftslehre** und die **Speziellen Betriebswirtschaftslehren** (Vahs und Schäfer-Kunz 2012):

- Die **Allgemeine Betriebswirtschaftslehre** hat Sachverhalte und Probleme zum Gegenstand, die für alle Betriebe gleich sind, und zwar **unabhängig von dem Wirtschaftszweig**, dem sie angehören. Gegenstand der Allgemeinen Betriebswirtschaftslehre sind damit insbesondere die konstitutiven Entscheidungen von Betrieben, wie beispielsweise die Standortwahl, und die verschiedenen betrieblichen Funktionen, wie das Controlling, die Organisation, die Produktion, das Marketing oder das Rechnungswesen.
- Die **Speziellen Betriebswirtschaftslehren** beschäftigen sich mit den **spezifischen Problemen und Fragestellungen** von Betrieben, die **einzelnen Wirtschaftszweigen** angehören. So hat die Industriebetriebslehre vor allem die Beschaffung, das Lagerwesen, die Produktion, das Marketing und das industrielle Rechnungswesen zum Gegenstand. Die Bankbetriebslehre beschäftigt sich mit der Organisation des Bankwesens, den einzelnen Bankgeschäften, dem speziellen bankbetrieblichen Rechnungswesen und der Analyse der Geld- und Kreditmärkte. Weitere wichtige Bereiche sind die Versicherungsbetriebslehre sowie die Betriebswirtschaftslehre des Handwerks und der Landwirtschaft.

Funktionelle Gliederung

Die funktionelle Gliederung teilt die Betriebswirtschaftslehre nach ihren Funktionen ein, wie sie sich aus dem betrieblichen Umsatzprozess ergeben. Dadurch lässt sich zwischen folgenden Funktionen unterscheiden (Jung 2010):

- **Unternehmensführung und Organisation:** Steuerung betrieblicher Vorgänge, Bestimmung der Organisationsstruktur in Bezug auf Kommunikation und Tätigkeitsbereiche.
- **Materialwirtschaft:** Beschaffung, Lagerhaltung, Losgrößenplanung der Sachgüter, die zur betrieblichen Leistungserstellung eingesetzt werden.

- **Produktionswirtschaft:** Produktions- und Kostentheorie, Planung und Gestaltung des Produktionsablaufes.
- **Marketing:** Absatz der Produkte, Marktforschung und Gestaltung der Kundenbeziehung.
- **Kapitalwirtschaft:** Finanzierung (Beschaffung/Rückzahlung von Kapital) und Investition (Kapitalverwendung).
- **Personalwirtschaft:** Beschaffung, Einsatz, Entwicklung, Betreuung und Freisetzung von Personal.
- **Rechnungswesen und Controlling:** Wertmäßige Erfassung, Planung, Steuerung und Kontrolle des betrieblichen Umsatzprozesses.

Nach der funktionellen Gliederung ist auch der Aufbau dieses Buches gestaltet.

Genetische Gliederung

Die genetische Gliederung basiert auf einem gewissen Lebenszyklus, den jeder Betrieb durchläuft. Aus dieser zeitlichen Betrachtungsweise lassen sich die **drei Phasen Gründung, Umsatz und Liquidation** ableiten (Jung 2010):

- In der **Gründungsphase** werden die konstitutiven Entscheidungen getroffen, die einen als langfristig gültig gedachten Rahmen für die nachfolgenden laufenden Entscheidungen zur Leistungserstellung (Produktion) und Leistungsverwertung (Marketing) abstecken. Im Vordergrund stehen die Entscheidungen über das Leistungsprogramm, das Zielsystem, die Rechtsform, die Organisation sowie über den Standort.
- In der **Umsatzphase** stehen jene Entscheidungen im Mittelpunkt, die der Steuerung des güter- und finanzwirtschaftlichen Umsatzprozesses dienen. Dazu zählen auch die Entscheidungen, die im Rahmen der gesellschaftlichen, ökologischen, technischen und ökonomischen Veränderungen getroffen werden. Es erfolgt außerdem eine Aufarbeitung der in der Gründungsphase getroffenen Entscheidungen, in der z. B. ein Unternehmenszusammenschluss oder auch eine andere Art der Leistungserstellung gewählt wird.
- In der **Liquidationsphase** findet die Veräußerung aller Vermögensteile eines Unternehmens statt. Ziel ist es, aus den erhaltenen flüssigen Mitteln alle Verbindlichkeiten zu tilgen und einen möglichen erzielten Überschuss an die Eigentümer des Unternehmens auszuzahlen. Eine Liquidation kann dabei aus verschiedenen Gründen erfolgen, am häufigsten wegen
  - Erreichen des Betriebszweckes,
  - ungenügender Rentabilität des eingesetzten Kapitals oder bereits eingetretener Verluste und wenn zudem keine Verbesserung der wirtschaftlichen Situation auf längere Sicht abzusehen ist,
  - Konkurseröffnung.

1.3 Lern-Kontrolle

Kurz und Bündig

Gegenstand und Erkenntnisobjekt der Betriebswirtschaftslehre ist das Wirtschaften in und von Unternehmen. Zentrale Aufgabe der Wirtschaft ist es, bestimmte Bedürfnisse des Menschen zu befriedigen und dem Bedarf nach Gütern und Dienstleistungen ein entsprechendes Angebot gegenüberzustellen. Unternehmen können nach Güterart (Dienst- und Sachleistungen), nach Größe und nach regionaler Präsenz unterteilt werden. Die Betriebswirtschaftslehre betrachtet die Wirtschaft in erster Linie aus **mikroskopischer Perspektive**. Ihr Interessenfeld sind die einzelnen Wirtschaftseinheiten (Betriebe, Haushalte) und deren Strukturen und Prozesse.

? Let's check
1. Was ist der Gegenstand der Betriebswirtschaftslehre?
2. Was wird unter einem Betrieb verstanden?
3. Wodurch unterscheiden sich Haushalte und Betriebe?
4. Nach welchen Kriterien können Unternehmen systematisiert werden?
5. Was beschreibt der Transformationsprozess?
6. Welche Ausprägungen des ökonomischen Prinzips gibt es?
7. Was wird unter dem Begriff „Wirtschaften" verstanden?
8. Welche Arten von Wirtschaftsgütern gibt es?
9. Was kennzeichnet Märkte?
10. Was wird unter Anspruchsgruppen verstanden und welche Interessen verfolgen sie?
11. Wie wird die Betriebswirtschaftslehre in die Wissenschaften eingeordnet?
12. Welche Unterschiede bestehen zwischen der Betriebs- und der Volkswirtschaftslehre?

? Vernetzende Aufgaben
1. Wie wichtig sind normative Theorieansätze in der Betriebswirtschaftslehre?
2. Welche Probleme können übermächtige/dominante Stakeholder für ein Unternehmen darstellen?

? Lesen und Vertiefen
- Schierenbeck, H. / Wöhle, C. B. (2008): Grundzüge der Betriebswirtschaftslehre, 17. Aufl., München.
- Jung, H. (2010): Allgemeine Betriebswirtschaftslehre, 12. Aufl., München
- Thommen, J.-P. / Achleitner, A.-K. (2012): Allgemeine Betriebswirtschaftslehre, 7. Auflage, Wiesbaden.

Konstitutive Entscheidungen und Organisation

Marc Oliver Opresnik, Carsten Rennhak

2.1 Grundlagen der Entscheidungstheorie – 25

2.2 Grundelemente entscheidungstheoretischer Modelle – 26
2.2.1 Entscheidungen unter Sicherheit – 28
2.2.2 Entscheidungen unter Risiko – 28
2.2.3 Entscheidungen unter Unsicherheit – 30

2.3 Standortentscheidungen – 32
2.3.1 Ziele von Standortentscheidungen – 32
2.3.2 Betriebliche Standortfaktoren – 33

2.4 Rechtsformentscheidungen – 34
2.4.1 Ziele und Auswahlkriterien der Rechtsformenwahl – 34
2.4.2 Einzelunternehmen – 38
2.4.3 Personengesellschaften – 39
2.4.4 Kapitalgesellschaften – 44

2.5 Organisation – 47
2.5.1 Ziele und Begriff der Organisation – 47
2.5.2 Aufbauorganisation – 48
2.5.3 Organisationsformen – 50
2.5.4 Ablauforganisation – 54

2.6 Unternehmensverbindungen – 55
2.6.1 Ziele von Unternehmenszusammenschlüssen – 56
2.6.2 Einteilung von Unternehmenszusammenschlüssen – 57
2.6.3 Kooperationsformen – 60
2.6.4 Konzentrationsformen – 63

2.7 Lern-Kontrolle – 65

M. O. Opresnik, C. Rennhak, *Allgemeine Betriebswirtschaftslehre*,
Studienwissen kompakt, DOI 10.1007/978-3-662-44327-9_2,
© Springer-Verlag Berlin Heidelberg 2015

Kapitel 2 · Konstitutive Entscheidungen und Organisation

Lern-Agenda

Zu den wichtigen konstitutiven Unternehmensentscheidungen gehören alle mit der Unternehmensgründung, mit der Standortwahl, mit der Rechtsformwahl, mit der Gestaltung der Organisation und mit möglichen Unternehmenszusammenschlüssen verbundenen Entscheidungen.

Nachfolgend wird deshalb vermittelt

- wie bei der Entscheidungsfindung vorgegangen wird,
- welche Modelle für Entscheidungen bei Sicherheit, Unsicherheit und Risiko eingesetzt werden,
- welche Arten von Standortentscheidungen es gibt,
- wie bei Standortentscheidungen vorgegangen wird,
- welche Standortfaktoren zur Beurteilung von Standorteigenschaften eingesetzt werden,
- welche verschiedenen Arten von Rechtsformen existieren, welche Merkmale der verschiedenen Rechtsformen im Hinblick auf Rechtsformentscheidungen von Bedeutung sind,
- was der Begriff Organisation bedeutet,
- wie bei der Organisationsgestaltung vorgegangen wird,
- welche Organisationsformen es gibt,
- welche Formen der betrieblichen Zusammenarbeit es gibt und welche Ziele Unternehmen bei der Zusammenarbeit mit anderen Unternehmen verfolgen.

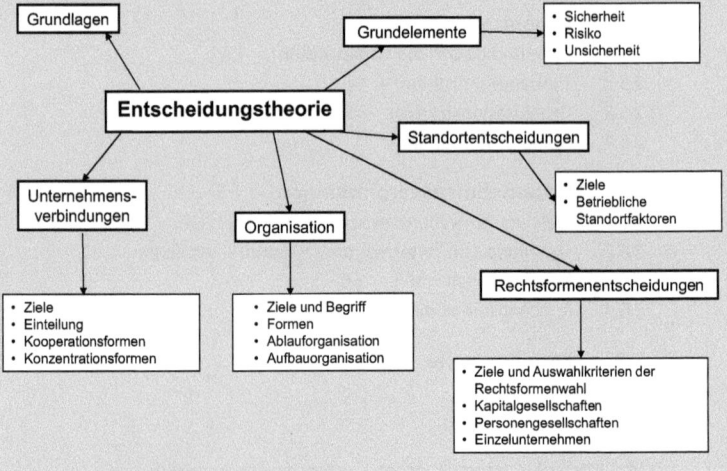

▶ auf einen Blick
Kapitel 2

Nach einer kompakten Einführung in die entscheidungstheoretischen Grundlagen werden in den nachfolgenden Abschnitten die wesentlichen konstitutiven Entscheidungen eines Unternehmens dargestellt.

2.1 Grundlagen der Entscheidungstheorie

Der betriebliche Alltag ist von einer Vielzahl von Entscheidungen aller Art geprägt. So wird beispielsweise:
- im Bereich der strategischen Planung darüber entschieden, ob, mit wem und in welcher Form ein Unternehmen mit anderen Unternehmen zusammenarbeitet,
- im Bereich Controlling darüber entschieden, welche Abteilungen welches Budget erhalten,
- im Bereich Personal darüber entschieden, wer eingestellt, wer befördert und wer freigestellt wird,
- im Bereich Absatzwirtschaft darüber entschieden, ob Reklamationen von Kunden akzeptiert werden oder nicht und
- im Bereich der Investitionen darüber entschieden, ob und in welche Maschinen investiert wird.

Diese Entscheidungen sind zum Teil interdependent, das bedeutet, die eine Entscheidung beeinflusst die andere. So hat beispielsweise die Entscheidung, zukünftig mit einem anderen Unternehmen zusammenzuarbeiten, in der Regel auch Auswirkungen auf Personal- und Investitionsentscheidungen.

Entscheidungen werden entweder nach vorangegangenen Überlegungen oder intuitiv getroffen. Finden die Wahlhandlungen aufgrund vorangegangener Überlegungen statt, so wird versucht, die anschließend durchzuführende Aktivität zu durchdenken und zwischen möglichen Alternativen zu entscheiden. Das Ziel dabei ist, die nutzenmaximale Alternative auszuwählen. Das Ergebnis dieses Wahlprozesses ist die Entscheidung.

> **Merke!**
>
> Eine **Entscheidung** kann definiert werden als die Wahl zwischen mindestens zwei Alternativen, von denen eine die sogenannte Unterlassungsalternative sein kann.

Allgemein werden zwei Teilbereiche der Entscheidungstheorie unterschieden:
- Erkenntnisgegenstand der **normativen Entscheidungstheorie** sind die Kriterien rationalen Entscheidens. Unter Zuhilfenahme vereinfachender Modellannah-

men werden hier Regeln formuliert, wie Entscheidungen unter bestimmten Rahmenbedingungen getroffen werden sollen.
- Die **deskriptive Entscheidungstheorie** hingegen beschreibt tatsächliches Entscheidungsverhalten in der Praxis.

2.2 Grundelemente entscheidungstheoretischer Modelle

Damit ein Entscheidungsproblem gelöst werden kann, muss die entsprechende Entscheidungssituation erfasst werden. Dazu wird die Entscheidung der Situation in einem vereinfachenden Modell, dem sogenannten **Grundmodell der Entscheidungstheorie**, abgebildet. Dieses Modell umfasst die folgenden Elemente (Vahs und Schäfer-Kunz 2012):
- das **Entscheidungsfeld**, das wiederum aus Aktionsraum, Zustandsraum, Ergebnisfunktion und Ergebnismatrix besteht,
- das Zielsystem und
- die **Nutzenmatrix**, welche sich aus der Anwendung der Nutzenfunktion ergibt.

Auf diese Elemente des Grundmodells wird nachfolgend ausführlich eingegangen (vgl. ◘ Abb. 2.1).

Der **Aktionsraum** ist der vom Entscheidungsträger beeinflussbare Teil des Entscheidungsfeldes. Er besteht aus allen möglichen, aber mindestens zwei Aktionen beziehungsweise Handlungsalternativen, welche dem Entscheidungsträger in einer bestimmten Entscheidungssituation offen stehen. Im Aktionsraum werden somit die Handlungsalternativen verzeichnet, welche sich gegenseitig ausschließen.

Im Gegensatz zum Aktionsraum ist der **Zustandsraum** vom Entscheidungsträger im Rahmen des zeitlichen Entscheidungshorizonts nicht beeinflussbar. Hier werden die vom Unternehmen nicht beeinflussbaren Umweltzustände U mit den meist subjektiv geschätzten Eintrittswahrscheinlichkeiten w aufgeführt.

Im **Ergebnisraum** (in ◘ Abb. 2.1 hellgrau unterlegt) werden die Ergebnisbeiträge e in Abhängigkeit von der gewählten Handlungsalternative A und dem möglichen Umweltzustand U aufgeführt. Der Ergebnisraum wird auch als **Ergebnismatrix** bezeichnet. Die in der Ergebnismatrix aufgeführten Ergebnisbeiträge e ergeben sich aus der Zielsetzung des Entscheidungsträgers.

Ein Beispiel soll die Zusammenhänge verdeutlichen (Wöhe 2013): ein Entscheidungsträger hat die Auswahl zwischen drei Handlungsalternativen (A1–A3), zum Beispiel dem Absatz verschiedener Produkte, von denen er aber lediglich eine Handlung ausführen kann. Unter Berücksichtigung der **Unterlassungsalternative** A4 – also der Möglichkeit nichts zu tun – stehen somit insgesamt vier Alternativen zur Verfügung. Drei mögliche Umweltzustände sind denkbar (U1–U3), zum Beispiel veränderte Konkurrenzsituationen, welche die Zielerreichung des Entscheidungsträgers (zum Beispiel Gewinn) beeinflussen. Die Gewinnerwartungen e werden in der Ergebnismatrix in ◘ Abb. 2.2 abgebildet.

2.2 · Grundelemente

Abb. 2.1 Entscheidungsfeld mit Aktionsraum, Zustandsraum, Ergebnisraum (Wöhe 2013)

	Zustandsraum		
	U1 (w1)	U2 (w2)	U3 (w3)
A1	e	e	e
A2	e	e	e
A3	e	e	e

Aktionsraum

A	U		
	U1 / w_1 = 0,5	U2 / w_2 = 0,4	U3 / w_3 = 0,1
A1	180	60	210
A2	100	110	180
A3	80	100	240
A4	0	0	0

Abb. 2.2 Beispiel einer Ergebnismatrix (Wöhe 2013)

Die drei Produktionsalternativen A1–A3 lassen bei allen denkbaren Umweltzuständen positive Erfolgsbeiträge erwarten. Die **Unterlassungsalternative** A4 ist **ineffizient**. Sie wird von den anderen Alternativen **dominiert**, da diese jeweils in allen Umweltzuständen zu einem höheren Gewinn führen, und kann im Folgenden vernachlässigt werden.

An dieser Stelle ist auf folgende entscheidungstheoretische Grundbegriffe einzugehen: den **Erwartungswert** μ und die subjektive Risikoneigung des Entscheidungsträgers. Multipliziert man die zufallsabhängigen Einzelergebnisse e mit denen zugehörigen Eintrittswahrscheinlichkeiten w, so bildet die Summe der Produkte e × w den Erwartungswert. Es ergeben sich die folgenden Ergebnisse:

$$\mu(A1) = 180 \times 0{,}5 + 60 \times 0{,}4 + 210 \times 0{,}1 = 135$$

$$\mu(A2) = 100 \times 0{,}5 + 110 \times 0{,}4 + 180 \times 0{,}1 = 112$$

$$\mu(A3) = 80 \times 0{,}5 + 100 \times 0{,}4 + 240 \times 0{,}1 = 104$$

Mit jeder der drei Aktionen gelangt der Entscheidungsträger zu einem positiven Erwartungswert. Bei gleichen Erwartungswerten ist die Abhängigkeit des Entscheidungsträgers abhängig von der sogenannten **Risikoneigung**: als Risikoneigung bezeichnet man die subjektive Bereitschaft eines Entscheidungsträgers, bei der Auswahl einer Handlungsmöglichkeit unsichere Ergebnismöglichkeiten e in Kauf zu nehmen. Da in der betriebswirtschaftlichen Realität Risikoscheue weit verbreitet ist, unterstellt die ökonomische Theorie in der Modellbildung üblicherweise risikoscheu.

Bezüglich der Kenntnis des Entscheidungsträgers über den tatsächlich vorliegenden Umweltzustand unterscheidet die Entscheidungstheorie **Entscheidungen unter Sicherheit** (der tatsächlich vorliegende Umweltzustand ist bekannt), **Entscheidungen unter Unsicherheit** (der tatsächlich eintretende Umweltzustand ist nicht bekannt; es ist jedoch eine Wahrscheinlichkeitsverteilung für die möglicherweise eintretenden Umweltzustände bekannt) und **Entscheidungen unter Ungewissheit** (der tatsächlich eintretende Umweltzustand ist nicht bekannt; es ist auch keine Wahrscheinlichkeitsverteilung für die möglicherweise eintretenden Umweltzustände bekannt). Die Entscheidungstheorie gibt dem Entscheidungsträger je nach Entscheidungsproblem verschiedene Regeln zur Wahl der optimalen Handlungsoption als Hilfestellung (Wöhe 2013).

Im Folgenden werden die verschiedenen Entscheidungsmodelle dargestellt, welche ein Entscheidungsträger für die von ihm zu treffende Entscheidung verwenden kann.

2.2.1 Entscheidungen unter Sicherheit

Unter der Annahme sicherer Erwartungen sind unternehmerische Entscheidungen relativ einfach zu treffen. Geht man im obigen Beispiel davon aus, dass die Konkurrenzsituation für den Anbieter unverändert bleibt, dass also der Umweltzustand U1 mit Sicherheit (W1 = 1,0) eintreten wird, dann wird sich der Anbieter für die Produktionsalternative A1 entscheiden, weil diese den höchsten Gewinn (180) bringt.

In der Wirklichkeit ist unternehmerisches Handeln fast immer mit Risiko verbunden. Möglichkeiten zur Berücksichtigung dieses Risikos werden im Folgenden kurz vorgestellt (Wöhe 2013).

2.2.2 Entscheidungen unter Risiko

Entscheidungsmodelle bei Risiko werden eingesetzt, wenn der Entscheidungsträger den möglichen Umweltzuständen bestimmte Eintrittswahrscheinlichkeiten zuordnen kann. Zum Treffen von Entscheidungen bei Risiko werden im Rahmen der Entscheidungstheorie folgende Entscheidungsregeln entwickelt (Wöhe 2013):
- μ-Regel (Bayes-Prinzip),
- (μ, σ)-Regel,
- Bernoulli-Prinzip.

2.2 · Grundelemente

Ergebnismatrix			Entscheidungsregeln bei Risiko							
			(1) µ-Regel	(2) (µ, σ) -Regel			(3) Bernoulli-Prinzip			
U1 w1 = 0,5	U2 w2 = 0,4	U3 w3 = 0,1		σ	q	p	U1 w1 = 0,5	U2 w2 = 0,4	U3 w3 = 0,1	B
A1 180	60	210	135	61,84	-0,8	85,52	13,42	7,75	14,49	11,3
A2 100	110	180	112	23,15	-0,8	93,48	10,00	10,49	13,42	10,5
A3 80	100	240	104	46,30	-0,8	66,96	8,94	10,00	15,49	10,0

◘ **Abb. 2.3** Regeln zur Entscheidung unter Risiko (Wöhe 2013)

In der beschriebenen Risikosituation (vgl. ◘ Abb. 2.2) empfehlen die weiter unten dargestellten Entscheidungsregeln dem Entscheidungsträger die folgenden Handlungsalternativen (◘ Abb. 2.3).

– Die µ-**Regel (Bayes-Prinzip)** geht von einem risikoneutralen Entscheidungsträger aus. Der risikoneutrale Unternehmer entscheidet sich für die Alternative mit dem höchsten Erwartungswert µ, im vorliegenden Beispiel also für A1 (135). In der Realität legen die meisten Entscheidungsträger ein **risikoaverses Entscheidungsverhalten** an den Tag. Für diese Entscheidungsträger ist diese Regel eher weniger geeignet.
– Die (µ, σ)-**Regel** nimmt auf den Erwartungswert µ und das Risiko, gemessen als gewogene Standardabweichung σ, Bezug. Die gewogene Standardabweichung wird dabei nach folgender Formel berechnet:

$$\sigma = \sqrt{\sum_{i=1}^{n} w_i (e_i - \mu)^2}$$

– Weisen mehrere Handlungsalternativen die gleiche Erwartung auf, dann entscheidet sich ein risikoscheues Wirtschaftssubjekt für die Alternative mit der geringsten Standardabweichung.
– Durch die Einbeziehung des Risikomaßes σ wird es möglich, die individuelle Risikoneigung des Entscheidungsträgers zu berücksichtigen. Dies geschieht über den Risikopräferenzfaktor q. Entscheidungen werden nach Maßgabe des Präferenzwertes getroffen:

$P(A_i) = \mu(A_i) + q \sigma(A_i)$.

– Für risikoneutrale Wirtschaftssubjekte ist der Risikopräferenzfaktor q = 0. Für risikoscheue (risikofreudige) Entscheidungsträger ist q kleiner (größer) als Null. Im obigen Beispiel hat der risikoscheue Entscheidungsträger einen Präferenzfaktor q = –0,8. Wegen des geringen Risikos (σ = 23,15) entscheidet er sich für A2 (93,48).

- Das **Bernoulli-Prinzip** erlaubt eine vergleichbare Berücksichtigung des Risikos. Zu diesem Zweck werden die risikobehafteten Einzelergebnisse e_i mithilfe der Bernoulli-Nutzenfunktion in risikoadjustierte Nutzenwerte u_i umgerechnet. Im obigen Beispielfall gilt für die Nutzenfunktion

$$u_i = \sqrt{e_i}$$

- Hierbei werden die Nutzenäquivalente u_i mit der Eintrittswahrscheinlichkeit w_j gewichtet. Für den Entscheidungswert gilt dann

$$B = w_1 \cdot u_1 + w_2 \cdot u_2 \ldots + w_n \cdot u_n$$

- Bei dem oben genannten Beispiel entscheidet sich das risikoscheue Wirtschaftssubjekt für A1 mit dem Nutzenwert B = 11,3.

2.2.3 Entscheidungen unter Unsicherheit

Wenn lediglich bekannt ist, dass irgendeiner der möglichen Umweltzustände aus dem Zustandsraum eintreten wird, dafür aber keine Wahrscheinlichkeiten angegeben werden können, handelt es sich um eine Entscheidung unter Unsicherheit. Nachfolgend werden mit der Maximin-, der Maximax-, der Hurwicz-, der Laplace- und der Savage-Niehans-Regel fünf Entscheidungsmodelle bei Unsicherheit vorgestellt (Schildbach 1993).

Zur Erläuterung dieser Regeln wird auf das obige Beispiel und die Ergebnismatrix aus ◘ Abb. 2.4 zurückgegriffen (Wöhe 2013).

- Die **Laplace-Regel** beinhaltet folgende Vorgehensweise: wenn Eintrittswahrscheinlichkeiten nicht bekannt sind, müssen alle denkbaren Umweltzustände als gleichermaßen wahrscheinlich gelten. Damit werden den drei Umweltzuständen gleich hohe Eintrittswahrscheinlichkeiten (w = 1/3) zugeordnet. Unter Zugrundelegung dieser fiktiven Wahrscheinlichkeiten wird der Erwartungswert berechnet. Empfohlen wird die Alternative mit dem höchsten Erwartungswert (A1).
- Die **Minimax-Regel** empfiehlt die Wahl der Alternative, deren schlechtester Ergebniswert im Vergleich zu denen der anderen Alternativen am höchsten ist (A2 = 100). Weil nur das schlechtestmögliche Ergebnis betrachtet wird, geht diese Regel von extremer Risikoaversion aus.
- Die **Maximax-Regel** wendet sich an Entscheidungsträger mit positiver Risikoneigung: empfohlen wird die Alternative mit dem höchstmöglichen Ergebniswert (A3 = 240).
- Die **Hurwicz-Regel (Pessimismus-Optimismus-Regel)** lässt Raum für die Berücksichtigung subjektiver Risikoeinstellung. Hierzu führt sie den Risikopa-

2.2 · Grundelemente

Ergebnismatrix			Entscheidungsregeln bei Unsicherheit				
			(1) Laplace	(2) Minimax	(3) Maximax	(4) Hurwicz	(5) Sav.-N.
U1 $w_1 = 0{,}5$	U2 $w_2 = 0{,}4$	U3 $w_3 = 0{,}1$					
A1 180	60	210	150	60	210	90	50
A2 100	110	180	130	100	180	116	80
A3 80	100	240	140	80	240	112	100

◘ **Abb. 2.4** Regeln zur Entscheidung bei Unsicherheit (Wöhe 2013)

◘ **Abb. 2.5** Bedauernsmatrix nach der Savage-Niehans-Regel (Wöhe 2013)

Bedauernsmatrix				Maximales Risiko
	U1	U2	U3	
A1	0	50	30	50
A2	80	0	60	80
A3	100	10	0	100

rameter λ ein. Die Zeilenmaxima werden mit dem Optimismusparameter λ, die Zeilenminima werden mit dem Pessimismusparameter $(1-\lambda)$ gewichtet. **Der Risikoparameter kann Werte von** 0 (extrem risikoscheu) bis 1 (extrem risikofreudig) annehmen. Im obigen Fall wurde für ein risikoscheues Wirtschaftssubjekt der Faktor $\lambda = 0{,}2$ gewählt. Unter diesen Bedingungen fällt die Wahl auf A2.

− Die **Savage-Niehans-Regel** wird auch als **Regel des kleinsten Bedauerns** bezeichnet. Als Bedauern gilt die Differenz zwischen dem im Hinblick auf die Zielerreichung besten und dem schlechtesten Ergebnis einer Alternative. Dieser Wert soll minimiert werden. Hierzu muss zunächst eine entsprechende Matrix erstellt werden. Es wird für jeden Nutzenwert der Entscheidungsmatrix der maximal mögliche Nachteil durch Differenzbildung des jeweiligen Spaltenmaximumwertes zum jeweiligen Nutzenwert ermittelt. Von diesen Werten wird für jede Handlungsalternative der maximale Betrag – das maximale Risiko – durch Zeilenmaximierung ermittelt, bevor aus diesen Werten der minimale Wert – die Aktion, bei welcher das maximale Risiko am kleinsten ist – gewählt wird (vgl. ◘ Abb. 2.5).

Diese Regel geht also von einem risikoscheuen Wirtschaftssubjekt aus, welches nur geringe Einbußen gegenüber dem besten Ergebnis erleiden möchte. Im obigen Beispiel ist Handlungsalternative A1 zu wählen, weil hier der Abstand zwischen dem besten und schlechtesten Ergebnis nur 50 beträgt.

2.3 Standortentscheidungen

> **Merke!**
>
> Der **Standort** ist der geographische Ort, an dem ein Unternehmen seine Leistungen erstellt und absetzt. **Standortentscheidungen** sind Entscheidungen darüber, an wie vielen und an welchen geographischen Orten welche Leistungen eines Unternehmens erstellt und abgesetzt werden (Hansmann 1974).

Die Wahl eines Standortes stellt sich bei
- Gründung,
- Standortverlagerung oder
- Standortspaltung

eines Unternehmens.

Die Bedeutung von Standortentscheidungen ergibt sich dabei nicht nur aus der Tatsache, dass diese schwierig zu revidieren sind. Sie resultiert vielmehr auch daraus, dass mit der Entscheidung für einen bestimmten Standort die Rahmenbedingungen für zahlreiche Entscheidungen, wie etwa Rechtsform- oder Wachstumsentscheidungen, festgelegt werden.

Im Folgenden werden zunächst mögliche Ziele von Standortentscheidungen aufgezeigt, ehe Faktoren vorgestellt werden, welche die Attraktivität von Standorten beeinflussen und daher im Zusammenhang mit der Standortwahl zu beachten sind.

2.3.1 Ziele von Standortentscheidungen

Grundsätzlich können Standortveränderungen wachstums-, schrumpfungs- oder strukturbedingt sein (Steiner 1993):

- **Wachstumsbedingte Standortveränderungen**
  Diese Standortveränderungen führen zur Errichtung neuer und zur Erweiterung bestehender Standorte. Dabei streben Unternehmen meist nach folgenden Zielsetzungen:
    - Unternehmen versuchen, sich räumlich näher an ihren Beschaffungsmärkten zu positionieren.
    - Unternehmen wollen ihre Produktionskapazitäten vergrößern.
    - Unternehmen wollen ihre Produktpalette erweitern und müssen daher neue Kapazitäten schaffen.

2.3 · Standortentscheidungen

- Unternehmen wollen neue Absatzmärkte erschließen.
- **Schrumpfungsbedingte Standortveränderungen**
  Im Rahmen der Schrumpfung von Unternehmen kann es zu teilweisen oder kompletten Stilllegungen von Standorten mit folgenden typischen Zielsetzungen kommen:
  - Verringerung der Produktionskapazitäten von Unternehmen durch die teilweise oder vollständige Stilllegung von Produktionsstandorten und
  - Verkleinerung des Produktsortiments und im Zuge dessen Stilllegung bestehender Absatzstandorte und teilweise oder vollständige Stilllegung von Produktionsstandorten.
- **Strukturbedingte Standortveränderungen**
  Bei strukturbedingten Standortveränderungen kommt es zur Aufteilung, Verlagerung oder Vereinigung von Standorten. Gründe hierfür können beispielsweise das Ausnutzen von Synergieeffekten, die Reduktion von Arbeitskosten, die Reduktion von Transportkosten, die Realisierung einer Just-in-Time-Lieferung oder eine Verbesserung der Infrastrukturanbindung sein.

2.3.2 Betriebliche Standortfaktoren

Der Begriff des Standortfaktors geht auf Alfred Weber zurück (Weber 1914).

--- **Merke!** ---

Standortfaktoren sind entscheidungsrelevante Kriterien, anhand derer die Eignung eines bestimmten geographischen Ortes für die Errichtung einer Betriebsstätte überprüft werden kann (Vahs und Schäfer-Kunz 2012).

Im Zuge der strategischen Standortplanung muss jeder potentielle Standort gründlich untersucht werden. Die Vorteilhaftigkeit von Standorten wird dabei von einer Reihe von Faktoren beeinflusst. Diese lassen sich in folgende Bereiche einteilen (in Anlehnung an Wöhe 2013):
- Beschaffungsorientierte Standortfaktoren,
  - Grundstücke: Beschaffenheit, Anschaffungspreis bzw. Mietzins,
  - Roh-, Hilfs- und Betriebsstoffe: Preise, Transportkosten,
  - Arbeitskräfte: Arbeitskräftepotenzial (Anzahl), Lohnniveau, Qualifikation, Erfahrung, Teamgeist,
  - Energie: Verfügbarkeit, Kosten,

- Verkehr: Verkehrsinfrastruktur (Autobahnanschluss, Gleisanschluss, Nähe zum Flughafen), Transportkosten und -dauer,
- Produktions-/Fertigungsorientierte Standortfaktoren,
  - Natürliche Gegebenheiten: Beschaffenheit des Bodens, Klima,
  - Technische Gegebenheiten: Räumliche Nähe kooperationsbereiter Unternehmen (z. B. Zulieferer bei Just-in-Time-Logistik),
- Absatzorientierte Standortfaktoren,
  - Absatzpotenzial: Bevölkerungsstruktur, Kaufkraft, Konkurrenz,
  - Herkunftsgoodwill: Image von Produktionsregionen (z. B. Schwarzwälder-/Parma-Schinken),
  - Kontakte zu Abnehmern: Nähe zu Kundenwünschen, bei Dienstleistern: kurze Wege des Kunden zum Unternehmen,
  - Verkehr: Verkehrsanbindung, Transportkosten,
  - Kontakte zu Absatzhilfen: Makler, Messen, Werbeagenturen etc.,
- Staatliche Standortfaktoren,
  - Steuern: kommunale Gewerbesteuer, nationale Körperschaftsteuer etc.,
  - Grenzüberschreitende Regelungen: Zölle, Außenhandelsgesetz,
  - Wirtschaftsordnung: Wettbewerbsgesetze, Mitbestimmung, politische Stabilität (Gefahr einer Änderung der Wirtschaftsordnung mit Enteignungen, Einschränkungen),
  - Staatliche Regulierungen: Genehmigungsverfahren, Zulassungsverfahren (Pharma, Gentechnik),
  - Umweltschutzmaßnahmen: staatliche Auflagen, Aktivitäten von Bürgerinitiativen,
  - Staatliche Hilfen: Förderprogramme für Investitionen, Existenzgründung, Forschung und Entwicklung.

2.4 Rechtsformentscheidungen

Die unternehmerische Tätigkeit beginnt mit der Gründung eines Unternehmens und damit verbunden der Wahl einer Rechtsform. Nach deutschem Recht stehen hierfür eine Reihe von möglichen Rechtsformen zur Verfügung, zwischen denen ein Existenzgründer wählen muss.

Im Folgenden werden zuerst wesentliche Entscheidungskriterien, welche bei der Wahl der Rechtsform zu berücksichtigen sind, beschrieben. Anschließend werden die in Deutschland am weitesten verbreiteten Rechtsformen kurz dargestellt.

2.4.1 Ziele und Auswahlkriterien der Rechtsformenwahl

Wie jede unternehmerische Entscheidung orientiert sich auch die Wahl der Rechtsform in der Regel am unternehmerischen Oberziel, also üblicherweise am Ziel der langfristigen Gewinnmaximierung. Bei der Wahl der Rechtsform sind damit alle Sachverhalte zu berücksichtigen, welche diese Zielgröße beeinflussen. Diese zielbeeinflussenden Sachverhalte stellen gleichermaßen die Auswahlkriterien dar, welche im Folgenden kurz skizziert werden sollen (Camphausen 2008):

- **Leitungs- und Kontrollbefugnisse**
  Im Hinblick auf die Leitungsbefugnis bestehen gravierende Unterschiede zwischen Einzelunternehmungen und Personengesellschaften einerseits und Kapitalgesellschaften andererseits. Während Kapitalgesellschaften unabhängig von der Kapitalbeteiligung immer von angestellten Geschäftsführern geführt werden, werden Eigentümer geführte Unternehmen meist von den alten Kapitalgebern geleitet. Bei Kapitalgesellschaften haben die Kapitalgeber nicht notwendigerweise Geschäftsführungsbefugnis.
- **Haftungsumfang der Eigenkapitalgeber**
  Im Hinblick auf die Haftungsregelungen der Rechtsformen interessiert die Unternehmer vor allem die Frage, ob ihr Verlustrisiko beschränkt ist oder nicht und in welchem Maße Anteilseigner für die Verbindlichkeiten des Unternehmens aufkommen. Der Grundsatz der unbeschränkten Haftung besagt, dass jede Person für ihre Verbindlichkeiten mit ihrem gesamten Vermögen haftet (Wöhe 2013). Der Einzelunternehmer haftet für seine Verbindlichkeiten nicht nur mit seinem Betriebs-, sondern auch mit seinem Privatvermögen. Bei Personengesellschaften unterliegen alle Gesellschafter ebenfalls einer persönlichen und unbeschränkten Haftung und haften somit im schlimmsten Fall auch mit ihrem Privatvermögen. Die einzige Ausnahme bildet die GmbH & Co. KG, bei der die beschränkt haftende GmbH die Aufgabe des voll haftenden Gesellschafters übernimmt.
- **Finanzierungsmöglichkeiten**
  Die Wahl der Rechtsform hat einen großen Einfluss auf die Finanzierungsmöglichkeiten eines Betriebes. Zur Eigenfinanzierung steht in der Einzelunternehmung nur ein einziger Eigenkapitalgeber bereit. Damit ist der Einzelunternehmer bei der Kapitalbeschaffung auf sich allein gestellt und gegebenenfalls auf entsprechende Finanzinstitute angewiesen. Publikumsaktiengesellschaften können demgegenüber über den Kapitalmarkt ungleich leichter Kapital beschaffen. Da sich mit höherer Eigenkapitalausstattung auch die Finanzierungsmöglichkeiten verbessern, muss der Einfluss der Rechtsformwahl auf die Finanzierungsmöglichkeiten als außerordentlich bedeutsam eingeschätzt werden (Wöhe 2013).
- **Rechnungslegung, Prüfung, Publizität und Mitbestimmung der Arbeitnehmer**

Bei Publizität und Prüfung geht es um die Frage, ob der Jahresabschluss eines Unternehmens zu veröffentlichen und von einem Wirtschaftsprüfer zu kontrollieren ist. Publizitäts- und Prüfungspflichten sind für die entsprechenden Unternehmen mit hohen Kosten verbunden. Auch die Mitbestimmung der Arbeitnehmer wird von den Eigenkapitalgebern meist als negativ empfunden, weil sie durch ihre Leitungs- und Kontrollrechte eingeschränkt werden. Da nicht alle Rechtsformen den gesetzlichen Publizitäts-, Prüfungs- und Mitbestimmungsvorschriften unterliegen, spielt dieses Kriterium bei der Rechtsformwahl ebenfalls eine zentrale Rolle.

- **Steuerbelastung**

Zwischen den verschiedenen Rechtsformen bestehen grundlegende Unterschiede hinsichtlich der Besteuerung. Während bei Einzelunternehmungen und Personengesellschaften nicht das Unternehmen selbst, sondern die Gesellschafter steuerpflichtig sind, sind Kapitalgesellschaften selbst steuerpflichtig. Generell sind besonders die folgenden Steuerarten von Bedeutung:

- Gewinne von natürlichen Personen (Einzelunternehmer und Gesellschafter) werden mittels der Einkommensteuer besteuert.
- Gewinne von juristischen Personen (Kapitalgesellschaften) unterliegen der Körperschaftsteuer.
- Zusätzlich zu den obigen Steuern fällt für alle Rechtsformen Gewerbesteuer an. Diese wird nicht an den Staat, sondern an die Stadt oder Gemeinde abgeführt, in welcher das Unternehmen seine jeweilige Niederlassung hat.

Beispiel aus der Wirtschaftspraxis: steuerpflichtige Unternehmen und deren Umsatz 2012 nach der Rechtsform

Die wirtschaftliche Bedeutung verschiedener Rechtsformen kann aus der amtlichen Umsatzsteuerstatistik des Statistischen Bundesamtes Deutschland abgeleitet werden. In dieser Statistik werden die Gesamtzahl der Betriebe und die jeweiligen steuerlichen Umsätze angegeben (vgl. ◘ Abb. 2.6).

Von der Anzahl der Unternehmen her bilden die Einzelunternehmen mit einem Anteil von fast 70 % an der Gesamtzahl der erfassten Betriebe die mit Abstand stärkste Gruppe. Aus der geringen Umsatzquote von knapp 10 % lässt sich erkennen, dass es sich bei den Einzelunternehmen zumeist um kleinere Betriebe handelt.

Die Gruppe der Kapitalgesellschaften (AG, KGaA, GmbH) erreicht demgegenüber nur einen Anteil von 21 %. Gleichzeitig erzielen diese Unternehmen aber deutlich über 70 % des Gesamtumsatzes.

◘ Abbildung 2.7 enthält einen zusammenfassenden Überblick über die gebräuchlichsten Rechtsformen private Betriebe.

2.4 · Rechtsformentscheidungen

Rechtsformen	Steuerpflichtige		Steuerbarer Umsatz	
	Anzahl	Anteil an der Gesamtzahl	in Mio. €	Anteil am Gesamtumsatz
Einzelunternehmen	2.217.155	68,2%	560.588	9,7%
Offene Handelsgesellschaften inkl. GbR	274.369	8,4%	192.029	3,3%
KG einschließlich GmbH & Co. KG	149.965	4,6%	1.284.619	22,3%
AG und KGaA	7.862	0,2%	1.028.631	17,9%
GmbH	526.197	16,2%	2.203.448	38,3%
Erwerbs- und Wirtschaftsgenossenschaften	5.512	0,2%	64.952	1,1%
Unternehmen gewerblicher Art von Körperschaften des öffentlichen Rechts	6.397	0,2%	45.390	0,8%
Sonstige Rechtsformen	62.687	1,9%	372.593	6,5%
Insgesamt	3.250.319	100,0%	5.752.249	100,0%

◘ **Abb. 2.6** Steuerpflichtige Unternehmen und deren Umsatz 2012 nach der Rechtsform (Statistisches Bundesamt Deutschland 2012)

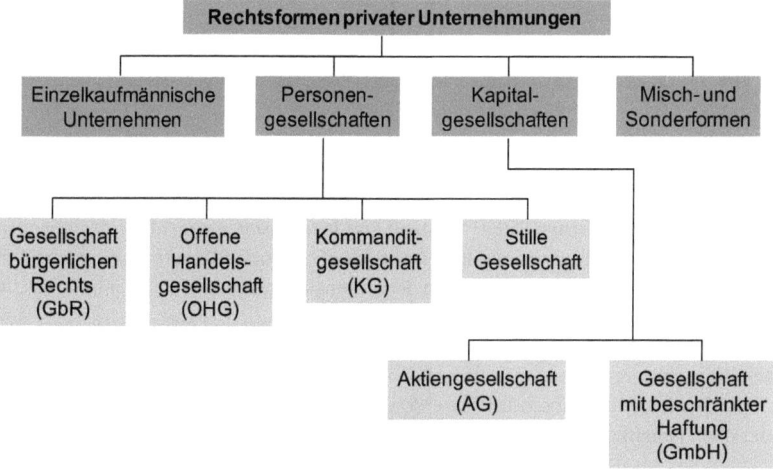

◘ **Abb. 2.7** Die privatrechtlichen Rechtsformen der Betriebe im Überblick

Beispiel aus der Wirtschaftspraxis: Das Konzept der Corporate Governance

Mit **Corporate Governance** werden Regelungen auf freiwilliger und gesetzlicher Basis verstanden, welche die Transparenz und Kontrolle der Unternehmensführung sowie der **Kapitalmarktvorgänge** um eine Gesellschaft erhöhen sollen. Zielsetzung der Corporate-Governance-Regeln ist, die **Investor Relations** zu verbessern und den Anlegerschutz zu erhöhen. Hierzu wurden eine Vielzahl von neuen Gesetzen (z. B. Gesetz zur Kontrolle und Transparenz im Unternehmensbereich, Anlegerschutzverbesserungsgesetz, Bilanzrechtsreformgesetz, Abschlussprüferaufsichtsgesetz, Bilanzkontrollgesetz) bzw. Gesetzesänderungen erlassen. Neben den gesetzlichen Änderungen ist in Deutschland ein Corporate-Gover-

Einzelunternehmen	Personengesellschaften	Kapitalgesellschaften
▸ Einzelne Person als Unternehmer	▸ Mehrere Eigentümer ▸ Mitgliedschaft ohne Zustimmung aller Gesellschafter nicht frei übertragbar ▸ Alle oder ein Teil der Gesellschafter haften mit ihrem Gesamtvermögen ▸ Vollhaftende Gesellschafter haben Recht zur Geschäftsführung	▸ Juristische Personen, d.h. rechtlich selbständig (vom Wechsel der Gesellschafter unabhängig) ▸ In eigenem Namen klagen/verklagt werden/Rechtsgeschäfte abschließen ▸ Haftung durch Gesellschaftsvermögen

◘ Abb. 2.8 Charakteristika von Einzelunternehmen, Personen- und Kapitalgesellschaften

nance-Kodex (DCGK) von einer Regierungskommission erarbeitet und 2002 veröffentlicht worden. Seine Einhaltung wird Kapitalgesellschaften, insbesondere börsennotierten Aktiengesellschaften „empfohlen". Der Kodex beschäftigt sich vornehmlich mit dem Beziehungsgeflecht zwischen Eigner, Vorstand und Aufsichtsrat, indem er die bestehenden gesetzlichen Verpflichtungen um **Best Practices of Corporate Governance** ergänzt und Vorschläge zur konkreten Ausgestaltung der Unternehmensführung und -kontrolle macht.

Einen Überblick hinsichtlich der wesentlichen Unterscheidungsmerkmale von Einzelunternehmen, Personengesellschaften und Kapitalgesellschaften gibt ◘ Abb. 2.8.

In den folgenden Abschnitten werden die wichtigsten Rechtsformen hinsichtlich der oben genannten Kriterien kurz skizziert.

2.4.2 Einzelunternehmen

Ein **Einzelunternehmen** ist grundsätzlich jedes Unternehmen, welches von einer einzelnen natürlichen Person als Rechtssubjekt geführt wird. Der Einzelunternehmer betreibt dabei als Kaufmann seine Handelsgeschäfte unter dem Namen seiner Firma. Dabei ist der Firmenname frei wählbar und muss bei Eintragung ins Handelsregister den Zusatz „eingetragener Kaufmann" (in der Regel abgekürzt: e.K.) enthalten. Die Einzelfirma besitzt keine eigene Rechtspersönlichkeit, was den Einzelunternehmer als **natürliche Person** zum Träger von Rechten und Pflichten macht (Wöhe 2013).

▬ Gründung

2.4 · Rechtsformentscheidungen

Die Gründung eines Einzelunternehmens erfolgt formlos durch den Einzelunternehmer. Je nach Umsatzgröße des Betriebes sind bestimmte Meldepflichten und Auflagen zu beachten. Sogenannte kaufmännische Betriebe müssen in das Handelsregister eingetragen werden. In der Praxis erfolgt die Einordnung meist anhand von finanziellen Kriterien. Demzufolge sind Unternehmen, welche einen Gewinn von 50.000 € oder einen Umsatz von 500.000 € und mehr erzielen, kaufmännisch tätig.

- **Leitung**
Der Einzelunternehmer leitet das Unternehmen allein und ohne einen weiteren Geschäftsführer.
- **Haftung**
Der Einzelunternehmer haftet mit seinem gesamten Vermögen (Betriebs- und Privatvermögen) persönlich unbeschränkt für sämtliche Verbindlichkeiten des Unternehmens. Die Eigenfinanzierung der Einzelunternehmung erfolgt dabei durch die Kapitalanlage vom Privat-ins Betriebsvermögen. Zur Fremdfinanzierung wird üblicherweise auf Bankdarlehen zurückgegriffen. Dabei ist die Fremdfinanzierungsmöglichkeit abhängig von der Kreditwürdigkeit des Einzelunternehmers (Wöhe 2013).
- **Rechnungslegung/Publizität**
Als Kaufmann hat der Einzelunternehmer die Pflicht zur ordnungsgemäßen Buchführung. Diese beinhaltet die Pflicht, sämtliche Geschäfte des Unternehmens zu dokumentieren und zum Ende des Geschäftsjahres einen Jahresabschluss (Bilanz) zu erstellen. Eine Prüfung oder Publizierung des Jahresabschlusses ist dabei allerdings nicht erforderlich.
- **Steuerbelastung**
Einzelunternehmer unterliegender Einkommen- und der Gewerbesteuer. Eine Ausnahme bilden die sogenannten Freiberufler, die nach Paragraph 18 des Einkommensteuergesetzes einen der dort erwähnten Katalogberufe ausüben wie zum Beispiel Ingenieure. Als Bemessungsgrundlage gilt der erwirtschaftete Gewinn der Einzelunternehmer.

2.4.3 Personengesellschaften

Die Rechtsform des Einzelunternehmens bringt eine Reihe von potentiellen Nachteilen mit sich, so zum Beispiel beschränktes Eigenkapital, etwaige Überforderung mit der Unternehmensführung oder fehlende fachliche Kompetenzen. Vor diesem Hintergrund kann es sinnvoll sein, dass sich mindestens zwei Personen auf der Grundlage eines privatrechtlichen Vertrages, dem sogenannten **Gesellschaftsvertrag**, rechtsgeschäftlich zusammenschließen, um einen konkreten gemeinschaftlichen Zweck zu verfolgen. Eine **Personengesellschaft** entsteht demnach beim rechtsgeschäftlichen

Zusammenschluss von mindestens zwei natürlichen oder juristischen Personen. Wesentliche Merkmale der Personengesellschaften sind (Vahs und Schäfer-Kunz 2012):
- Die Gesellschafter als natürliche Personen besitzen besondere Bedeutung.
- In der Regel sind Unternehmensleitung und Kapitaleigentum in Personalunion vereint.
- Grundsätzlich besitzen die Gesellschafter die uneingeschränkte Leitungsbefugnis.
- Alle oder ein Teil der Gesellschafter haften mit ihrem gesamten Vermögen.
- Es fehlt die eigene Rechtspersönlichkeit der Gesellschaft, und die Führungsnachfolge ist in der Praxis problematisch.

Gesellschaft bürgerlichen Rechts

Die **Gesellschaft bürgerlichen Rechts** (GbR/BGB-Gesellschaft) ist eine auf einem Vertrag beruhende Personengesellschaft zur Förderung eines von mindestens zwei Gesellschaftern gemeinsam verfolgten beliebigen Zwecks, welcher nicht auf den Betrieb eines Handelsgewerbes gerichtet ist (Klunzinger 2004).

Eine GbR darf keine kaufmännische Tätigkeit ausüben und muss daher nicht im Handelsregister eingetragen werden. Wenn eine GbR eine bestimmte Umsatzgröße erzielt und somit kaufmännisch tätig wird, wird sie zu einer offenen Handelsgesellschaft (OHG). Die Gesellschaft bürgerlichen Rechts kommt in der Wirtschaftspraxis relativ häufig vor, so beispielsweise bei (Stehle und Stehle 2005):
- Gelegenheitsgesellschaften, wie Arbeitsgemeinschaften und Konsortien,
- Kartellen,
- Holding-Gesellschaften und
- Zusammenschlüssen von Handwerkern oder Freiberuflern, zum Beispiel Ärzten in Praxen oder Architekten in Gemeinschaftsbüros.
- Die **Gesellschaft bürgerlichen Rechts** bildet die Grundform aller Personengesellschaften und somit den Prototypen für alle im Folgenden behandelten Rechtsformen von Personengesellschaften (OHG, KG).
- **Gründung**
  Eine GbR wird von mindestens zwei Gesellschaftern zur Erreichung eines gemeinsamen Zwecks gegründet. Gesellschafter können dabei sowohl natürliche Personen als auch juristische Personen sein. Eine juristische Person ist ein Körperschaftsgebilde mit eigener Rechtspersönlichkeit (zum Beispiel Mayr GmbH). Die Gründung erfolgt durch einen Vertrag, welcher ausdrücklich schriftlich, mündlich oder stillschweigend (durch konkludentes Verhalten) abgeschlossen werden kann. Vor diesem Hintergrund empfiehlt sich in der Praxis die Schriftform. Eine Handelsregistereintragung erfolgt nicht.
- **Leitung**

2.4 · Rechtsformentscheidungen

Grundsätzlich übernehmen die Gesellschafter einer GbR die Geschäftsführung gemeinsam. Abweichende Regelungen für interne Führungsstrukturen können aber von den Gesellschaftern im Gesellschaftsvertrag festgelegt werden.

- **Haftung**
Die Gesellschafter einer GbR haften unbeschränkt sowohl mit ihrem betrieblichen als auch mit ihrem Privatvermögen. Die Haftung der Gesellschafter ist demzufolge unbeschränkt und gesamtschuldnerisch. Die **gesamtschuldnerische Haftung** besagt, dass jeder Gesellschafter dem Gläubiger gegenüber für den vollen geschuldeten Betrag haftet. Er kann die Haftung also nicht auf seinen Anteil am Gesellschaftsvermögen beschränken (Vahs und Schäfer-Kunz 2012). Die Eigenfinanzierung der GbR ergibt sich aus den Einlagen der Gesellschafter. Zur Fremdfinanzierung greift die GbR in der Regel auf Bankkredite zurück. Aufgrund der gesamtschuldnerischen Haftung der Gesellschafter hängt die Kreditwürdigkeit der GbR von der Kreditwürdigkeit der Gesellschafter, insbesondere von der Höhe ihres aufsummierten Reinvermögens, ab (Wöhe 2013).

- **Rechnungslegung/Publizität**
Da eine GbR naturgemäß keine kaufmännische Tätigkeit ausüben kann, entfallen hier die handelsrechtlichen Buchführungspflichten.

- **Steuerbelastung**
Die Besteuerung der GbR ist abhängig von der Rechtsform der beteiligten Gesellschafter. Die Eigentums- beziehungsweise Körperschaftsteuer wird von den jeweiligen Gesellschaftern getragen. Die Gewerbesteuer trägt die GbR selbst.

Offene Handelsgesellschaft

Eine **offene Handelsgesellschaft** ist eine Personengesellschaft, deren Zweck auf den Betrieb eines kaufmännischen Handelsgewerbes unter gemeinschaftlicher Firma gerichtet ist, ohne dass eine Haftungsbeschränkung der Gesellschafter gegenüber den Gläubigern besteht (Klunzinger 2004). Es handelt sich dabei um die typische Rechtsform kleinerer und mittlerer Betriebe mit mehreren Gesellschaftern. Die OHG ist mit gut 8 % der Unternehmen die dritthäufigste Rechtsform in Deutschland (Töpfer 2007).

- **Gründung**
Der Gründungsprozess einer OHG verläuft analog zu dem der GbR: mindestens zwei Gesellschafter schließen einen formlosen Gesellschaftsvertrag. Die Gesellschafter können dabei sowohl natürliche als auch juristische Personen sein. Eine Eintragung in das Handelsregister ist vorgeschrieben. Die Firma einer OHG muss die Bezeichnung „offene Handelsgesellschaft" oder eine allgemein verständliche Abkürzung dieser Bezeichnung enthalten (Jung 2010).

- **Leitung**
Zur Führung der Geschäfte der Gesellschaft sind alle Gesellschafter berechtigt und verpflichtet. Es handelt sich hierbei um ein sogenanntes **dispositives Recht**,

das heißt, dass im Gesellschaftsvertrag eine abweichende Regelung festgelegt werden kann. Beispielsweise können durch den Gesellschaftsvertrag einer oder mehrere Gesellschafter von der Geschäftsleitung ausgeschlossen werden. Aus diesem Grund ist jeder Gesellschafter allein vertretungs- und geschäftsführungsberechtigt.

▬ **Haftung**
Alle Gesellschafter der OHG haften für die Verbindlichkeiten solidarisch mit ihrem gesamten Vermögen direkt und unbeschränkt. Damit können Gläubiger der Gesellschaft für ihre gesamten Forderungen jeden Gesellschafter in Anspruch nehmen. Die Eigenfinanzierung der OHG erfolgt durch die Kapitalanlage der Gesellschafter. Die Fremdfinanzierung der OHG erfolgt in der Regel über die Aufnahme von Bankkrediten. Dabei ist die Kreditwürdigkeit der Gesellschafter von zentraler Bedeutung.

▬ **Rechnungslegung / Publizität**
Aufgrund ihrer Kaufmannseigenschaften ist die OHG verpflichtet, Bücher zu führen und einen handelsrechtlichen Jahresabschluss zu erstellen. Eine Prüfung und Publizierung des Jahresabschlusses ist jedoch gesetzlich nicht vorgeschrieben.

▬ **Steuerbelastung**
Die OHG unterliegt wie alle anderen Personengesellschaften nicht der Körperschaftsteuer. Dafür unterliegen die Einkünfte aus dem Gewerbebetrieb der Einkommensteuer.

Kommanditgesellschaft

Eine **Kommanditgesellschaft (KG)** ist eine Personengesellschaft, deren Zweck auf den Betrieb eines Handelsgewerbes unter gemeinschaftlicher Firma gerichtet ist und bei der mindestens ein Gesellschafter gegenüber den Gesellschaftsgläubigern unbeschränkt und mindestens ein Gesellschafter nur mit seiner Kapitaleinlage haftet (Rose und Glorius-Rose 2001).

Die Kommanditgesellschaft ist damit der offenen Handelsgesellschaft grundsätzlich sehr ähnlich. Die wesentlichen Unterschiede liegen im Bereich der Haftung.

▬ **Gründung**
Der Gründungsvorgang entspricht dem der GbR und der OHG: mindestens zwei Gesellschafter schließen einen formlosen Gesellschaftsvertrag. Die einzige Besonderheit ist, dass alle Gesellschafter sowie deren Kapitaleinlage im Gründungsvertrag festzuhalten sind.

▬ **Leitung**
Falls der Gesellschaftsvertrag keine abweichenden Regelungen vorsieht (dispositives Recht), obliegt die Geschäftsführung grundsätzlich den voll haftenden Gesellschaftern, welche **Komplementäre** genannt werden.

▬ **Haftung**

Charakteristisches Merkmal der Kommanditgesellschaft ist, dass die Gesellschafter unterschiedlich für die Verbindlichkeiten der Gesellschaft haften. Die Komplementäre haften unbeschränkt persönlich. Die anderen Gesellschafter, die sogenannten **Kommanditisten**, sind Teilhafter und haften maximal bis zur Höhe ihrer Kapitalanlage, das heißt nur mit dem Kapital, welches sie in die Kommanditgesellschaft eingebracht haben. Häufig werden in Kommanditgesellschaften beschränkt haftende Kapitalgesellschaften als Komplementäre eingesetzt. Dies führt zur Entstehung von sogenannten **Mischformen**, wie beispielsweise der **GmbH & Co. KG**. Grundform dieser Gesellschaft bleibt die Kommanditgesellschaft, also eine Personengesellschaft. In dieser tritt eine beschränkt haftende GmbH als Komplementär auf und ersetzt die natürliche Person als Vollhafter. Auf diese Weise wird das Haftungsrisiko der Kommanditgesellschaft auf das Gesellschaftsvermögen der GmbH und die Kapitaleinlagen der Kommanditisten beschränkt. Anders als in der OHG, in der es nur Vollhafter gibt, kann die Kommanditgesellschaft ihren Gesellschafterkreis um (risikoscheue) Eigenkapitalgeber, die beschränkt haftenden Kommanditisten, ausdehnen (Wöhe 2013).

- **Rechnungslegung/Publizität**
Für die Grundform der Kommanditgesellschaft bestehen keine Publizitätspflichten. Wie alle kaufmännischen Betriebe ist jedoch auch die Kommanditgesellschaft zur ordnungsgemäßen Buchführung verpflichtet. Mischformen, wie die oben dargestellte GmbH & Co. KG, sind dagegen zur ordnungsgemäßen Buchführung verpflichtet und müssen ihren Jahresabschluss veröffentlichen.

- **Steuerbelastung**
Die Gewinne der Kommanditgesellschaft unterliegen anteilig der Einkommensteuer der Komplementäre und der Kommanditisten sowie der Gewerbesteuer, da von einer gewerblichen Tätigkeit der Gesellschaft ausgegangen wird.

Stille Gesellschaft

Bei der **stillen Gesellschaft** beteiligt sich ein Kapitalgeber (der sogenannte stille Gesellschafter) am Handelsgewerbe eines Geschäftsinhabers in der Weise, dass seine Kapitaleinlage in das Vermögen des Geschäftsinhabers übergeht (Wöhe 2013).

Die Bezeichnung stille Gesellschaft erklärt sich aus der Tatsache, dass die Kapitalbeteiligung des stillen Gesellschafters für Außenstehende nicht erkennbar ist. Die stille Gesellschaft ist keine Handelsgesellschaft an sich, sondern eine reine Innengesellschaft, welche nach außen hin nicht in Erscheinung tritt. Sie hat immer genau zwei Gesellschafter. Die Motive für die Gründung einer stillen Gesellschaft sind vorrangig finanzieller Natur (Stärkung des Eigenkapitals) oder sie haben einen wettbewerbs-, gewerbe- und steuerrechtlichen Hintergrund. Die stille Gesellschaft besitzt in der Praxis eine große Bedeutung, weil sie aus der Sicht des stillen Gesellschafters eine Reihe von Vorteilen bietet, wie beispielsweise einen begrenzten Kapitaleinsatz und keine unmittelbare Haftung (Vahs und Schäfer-Kunz 2012).

- **Gründung**
  Die Gründung einer stillen Gesellschaft erfolgt über einen Vertrag, der formlos sein kann. Die stille Gesellschaft wird nicht in das Handelsregister eingetragen. Es handelt sich um eine reine Innengesellschaft, deren Regelungen im Gesellschaftsvertrag verankert sind.
- **Leitung**
  Der stille Gesellschafter ist grundsätzlich von der Geschäftsführung und der Vertretung ausgeschlossen.
- **Haftung**
  Der stille Gesellschafter haftet nicht mit seiner Einlage für Forderungen gegen das Unternehmen. Eine Zahlungsverpflichtung besteht für den stillen Gesellschafter nur bei Konkurs des Unternehmens. Nach der Eröffnung eines Insolvenzverfahrens kann der stille Gesellschafter über das Vermögen des Geschäftsinhabers seine Einlage als Insolvenzgläubiger zurückfordern (Wöhe 2013).
- **Rechnungslegung/Publizität**
  Als Betreiberin eines Handelsgewerbes ist die stille Gesellschaft in jedem Fall zur Erstellung eines handelsrechtlichen Jahresabschlusses verpflichtet. Eine gesetzliche Prüfungs- und Publizitätspflicht besteht dagegen nicht.
- **Steuerbelastung**
  Die Gewinne des typischen stillen Gesellschafters unterliegen der Einkommensteuer.

2.4.4 Kapitalgesellschaften

Kapitalgesellschaften sind Körperschaftsgebilde mit eigener Rechtspersönlichkeit (juristische Personen). Für die Unternehmensverbindlichkeiten haftet somit die Gesellschaft (nicht die Gesellschafter) mit ihrem gesamten Vermögen (Wöhe 2013).

Beispiel aus der Wirtschaftspraxis: Die Rolle der Ratingagenturen

Bei Ratingagenturen (Ratinggesellschaften) handelt es sich um **Informationsbroker**, die eine Bewertung der wirtschaftlichen Leistungsfähigkeit und Bonität einer Gesellschaft vornehmen (Rating) und diese Informationen am Kapitalmarkt zur Verfügung stellen. Das Unternehmen selbst muss hierbei die Ratingagentur für ihre Bewertung bezahlen. Auch Börsenanalysten von Banken oder Investmentfonds publizieren *ihre* Ratingurteile zu Gesellschaften. Eine Verbesserung (Verschlechterung) in solchen Ratings hat großen Einfluss auf den aktuellen Börsenkurs und auf die Konditionen, zu denen die Gesellschaft Fremd-

2.4 · Rechtsformentscheidungen

kapital aufnehmen kann. Der Verzicht auf ein Rating verschließt praktisch den Zugang zum Kapitalmarkt.

Gegenüber den Personengesellschaften weisen die Kapitalgesellschaften folgende Merkmale auf (Vahs und Schäfer-Kunz 2012):
- Die Kapitalanlage steht im Vordergrund, das heißt es handelt sich um eine unpersönliche Beteiligung von natürlichen und/oder juristischen Person.
- Die Gesellschafterhaftung ist auf die Höhe der Kapitalanlage begrenzt.
- Eine Trennung von Geschäftsführungsbefugnis und Beteiligung an der Gesellschaft ist möglich.

Gesellschaft mit beschränkter Haftung

Eine **Gesellschaft mit beschränkter Haftung** (GmbH) ist eine Kapitalgesellschaft, welche einen beliebigen Zweck verfolgen kann und bei welcher alle Gesellschafter gegenüber den Gläubigern nur mit ihrer Einlage haften (Klunzinger 2004).

- **Gründung**
Die GmbH kann von einer oder mehreren Personen gegründet werden und setzt einen Gesellschaftsvertrag voraus, welcher notariell beurkundet werden muss. Die Gründung einer GmbH endet mit ihrer Eintragung in das Handelsregister. Die GmbH muss bei Gründung über ein Stammkapital von mindestens 120.000 € verfügen, welches sich aus der Summe der Einlagen der einzelnen Gesellschafter zusammensetzt. Die Rechtsform „Limited" (Ltd.) ist die englische Form der deutschen GmbH.

- **Leitung**
Die GmbH ist als Kapitalgesellschaft mit Organen ausgestattet, welche für sie handeln. Die Organe der GmbH sind Geschäftsführer und Gesellschafterversammlung. Gesellschaften, welche der Mitbestimmung unterliegen, haben zusätzlich einen Aufsichtsrat. Die Leitungsbefugnis liegt bei der Geschäftsführung, die Kompetenz dagegen bei der Gesellschafterversammlung. Dabei richtet sich das Stimmengewicht in der Gesellschafterversammlung nach der Höhe der Stammkapitalanteile der Gesellschafter.

- **Haftung**
Die GmbH haftet für ihre Verbindlichkeiten mit ihrem Gesellschaftsvermögen. Alle Gesellschafter haften mit ihrer Kapitalanlage, jedoch nicht mit ihrem Privatvermögen.

- **Rechnungslegung/Publizität**
Die GmbH ist publizitätspflichtig, das heißt sie muss ihren Jahresabschluss im Handelsregister veröffentlichen. Ebenso wie alle kaufmännischen Betriebe ist auch eine GmbH zur ordnungsgemäßen Buchführung verpflichtet. In Abhängigkeit von der Unternehmensgröße ist für die GmbH eine unabhängige Prüfung des Jahresab-

schlusses durch einen Wirtschaftsprüfer vorgeschrieben. Für diesen Fall muss der Jahresabschluss der GmbH um einen sogenannten Lagebericht ergänzt werden.
- **Steuerbelastung**
Die GmbH unterliegt der Körperschaftsteuer sowie der Gewerbesteuer.

Aktiengesellschaft

Eine **Aktiengesellschaft (AG)** ist eine Kapitalgesellschaft, welche einen beliebigen Zweck verfolgen kann, deren Grundkapital in Aktien zerlegt ist und bei welcher alle Aktionäre gegenüber Gläubigern nur mit ihrer Einlage haften (Klunzinger 2004).

Beispiel aus der Wirtschaftspraxis: Der deutsche Aktienindex DAX
Der Markt für Aktien an der Frankfurter Wertpapierbörse wird zur besseren Übersicht in mehrere Segmente untergeteilt. Für diese Teilmärkte sowie für verschiedene Branchen werden aus den dort gehandelten Aktien Indizes berechnet, um die generelle Marktentwicklung in einem Segment zu veranschaulichen. Einer der bekanntesten Indizes ist der DAX. Er enthält die nach Marktkapitalisierung und Orderbuchumsatz größten 30 deutschen Werte aus den klassischen Branchen und dem Technologiebereich (sog. Bluechip-Index). Sie zählen alle zum sogenannten **Prime Standard**. Ferner muss ein bestimmter Mindestanteil der Aktien in Streubesitz sein (**Free Float**). Nur bei Gesellschaften, bei denen ein nennenswerter Anteil in Streubesitz ist, gelangen Aktien kontinuierlich in großer Stückzahl in den Börsenhandel, sodass sich ein Marktpreis herausbilden kann.

Vor dem Hintergrund der zunehmenden Globalisierung und Internationalisierung wird die Möglichkeit der Kapitalbeschaffung von Unternehmen immer wichtiger. Diese Entwicklung verhalf der Aktiengesellschaft als Rechtsform zu wachsender Popularität, da neues Kapital durch Ausgabe neuer Aktien relativ leicht zu beschaffen ist. Dies ist vor allem bei den sogenannten **Publikumsgesellschaften** der Fall, deren Aktien an der Börse gehandelt werden.
- **Gründung**
Eine Aktiengesellschaft kann von einer einzelnen Person oder von mehreren Personen gegründet werden. Die Gründungsphase beginnt mit der Feststellung der sogenannten **Satzung**, welche notariell beurkundet werden muss, und endet mit der Eintragung der Aktiengesellschaft in das Handelsregister. Das **Grundkapital** einer Aktiengesellschaft muss mindestens 50.000 € betragen und wird in Aktien zerlegt. Das Mindestgrundkapital muss bei Gründung zu mindestens einem Viertel eingezahlt werden. Der Mindestnennbetrag/Aktie beträgt 1 Euro. Das Grundkapital ist somit das Produkt aus Aktiennennbetrag und Aktienanzahl. Die Aktie ist dabei ein Wertpapier, welches seinem Inhaber die folgenden Rechte garantiert (Wöhe 2013):
- Stimmrecht in der Hauptversammlung (Ausnahme: stimmrechtslose Aktien),
- Recht auf Gewinnanteil (Dividende),

- Aktienbezugsrecht bei Kapitalerhöhung,
- Anteil am Liquidationserlös.

Leitung
Leitungs- und Kontrollbefugnisse sind in der Aktiengesellschaft auf die drei Organe **Vorstand**, **Aufsichtsrat** und **Hauptversammlung** verteilt. Der Vorstand leitet die Gesellschaft in eigener Verantwortung. Er besteht zumeist aus mehreren Personen und wird durch den Aufsichtsrat für maximal fünf Jahre bestellt, wobei eine Wiederwahl möglich ist. Gegenüber dem Aufsichtsrat hat er entsprechende Berichtspflichten. Der Aufsichtsrat ist das Kontrollorgan der Aktiengesellschaft. Seine wichtigsten Aufgaben bestehen in der Wahl, der Überwachung und gegebenenfalls der Abberufung des Vorstandes. Die Aufsichtsratsmitglieder werden durch die Hauptversammlung für maximal vier Jahre bestellt. In mitbestimmten Unternehmen bestimmt die Belegschaft die Arbeitnehmervertreter. Die Hauptversammlung ist die Versammlung aller Aktionäre, wobei diese jeweils eine Stimme pro Aktie haben (Ausnahme: stimmrechtlose Vorzugsaktien). Die Hauptversammlung entscheidet über die Verwendung des Gewinns, die Bestellung von Abschlussprüfern, Satzungsänderungen, Kapitalerhöhungen und -herabsetzung sowie die Auflösung der Gesellschaft.

Haftung
Die Aktiengesellschaft haftet für ihre Verbindlichkeiten mit ihrem Gesellschaftsvermögen. Alle Gesellschafter (Aktionäre) haften mit ihrer Kapitalanlage, jedoch nicht mit ihrem Privatvermögen.

Rechnungslegung/Publizität
Aktiengesellschaften sind publizitätspflichtig, das heißt, sie müssen ihren Jahresabschluss im Handelsregister veröffentlichen. Weiterhin sind alle Aktiengesellschaften zur ordnungsgemäßen Buchführung verpflichtet. Sofern eine Aktiengesellschaft bestimmte Größenmerkmale überschreitet, ist eine unabhängige Prüfung des Jahresabschlusses durch einen Wirtschaftsprüfer vorgeschrieben. Für diesen Fall muss der Jahresabschluss der Aktiengesellschaft um einen Lagebericht ergänzt werden. Dieser hat die Aufgabe, die Lage der Gesellschaft für die Aktionäre transparenter zu machen.

Steuerbelastung
Aktiengesellschaften unterliegen der Körperschaftsteuer und der Gewerbesteuer. Die Einkünfte der Aktionäre (Aktiengewinne) unterliegen der Einkommensteuerpflicht.

2.5 Organisation

2.5.1 Ziele und Begriff der Organisation

Im Hinblick auf die bestmögliche Erfüllung der unternehmerischen Ziele ist es von entscheidender Bedeutung, dafür zu sorgen, dass sich die Erfüllung der diversen Teilaufgaben nicht isoliert und unkoordiniert vollzieht. Dies geschieht weitestgehend durch die Schaffung einer sogenannten Organisation. Im Rahmen der Organisation werden Anordnungsbeziehungen sowie Kommunikationsbeziehungen verschiedener Art erfasst und geregelt. Die Organisationsaufgaben bestehen somit darin, ein System zu errichten, welches gegebene Zielsetzungen möglichst ideal erreichen kann, und dieses System Änderungen des Zielkonzeptes, technischen Neuerungen, Umweltveränderungen sowie wissenschaftlichen Erkenntnissen kontinuierlich anzupassen (Nagel 1991).

> **Merke!**
>
> Unter dem Begriff **Organisation** versteht man das Bemühen der Unternehmensleitung, den komplexen Prozess betrieblicher Leistungserstellung und Leistungsverwertung so zu strukturieren beziehungsweise zu organisieren, dass die Effizienzverluste minimiert werden und die Zielerreichung bestmöglich gewährleistet werden kann (Schreyögg 2008).

Organisation muss immer mit Blick auf das Unternehmen als Ganzes gesehen werden. Zum Zweck der besseren Analyse wird die Organisation in Aufbauorganisation und Ablauforganisation unterteilt, welche im Folgenden kompakt dargestellt werden.

2.5.2 Aufbauorganisation

Die **Aufbauorganisation** ist das hierarchische Gerüst eines jeden Unternehmens. Dabei erfolgt die Bildung einer Aufbauorganisation in zwei Schritten: Spezialisierung und Konfiguration (Camphausen 2008).

Spezialisierung

Der erste Schritt zur Gestaltung der Aufbauorganisation besteht darin, die Gesamtaufgabe eines Unternehmens (zum Beispiel die Herstellung von Automobilen) in einzelne Teilaufgaben zu untergliedern. Im Rahmen dieser sogenannten **Aufgabenanalyse** wird die Gesamtaufgabe so lange in einzelne Aufgaben untergliedert, bis diese nicht weiter zerlegbar sind. Die Teilaufgaben der niedrigsten Ordnung (also diejenigen, welche sich nicht weiter unterteilen lassen) werden als **Elementaraufgaben** oder **Arbeitsgänge** bezeichnet, welche Mitarbeitern entsprechend zugeordnet werden können. Ziel der sogenannten **Aufgabensynthese** ist anschließend die Zusammenfassung der Elementaraufgaben zu betriebswirtschaftlich sinnvollen Aufgabenkomplexen, welche in einem weiteren Schritt bestimmten Organisationseinheiten zugeordnet werden (Thommen und Achleitner 2012). Die kleinsten Organisationseinheiten werden als **Stellen** bezeichnet. Die Stellenbeschreibung umfasst dabei konkrete Aufgaben und Verantwortlichkeiten. Generell werden dabei Aus-

2.5 · Organisation

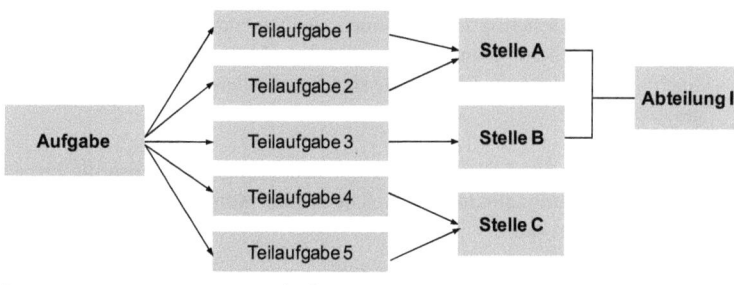

Aufgabenanalyse

Zerlegung der Unternehmensaufgabe, um Aufgabenelemente (= Teilaufgaben) zu erhalten, die in zweckmäßiger Form kombiniert werden können.

Aufgabensynthese

Verknüpfung der im Rahmen der Aufgabenanalyse entstandenen **Teilaufgaben** zu Stellen und zielwirksamen Strukturen.

◘ Abb. 2.9 Prozess der Gestaltung der Aufbauorganisation

führungsstellen, Instanzen sowie Stabs- und Dienstleistungsstellen unterschieden (Wöhe 2013):

- **Ausführungsstellen**
  Ausführungsstellen sind die Stellen der untersten Hierarchieebene eines Unternehmens. Die Inhaber einer Stelle haben keine Weisungsbefugnisse gegenüber anderen Stellen.
- **Instanzen**
  Instanzen sind Leitungsstellen mit fachlicher und disziplinarischer Weisungsbefugnis. In der Regel ist ihnen eine Anzahl von Ausführungsstellen zugeordnet.
- **Stabs- und Dienstleistungsstellen**
  Stabs- und Dienstleistungsstellen dienen zur Vorbereitung und Unterstützung. Sie besitzen keinerlei Leitungsbefugnis. Man spricht in diesem Kontext von **nicht weisungsgebundener Führung**. Der Hauptunterschied der beiden Stellenarten besteht darin, dass Stabsstellen direkt einer Instanz zugeordnet sind und dieser zuarbeiten, während Dienstleistungsstellen ihre Leistungen für verschiedene Instanzen erbringen (zum Beispiel die Öffentlichkeitsabteilung).

◘ Abbildung 2.9 gibt einen Überblick über das Vorgehen bei der Bildung der Aufbauorganisation. Im Vordergrund stehen dabei die folgenden Fragestellungen (Thommen und Achleitner 2012):

- Nach welchen Kriterien kann die Gesamtaufgabe gegliedert und in Elementaraufgaben unterteilt werden?

- Nach welchen Gesichtspunkten können die Elementaraufgaben zu Aufgabenkomplexen (Stellen) zusammengefasst und strukturiert werden?
- Nach welchen Kriterien können die einzelnen Stellen ins Verhältnis zueinander gesetzt werden?

Bei der Gestaltung der Aufbauorganisation stellt sich grundsätzlich die Frage nach der Breite der **Leitungsgliederung**, welche mit der **Kontroll-** und **Leitungsspanne** ausgedrückt werden kann:

- **Kontrollspanne**
  „Unter der Kontrollspanne wird die Anzahl der einem Vorgesetzten direkt unterstellten Mitarbeiter verstanden." Dabei gilt: je größer die Kontrollspanne, desto umfangreicher die durch den Vorgesetzten zu erfüllenden Leitungsaufgaben (Thommen und Achleitner 2012).
- **Leitungstiefe**
  Die Leitungstiefe gibt die Anzahl der Managementebenen an. Im Gegensatz zur oben genannten Kontrollspanne handelt es sich dabei um eine vertikale Größe.

Konfiguration

Die Konfiguration beinhaltet die Zusammenfassung der Organisationseinheiten (Ausführungsstellen, Instanzen, Stabs- und Dienstleistungsstellen) zu einem Netzwerk von Leistungsbeziehungen (Ringlstetter 1997). In diesem Zusammenhang versteht man unter einem **Organigramm** die schaubildartige Darstellung der entsprechenden Organisationsstruktur. Im Organigramm wird die Organisationsstruktur eines Unternehmens mit den Organisationseinheiten abgebildet. Bei den in dem folgenden Abschnitt zu behandelnden Leitungssystemen geht es im Wesentlichen um zwei Fragekomplexe (Wöhe 2013):

- Wie werden die Organisationseinheiten vernetzt beziehungsweise wie werden die Weisungsbefugnisse geregelt?
- Hat das Unternehmen eine funktionale oder eine divisionale Organisationsstruktur?

Zur Beantwortung dieser Fragen werden folgende Leitungssysteme vorgestellt: **Einliniensystem** und **Mehrliniensystem, Stablinienorganisation, Spartenorganisation** und **Matrixorganisation**.

2.5 · Organisation

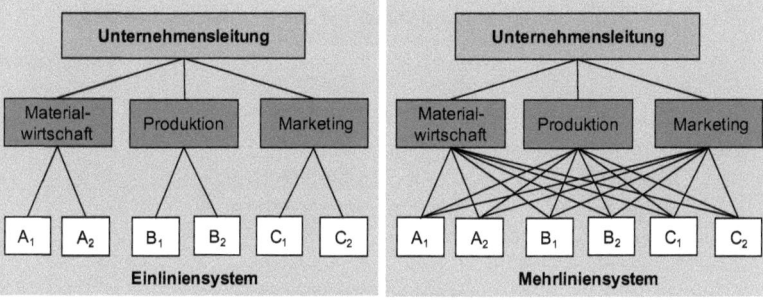

Abb. 2.10 Einlinien-System und Mehrlinien-System (Wöhe 2013)

2.5.3 Organisationsformen

Einliniensystem und Mehrliniensystem

> **Merke!**
>
> Im **Einliniensystem** ist eine Stelle nur jeweils einer einzigen Instanz unterstellt. Im **Mehrliniensystem** dagegen hat eine Stelle von mehreren übergeordneten Stellen Weisungen entgegenzunehmen (Wöhe 2013).

Der zentrale **Vorteil** des **Einliniensystems** besteht in der klar abgegrenzten Kompetenz, welche Klarheit, Einfachheit und Übersichtlichkeit mit sich bringt. Dieses Leitungssystem impliziert auch eine relativ leichte Steuerbarkeit und straffe Kommunikationsbeziehungen. Der **Nachteil** dieses Systems liegt in den langen Kommunikationswegen und der entsprechend starken Belastung der Zwischeninstanzen. Meist geht auch eine verminderte Flexibilität und Reaktionsgeschwindigkeit mit diesem System einher.

Ein wesentlicher **Vorteil** des **Mehrliniensystems** besteht in den verkürzten Informationswegen, welche auch eine Entlastung der Unternehmensführung beinhalten. Der entscheidende **Nachteil** des Mehrliniensystems liegt dagegen in der Gefahr von Kompetenz- und Verantwortlichkeitskonflikten. Aufgrund dieses Mangels ist das Mehrliniensystem in der Praxis relativ selten anzutreffen (vgl. ◘ Abb. 2.10).

Zur vereinfachten Koordination des Entscheidungsprozesses bedient man sich anderer Organisationsformen, welche im Folgenden skizziert werden sollen.

Stablinienorganisation

Beim **Stabliniensystem** sollen die Vorteile des Einliniensystems und des Mehrliniensystems kombiniert werden. Dies wird durch die Einrichtung von **Stabsstellen** ermöglicht,

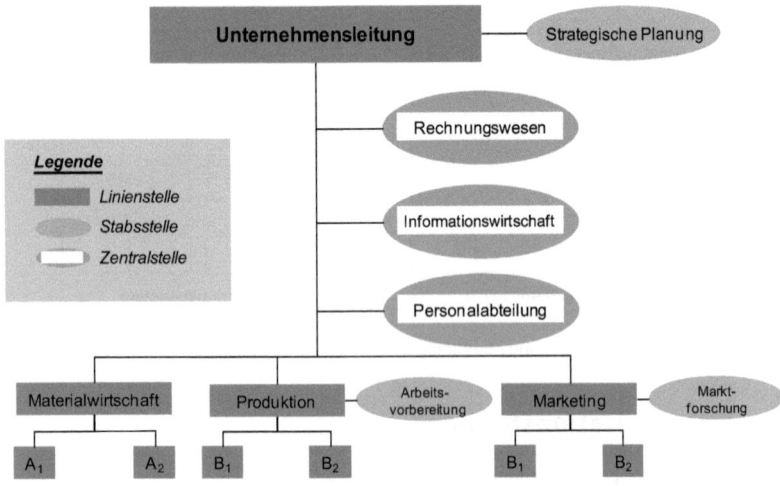

Abb. 2.11 Stablinienorganisation mit Zentralstellen (Wöhe 2013)

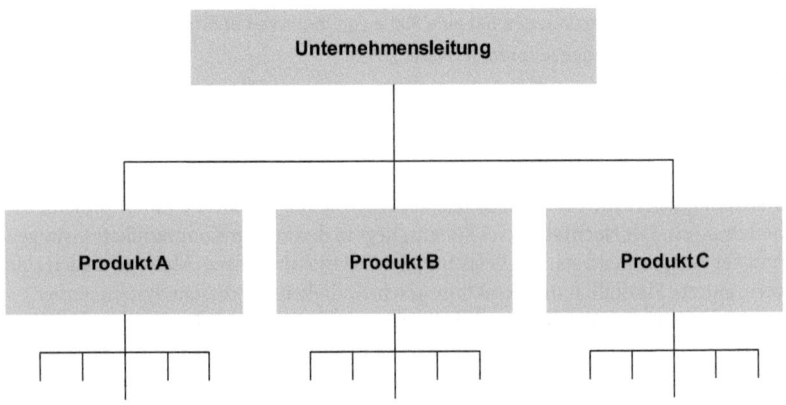

Abb. 2.12 Spartenorganisation

welche die Aufgabe haben, Linieninstanzen zu entlasten. Dabei besitzen sie keinerlei Weisungsbefugnis, sondern haben nur eine koordinierende und beratende Funktion.

Fließende Übergänge bestehen in der praktischen Anwendung zwischen der Stablinienorganisation und dem **Einliniensystem mit zentralen Dienststellen**. Die letztgenannten unterscheiden sich von den Stäben lediglich dadurch, dass sie im

2.5 · Organisation

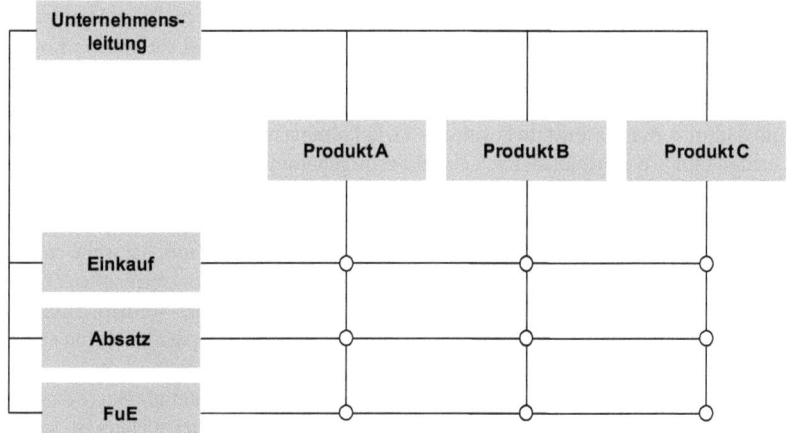

◘ Abb. 2.13 Matrixorganisation

Hinblick auf die von ihnen zu lösenden Aufgaben nicht nur einer einzigen Instanz zugeordnet sind, sondern grundsätzlich mehreren oder sogar allen Instanzen beratend zur Seite stehen. Typische Einsatzgebiete für solche zentralen Dienststellen/ **Zentralstellen** sind Berichtswesen, Rechnungswesen und die Personalabteilung (vgl. ◘ Abb. 2.11).

Mit Hilfe der Stabsstellen und Zentralstellen sollen die **Vorteile** der klaren Abgrenzung des Einliniensystems mit den Vorteilen der Spezialisierung des Mehrliniensystems verbunden werden. **Nachteilig** wirkt sich die potentielle Gefahr aus, dass sich Stäbe als Konkurrenz zur Linie aufbauen. Aus der Perspektive der Stabsstellen können Konflikte entstehen, wenn Vorschläge und Strategien nicht anerkannt und umgesetzt werden und Mitarbeiter in den Stabsstellen aufgrund ihrer fehlenden Entscheidungskompetenz nicht anerkannt werden (Schierenbeck und Wöhle 2008).

Spartenorganisation

In einer **Spartenorganisation** wird ein Betrieb nach Tätigkeitsbereichen (Sparten/ Divisionen) gegliedert. Gängige Einteilungsstrukturen können dabei Produktgruppen, Absatzregionen oder auch Kundengruppen sein. Unterhalb der Spartenebene kann der Aufbau einer funktionalen Gliederung folgen (vgl. ◘ Abb. 2.12).

Die Spartenorganisation ist insbesondere für Unternehmen geeignet, welche ein sehr heterogenes Produktionsprogramm aufweisen sowie für Handelsunternehmen, welche regional stark unterschiedlichen Kundenwünschen Rechnung tragen müssen. Der zentrale **Vorteil** der Spartenorganisation liegt in der Möglichkeit zur Dezentralisierung von Entscheidungs- und Kontrollprozessen (Wöhe 2013). Darüber hinaus kann eine größere Kundennähe beziehungsweise Marktnähe durch diese Organisationsform ermöglicht werden. Demgegenüber schlagen als **Nachteil** ein höherer Koordinierungsbedarf sowie ein hoher administrativer Aufwand zu Buche. Auch können höhere Personalkosten entstehen, z. b. durch den erhöhten Bedarf an Leitungsstellen und dadurch, dass bestimmte Positionen (z. B. Lohnbuchhaltung) immer wieder auftauchen und pro Geschäftsbereich einzeln wahrgenommen werden.

Matrixorganisation

Eine **Matrixorganisation** ist eine Form der Mehrlinienorganisation, bei welcher auf derselben hierarchischen Ebene zwei unterschiedliche Gliederungsprinzipien (zum Beispiel funktionale Gliederung und Produktgliederung) kombiniert werden. Insofern entsteht bei einer Matrixorganisation eine Stelle (Abteilung) im Fadenkreuz von einer Spartenleitung und einer Funktionsbereichsleitung (vgl. ◘ Abb. 2.13).

Selbstständige Funktionsbereiche übernehmen die Abwicklungstätigkeiten (Beschaffungs-, Produktions- und Vertriebsaktivitäten). Aufgabe des Spartenleiters ist, seine Projekte möglichst zügig durch alle für die Sparte zuständigen Funktionsbereiche zu schleusen. Er hat aber in der Regel keine Weisungsbefugnis gegenüber den Funktionsbereichen. Aufgabe des Funktionsbereichsleiters ist eine effiziente Projektabwicklung.

Die **Vorteile** der Matrixorganisation bestehen in der Motivation durch Partizipation am Problemlösungsprozess, der Ausgewogenheit von Entscheidungen, da Funktions- und Objektperspektive betrachtet werden, den kürzeren Kommunikationswegen, der Entlastung der Unternehmensleitung sowie der Marktnähe und Flexibilität (Jung 2010). Die **Nachteile** liegen in der z. T. schwierigen Abgrenzung der Kompetenzen zwischen Objekt- und Funktionsverantwortlichen und den daraus resultierenden Konfliktpotentialen sowie dem grundsätzlich hohen Bedarf an Kommunikation und Abstimmung.

2.5.4 Ablauforganisation

Aufbau- und Ablauforganisation stehen in einem engen Abhängigkeitsverhältnis und betrachten gleiche Objekte unter verschiedenen Gesichtspunkten. Während die **Aufbauorganisation** festgelegt, welche Aufgaben von welchen Mitarbeitern zu bewältigen sind, setzt die **Ablauforganisation** Aufgaben der Organisationseinheiten in stellenübergreifende Arbeitsprozesse um. Gegenstand der Ablauforganisation ist die optimale zeitliche und räumliche Gestaltung der Arbeitsabläufe mit dem Ziel, eine möglichst gleichmäßige Auslastung der vorhandenen Kapazitäten (Menschen und Sachmittel) bei gleichzeitiger Minimierung der Durchlaufzeiten der zu bearbeitenden Objekte bzw. Leistungen zu erreichen. Diese Objekte können sowohl materieller (z. B. Werkstücke, Montageteile, Fertigprodukte) als auch geistig-kommunikativer Art (z. B. Verarbeitung von Informationen, Ablauf von Entscheidungsprozessen) sein.

Für dieses Ziel ist der Grad der **Regelbarkeit der Arbeitsabläufe** von großer Bedeutung. Je regelbarer Abläufe sind, umso eher kann das Ziel der Ablauforganisation erreicht werden. Die Regelbarkeit der Arbeitsabläufe hängt naturgemäß von der Art der Aufgabe ab: Mit steigender Gleichartigkeit und Häufigkeit der Aufgabe nimmt der Grad der Regelbarkeit zu.

Die Entstehung einer Ablauforganisation kann dabei in zwei Phasen unterteilt werden: **Arbeitsanalyse** und **Arbeitssynthese**. Zielsetzung der Arbeitsanalyse ist es, einen Überblick der Arbeitsschritte zu geben, welche in einer bestimmten Aufgabe enthalten sind. Im Rahmen des Prozesses werden diese, vergleichbar der Aufgabenanalyse, in ihre kleinsten Elemente zerlegt. Im Anschluss daran fasst die Arbeitssynthese die einzelnen Elemente räumlich, zeitlich und personell zu effizienten Arbeitsschritte (Prozessen) zusammen.

Aufbauorganisatorische und ablauforganisatorische Regelungen bedingen einander und ergänzen sich.

> **Auf den Punkt gebracht:** Eine gut gestaltete Aufbauorganisation ist Voraussetzung für eine zweckmäßige Ablauforganisation, denn die Regelung der Aufgabenerfüllung (das *Wie*) setzt dort ein, wo die Aufbauorganisation (das *Was*) endet.

2.6 Unternehmensverbindungen

Zu den zentralen strategischen Zielen von Unternehmen zählen die langfristige Existenzsicherung sowie die Gewinnoptimierung. Beide Ziele hängen mit dem Wachstum und somit letztlich auch mit der Größe von Unternehmen zusammen, da die Unternehmensgröße neben Kostenvorteilen und der Reduktion von Risiken auch Vorteile in anderen Bereichen verschaffen kann. Grundsätzlich können die Unternehmen dabei zwei Wachstumsstrategien verfolgen (Steiner 1993):

- **Internes Wachstum**
  Als internes Wachstum wird jede Art von Wachstum verstanden, welches durch die Eigenleistung des Betriebes entsteht. Hierzu zählen unter anderem die Gründung neuer Standorte, die Vergrößerung von Standorten oder auch die Ausweitung von Produktionsstätten. Man spricht in diesem Kontext auch von **natürlichem** oder **organischem Wachstum**.
- **Externes Wachstum**
  Externes Wachstum dagegen basiert auf der Zusammenarbeit mit anderen Unternehmen. Diese Form der Zusammenarbeit kann dabei von objektbezogener Kooperation bis hin zur Übernahme (Akquisition) von Wettbewerbern reichen. Häufig erfolgt das externe Wachstum durch die Übernahme eines Unternehmens. Je nachdem, ob diese Übernahme aus Sicht des Managements des übernommenen

Unternehmens erwünscht oder nicht erwünscht ist, spricht man von einer **freundlichen (friendly)** oder **feindlichen (hostile) Übernahme (takeover)**. Allen Formen ist dabei gemein, dass kein interner Aufbau von Know-how stattfindet, sondern ein sprunghafter Anstieg durch die Zusammenarbeit mit anderen Unternehmen.

In den folgenden Abschnitten wird auf das externe Wachstum, also die zwischenbetriebliche Zusammenarbeit eingegangen. Dieser hat in den vergangenen Jahren kontinuierlich an Bedeutung gewonnen. Ursache hierfür sind unter anderem die steigende Marktkomplexität, die verstärkte Marktdynamik durch die Globalisierung sowie damit einhergehend die Internationalisierung der Geschäftsbeziehungen sowie die verschärfte Wettbewerbssituation. Auch die fortschreitende Automatisierung der Produktion und die gestiegenen Aufwendungen in den Bereichen Forschung und Entwicklung (zum Beispiel in der Pharmaindustrie) führen letztlich durch den steigenden Kapitalbedarf dazu, dass immer mehr Unternehmen zusammenarbeiten (Vahs und Schäfer-Kunz 2012).

Vor diesem Hintergrund stellen Unternehmenszusammenschlüsse eine weitere wichtige Art konstitutiver Unternehmensentscheidungen dar. Ein **Unternehmenszusammenschluss** (international als **Mergers and Acquisitions** bezeichnet) kann dabei als eine enge Zusammenarbeit (z. B. in Form einer Kooperation oder Partnerschaft) bzw. Vereinigung (z. B. in Form einer Fusion bzw. Akquisition) mehrerer unabhängiger Unternehmen definiert werden. Im Rahmen einer Zusammenarbeit bleiben die Unternehmen in der Regel rechtlich selbstständig, während sie sich bei einer Vereinigung auch rechtlich zu einer neuen Wirtschaftseinheit verbinden.

2.6.1 Ziele von Unternehmenszusammenschlüssen

Unternehmenszusammenschlüsse werden vor allem durchgeführt, weil sich die beteiligten Unternehmen hiervon ökonomische Vorteile wie z. B. erhöhte Wachstumschancen, Erhöhung der Wirtschaftlichkeit durch Synergieeffekte oder eine Minderung des Risikos erwarten. Aus betriebswirtschaftlicher Sicht stehen im Rahmen von Unternehmensverbindungen folgende Motive im Vordergrund (Jung 2010):

- **Vereinigung von Ressourcen**
  In vielen Fällen zielt die Zusammenarbeit von Betrieben auf die Kombinationen der Unternehmensressourcen ab. Dies geschieht beispielsweise, um teure Entwicklungsprojekte für die beteiligten Firmen finanzierbar zu machen (zum Beispiel Entwicklung alternativer Antriebe in der Automobilindustrie).
- **Kostenersparnis**
  Unternehmensverbindungen können zu substantiellen Kostenersparnissen führen. Diese wiederum haben hauptsächlich drei Ursachen: Skaleneffekte, Kostendegressionseffekte und Verbundvorteile:

2.6 · Unternehmensverbindungen

- **Skaleneffekte (Economies of Scale)** haben ihre Ursache in der Unternehmensgröße und der damit verbundenen Marktmacht. Ein einfaches Beispiel für einen Skaleneffekt sind geringere Einkaufspreise für Rohstoffe, welche große Unternehmen aufgrund des hohen Einkaufsvolumens von ihren Lieferanten erhalten.
- **Kostendegressionseffekte** beschreiben die Verteilung der Fixkosten auf die verkaufte Produktionsmenge. Fixe Kosten sind alle Kosten, welche für das Unternehmen, unabhängig von der produzierten Menge, entstehen (zum Beispiel Miete für eine Fabrikhalle). Diese verteilen sich auf die Zahl der verkauften Produkte. Je mehr Produkte daher produziert beziehungsweise verkauft werden, desto geringer ist der Anteil an Fixkosten pro Produkt. Man spricht in diesem Zusammenhang von dem sogenannten **Fixkostendegressionseffekt**.
- **Verbundeffekte (Economies of Scope)** beinhalten die Grundidee, dass die Summe der Teile größer ist, als das daraus entstehende Ganze. Dementsprechend wird dieses Prinzip auch als **1 + 1 = 3-Effekt** bezeichnet (Thommen und Achleitner 2012). Ein Beispiel für einen Verbundeffekt ist die gemeinsame Nutzung von Vertriebsstrukturen bei einer Unternehmensverbindung, so dass nicht jedes Unternehmen eine eigene Vertriebsstruktur unterhalten muss. Selbiges gilt auch für andere Funktionen, wie den Einkauf oder das Personalwesen.
- **Verbesserung der Marktstellung**
In vielen Fällen ist eine Verbesserung der Unternehmensposition in einem bestimmten Zielmarkt nur durch eine Zusammenarbeit mit einem anderen Betrieb möglich. So kann es beispielsweise sein, dass bestimmte Markteintrittsbarrieren einen Marktzutritt nur durch eine Zusammenarbeit mit einem ortsansässigen Unternehmen möglich machen.
- **Risikominimierung**
Durch die Diversifikation in neue Produkte und Märkte kann versucht werden, das Risiko auf verschiedene Geschäftsbereiche zu verteilen und damit zu reduzieren.

2.6.2 Einteilung von Unternehmenszusammenschlüssen

Einteilung nach der Art der verbundenen Wirtschaftsstufen

Ein wichtiges Kennzeichen von Unternehmenszusammenschlüssen stellt die Integrationsrichtung dar (vgl. ◘ Abb. 2.14). Nach der Art der verbundenen Wirtschaftsstufen lassen sich horizontale, vertikale und diagonale (anorganische/konglomerate) Zusammenschlüsse unterscheiden (Jung 2010; Wöhe 2013):

- **Horizontale Unternehmenszusammenschlüsse**

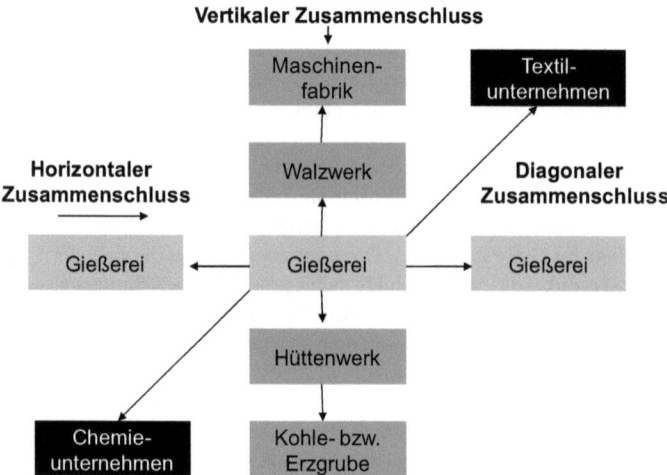

● Abb. 2.14 Formen von Unternehmenszusammenschlüssen nach Art der verbundenen Wirtschaftsstufen (Jung 2010)

Eine Zusammenarbeit von Unternehmen auf derselben Produktions- oder Handelsstufe (zum Beispiel mehrere Walzwerke, mehrere Warenhäuser etc.) wird als horizontale Zusammenarbeit bezeichnet. Eine horizontale Unternehmensverbindung vergrößert die Produkt- oder Leistungsbreite der beteiligten Unternehmen und schafft die Voraussetzung für:

- die Ausschaltung der bisher bestehenden Konkurrenz zwischen den zusammengeschlossenen Unternehmen,
- die Schaffung einer marktbeherrschenden Stellung gegenüber nicht angeschlossenen Betrieben des gleichen Wirtschaftszweiges sowie
- das Erringen gemeinsamer Marktmacht gegenüber Lieferanten und Kunden.

― **Vertikale Unternehmenszusammenschlüsse**
Zusammenschlüsse auf vertikaler Ebene (**Integration**) entstehen durch eine Vereinigung von aufeinanderfolgenden Produktions- oder Handelsstufen, wodurch eine **Vergrößerung der Leistungstiefe** herbeigeführt wird. Vertikale Verbindungen können in zwei verschiedene Richtungen erfolgen:
― **Rückwärtsintegration (backward integration)**
Verbindung mit Unternehmen der vorgelagerten Produktions- oder Handelsstufe. Ein Beispiel ist der Kauf einer Ölfördergesellschaft durch eine Ölraffinerie. Primäre Zielsetzung ist die **Risikominimierung durch Sicherung der Rohstoffversorgung** und **Unabhängigkeit von Lieferanten**.

2.6 · Unternehmensverbindungen

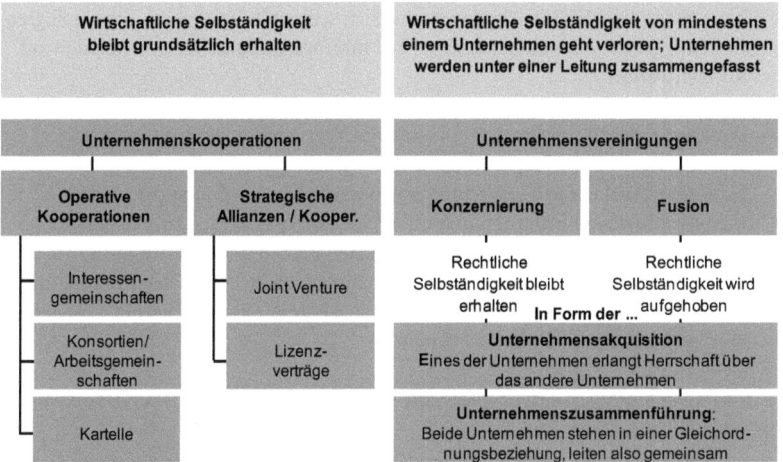

Abb. 2.15 Arten von Unternehmenszusammenschlüssen nach der wirtschaftlichen und rechtlichen Selbstständigkeit

- **Vorwärtsintegration (forward integration)**
  Verbindung von Unternehmen der nachgelagerten Produktions- oder Handelsstufe. Ein Beispiel ist der Kauf eines Tankstellennetzes durch eine Ölraffinerie. Zentrale Zielsetzung ist die **Risikominimierung durch Sicherung des Absatzes**.
- **Diagonale (anorganische/konglomerate) Unternehmenszusammenschlüsse**
  Zusammenschlüsse diagonaler Art liegen vor, wenn weder eine horizontale noch eine vertikale Verbindung gegeben ist, sondern Unternehmen unterschiedlicher Branchen und/oder unterschiedlicher Produktions- und Handelsstufen sich vereinigen. Neben finanzpolitischen Überlegungen kann der Zweck einer solchen Verbindung in einer **optimalen Risikoverteilung** und/oder einer **Sicherung des Wachstums** liegen.

Einteilung nach der wirtschaftlichen und der rechtlichen Selbstständigkeit

Die einzelnen Formen der Unternehmensverbindungen beeinträchtigen auf verschiedenste Weise die wirtschaftliche und rechtliche Selbstständigkeit der zusammengeschlossenen Firmen. Wie in ◘ Abb. 2.15 dargelegt, werden grundsätzlich Kooperation und Konzentration unterschieden (Wöhe 2013):

- **Kooperation**
  Die Kooperation ist gekennzeichnet durch eine freiwillige Zusammenarbeit von Unternehmen, welche rechtlich und in den nicht der vertraglichen Zusammenar-

beit unterworfenen Bereichen wirtschaftlich selbstständig bleiben. Die beteiligten Betriebe geben somit lediglich einen Teil ihrer wirtschaftlichen Souveränität auf.

Konzentration
In einer Konzentration dagegen werden nicht nur einzelne, sondern alle Funktionen der zusammengeschlossenen Unternehmen gemeinsam erfüllt. Die beteiligten Betriebe geben dabei ihre wirtschaftliche Selbstständigkeit auf. Hauptmerkmal derartiger Verbindungen ist die Unterordnung der zusammengeschlossenen Unternehmen unter eine einheitliche Leitung. Geben die Unternehmen beim Zusammenschluss neben der wirtschaftlichen auch ihre rechtliche Selbstständigkeit auf, spricht man von einer Fusion der Unternehmen (Verschmelzung). In diesem Fall existiert nach dem Zusammenschluss lediglich eine rechtliche Einheit (Unternehmen).

In den folgenden Abschnitten werden die wichtigsten Kooperations- und Konzentrationsformen kurz dargestellt.

2.6.3 Kooperationsformen

Gelegenheitsgesellschaften

Die **Kooperation** ist die freiwillige Zusammenarbeit rechtlich und wirtschaftlich selbstständiger Betriebe auf einer vertraglichen Basis (Wöhe 2013).

Gesellschaften, welche sich nach der Erfüllung einer spezifischen Aufgabe wieder auflösen, werden **Gelegenheitsgesellschaften** genannt. Sie dienen zur Durchführung eines oder mehrerer Einzelgeschäfte auf gemeinsame Rechnung. Die Anzahl wird im Gesellschaftsvertrag festgelegt (Jung 2010).

Gelegenheitsgesellschaften werden meist in der Rechtsform einer Gesellschaft des bürgerlichen Rechts (GbR) geführt und werden von verschiedenen Betrieben für ein gemeinsames Projekt begründet. Die Mitglieder dieser Gesellschaft bleiben dabei rechtlich selbstständig, nur ihre wirtschaftliche Unabhängigkeit wird ganz oder teilweise, mit zeitlich begrenzter Wirkung, eingeschränkt. Die Zusammenarbeit erstreckt sich in diesem Zusammenhang nicht auf den gesamten Unternehmensbereich, sondern wird auf ein spezifisches Themengebiet begrenzt.

Die Motive für die Gründung von Gelegenheitsgesellschaften sind Risikoverteilung beziehungsweise -minderung bei größeren Projekten, Verstärkung der wirtschaftlichen Möglichkeiten durch gemeinsames Aufbringen von Kapitalressourcen und letztlich die Erhöhung der Erfolgsaussichten (Schubert und Küting 1981).

Gelegenheitsgesellschaften werden meistens in Form einer **Arbeitsgemeinschaft** gebildet. Arbeitsgemeinschaften sind Zusammenschlüsse von rechtlich und wirtschaftlich selbstständigen Unternehmen, die das Ziel verfolgen, eine zeitlich befristete und inhaltlich abgegrenzte Aufgabe gemeinschaftlich zu lösen. In der Praxis sind sie häufig

2.6 · Unternehmensverbindungen

im Baugewerbe anzutreffen (zum Beispiel Bau eines Flughafens). Der Zusammenschluss erfolgt in der Regel auf horizontaler Ebene, das heißt es handelt sich um Zusammenschlüsse von Unternehmen des gleichen Wirtschaftszweiges.

Statt von einer Arbeitsgemeinschaft wird gelegentlich auch von einem **Konsortium** gesprochen. Dieser Begriff ist häufig bei Banken vorzufinden, welche sich zur Durchführung bestimmter, genau abgegrenzter Aufgabenbereiche zeitlich befristet zusammenschließen. Sogenannte Bankenkonsortien bilden sich insbesondere bei größeren Wertpapieremissionen (Wöhe 2013).

Interessengemeinschaften

Ebenso wie eine Gelegenheitsgesellschaft entsteht eine Interessengemeinschaft als vertragliche Verbindung selbstständig bleibender Unternehmen zur Verfolgung eines gemeinsamen Interesses. Der Unterschied zur Gelegenheitsgesellschaft besteht bei der Interessengemeinschaft darin, dass diese inhaltlich und zeitlich weiter gefasst ist.

Generelles Ziel einer Interessengemeinschaft ist die Verfolgung eines gemeinsamen Zwecks, durch dessen Realisierung die verbundenen Unternehmen hoffen, das unternehmerische Ziel der Gewinnmaximierung besser erreichen zu können. Zumeist soll dieses Ziel über Rationalisierungen, welche zu Kostensenkungen führen, erfolgen. Beispiele hierfür sind (Wöhe 2013):

- das Zusammengehen in den Bereichen Forschung und Entwicklung,
- ein gemeinsamer Einkauf und
- die Aufteilung der Fertigung auf die angeschlossenen Betriebe.

Ebenso wie die Gelegenheitsgesellschaft ist die Interessengemeinschaft gewöhnlich eine Gesellschaft des bürgerlichen Rechts, in welcher sich die Gesellschafter verpflichten, den gemeinsamen Zweck in der durch den Vertrag bestimmten Weise zu fördern.

Kartelle

Von einem **Kartell** wird gesprochen, wenn die Zusammenarbeit rechtlich selbstständiger Unternehmen der Zielsetzung oder tatsächlichen Wirkung nach zu einer Einschränkung oder Verzerrung des Wettbewerbs führt (Wöhe 2013). Die Kooperationspartner verfolgen das Ziel, mit ihrer Marktmacht die Funktionsmechanismen des Marktes zum gemeinsamen Vorteil zumindest teilweise einzuschränken. Dies setzt voraus, dass die beteiligten Unternehmen den größten Teil des betreffenden Marktes unter sich aufteilen. Nach dem Inhalt der Kooperation werden unter anderem die folgenden Kartellarten unterschieden (Bestmann 1992):

- **Preiskartelle**, welche zum Beispiel einen Einheits-, Mindest- oder Höchstpreis sowie zugehörige Produktions- oder Beschaffungsquoten festlegen.

- **Produktionskartelle**, welche zum Beispiel Absprachen über einheitliche Einzelteile oder Endprodukte zum Inhalt haben.
- **Absatz- oder Beschaffungskartelle**, bei denen das Vertriebs- oder Beschaffungsgebiet räumlich aufgeteilt (**Gebietskartell**) oder der gesamte Absatz beziehungsweise die gesamte Beschaffung von einer zentralisierten Einrichtung ausgeübt wird (**Syndikat**). Ein Markt mit konkurrierenden Abnehmern oder Anbietern existiert somit nicht mehr. Prominentestes Beispiel für ein Syndikat ist die OPEC (Vahs und Schäfer-Kunz 2012).

Da Kartelle in der Regel eine Beschränkung des Wettbewerbs mit sich bringen, widersprechen sie den wirtschaftspolitischen Zielsetzungen der marktwirtschaftlichen Ordnung. Daher bedarf es einer ordnungspolitischen Regelung, welche sich im **Gesetz gegen Wettbewerbsbeschränkungen (GWB)** findet. Nach § 1 GWB sind „Vereinbarungen zwischen Unternehmen, Beschlüsse von Vereinigungen und aufeinander abgestimmte Verhaltensweisen, die eine Verhinderung, Einschränkung oder Verfälschung des Wettbewerbs bezwecken oder bewirken", verboten. Von diesem generellen Verbot bestehen unter bestimmten Voraussetzungen allerdings Ausnahmen.

Gemeinschaftsunternehmen

Gemeinschaftsunternehmen – im internationalen Bereich auch **Joint Ventures** genannt – stellen eine Form der Kooperation von Unternehmen dar, welche sich in der letzten Zeit zunehmender Beliebtheit erfreut. Ein Joint Venture ist ein Gemeinschaftsunternehmen, welches von zwei oder mehreren Unternehmen gemeinsam getragen wird und Aufgaben in beiderseitigem Interesse ausführt (Thommen und Achleitner 2012). Diese Zusammenarbeit findet ihren Niederschlag darin, dass ein rechtlich selbstständiges Unternehmen gemeinsam gegründet oder erworben wird mit dem Ziel, Aufgaben im gemeinsamen Interesse der Gesellschafterunternehmen auszuführen (Schubert und Küting 1981). Üblich bei der Bildung eines Gemeinschaftsunternehmens sind dabei gleich hohe Beteiligungen, beispielsweise bei zwei Partnern jeweils 50 %. Dabei steht das typische Gemeinschaftsunternehmen unter der gemeinsamen Leitung der Gesellschafterunternehmen.

Im Vordergrund bei der Errichtung eines Gemeinschaftsunternehmens steht im Allgemeinen das Ziel der Verbesserung der Rentabilität, welches entweder durch freiwillige oder durch zwangsweise Kooperation mit anderen Unternehmen verfolgt wird. Zwangsläufig ist die Gründung von Gemeinschaftsunternehmen häufig bei Investitionen im Ausland, insbesondere in solchen Ländern, welche gesetzliche Beschränkungen bei der Beteiligung von Ausländern an nationalen Unternehmen kennen und eine Zusammenarbeit mit einheimischen Partnern fordern (Wöhe 2013).

2.6 · Unternehmensverbindungen

Franchising

Das **Franchising** stellt eine besondere Form der **Lizenzvereinbarung** dar. Der Franchisegeber sucht sich dabei mehrere Franchisenehmer, die als Unternehmer mit eigenem Kapitaleinsatz nach einem konsistenten Marketingkonzept Waren oder Dienstleistungen anbieten.

Das Franchisepaket besteht aus der Gewährung von Schutzrechten, aus einem Marketing-, Organisations- und Beschaffungskonzept sowie aus einer Unterstützung hinsichtlich Finanzierungsmanagement. Der Franchisenehmer erhält gegen Entgelt das Recht und die Pflicht, in eigenem Namen und auf eigene Rechnung ein Franchisepaket zu nutzen. Sämtliche Rechte und Pflichten der Franchisepartner sind dabei vertraglich geregelt (Jung 2010).

Der zentrale Vorteil des Franchising besteht darin, dass der Franchisegeber ohne große Kapital- und Personalbindung mit seinem Produkt oder seiner Dienstleistung expandieren kann (Schulte-Zurhausen 1999).

Strategische Allianzen

Unter einer **strategischen Allianz** versteht man eine Partnerschaft, bei welcher die Handlungsfreiheit der beteiligten Betriebe im spezifischen Kooperationsbereich maßgeblich eingeschränkt ist. Sie bezieht sich insbesondere auf die folgenden Kernfragen (Thommen und Achleitner 2012):

- Wahl attraktiver Märkte,
- Verteidigung und Ausbau von Wettbewerbspositionen,
- Erhaltung und Stärkung von Know-how.

Mit dem Begriff **strategisch** wird zum Ausdruck gebracht, dass eine solche Unternehmensverbindung sowohl für die langfristige Existenz als auch für den langfristigen Erfolg des ganzen Unternehmens von zentraler Bedeutung ist. Insbesondere geht es darum, Wettbewerbsvorteile langfristig gegenüber der Konkurrenz erlangen und zu erhalten. Die beteiligten Unternehmen streben dabei an, Synergie-Effekte zu nutzen, um Kosten zu senken, Risiken zu verteilen oder Know-how zu kombinieren. In Bezug auf die rechtliche Ausgestaltung einer strategischen Allianz ist die bekannteste Form die des **Joint Ventures**, welche oben bereits dargestellt wurde.

2.6.4 Konzentrationsformen

Kennzeichnend für die **Konzentration** ist die hohe Bindungsintensität zwischen den beteiligten Unternehmen und damit einhergehend eine Einschränkung von deren Selbstständigkeit. Im Zuge der Konzentration entsteht eine größere Wirtschaftseinheit durch den Zusammenschluss mehrerer Betriebe unter Aufgabe ihrer wirtschaftlichen oder auch rechtlichen Selbstständigkeit (Wöhe 2013).

Die Bindung zwischen den beteiligten Unternehmen erfolgt bei der Konzentration, außer durch Maßnahmen der Verhaltenskoordinierung, vor allem durch Strukturveränderungen in Form von Beteiligungen oder durch die Aufnahme des Vermögens im Rahmen der Fusion.

Konzern

Nach § 18 AktG versteht man unter einem **Konzern** den Zusammenschluss mehrerer rechtlich selbstständiger Unternehmen unter einheitlicher wirtschaftlicher Leitung. Letztere ist gegeben, wenn die Geschäftspolitik der einzelnen Konzernunternehmen koordiniert wird. Die einheitliche Leitung fasst rechtlich selbstständige Unternehmenseinheiten zu einer wirtschaftlichen Einheit zusammen.

Nach der wirtschaftlichen Zielsetzung des Unternehmenszusammenschlusses können vertikale Konzerne, horizontale Konzerne und Mischkonzerne unterschieden werden (Wöhe 2013):

- **Vertikale Konzerne**
  Unternehmen aufeinander folgender Produktionsstufen schließen sich zur Sicherung der Beschaffungs- und Absatzwege zusammen.
- **Horizontale Konzerne**
  Unternehmen mit artverwandtem Leistungsangebot schließen sich zur Erreichung von Synergieeffekten im Beschaffungs-, Produktions- beziehungsweise Absatzbereich zusammen.
- **Mischkonzerne**
  Unternehmen verschiedener Branchen schließen sich aus Gründen der Risikodiversifikation zusammen.

Abhängig davon, ob das herrschende Unternehmen operativ tätig ist, also eigene Leistungsbeziehungen zu Märkten unterhält, werden Stammhauskonzerne und Holdingkonzerne unterschieden (Vahs und Schäfer-Kunz 2012):

- **Stammhauskonzern**
  Der Stammhauskonzern ist die traditionelle Organisationsform von Konzernen. Diese Form ist dadurch gekennzeichnet, dass das herrschende Unternehmen, welches als Stammhaus oder Muttergesellschaft bezeichnet wird, auch operativ tätig ist. In der Regel ist die Muttergesellschaft deutlich größer als die abhängigen Unternehmen, welche als Tochtergesellschaften bezeichnet werden. Zudem hat die Muttergesellschaft einen erheblichen Einfluss auf die operativen Tätigkeiten der einzelnen Tochtergesellschaften, so dass deren Autonomie signifikant eingeschränkt ist.
- **Holdingkonzern**

Holdingkonzerne zeichnen sich dadurch aus, dass die Leitung bei einer rechtlich selbstständigen Holdinggesellschaft liegt, welche nicht mehr operativ tätig ist. Falls die Holdinggesellschaft den Konzern vorwiegend über finanzielle Größen steuert, handelt es sich um eine sogenannte Finanzholding. Hat die Holdinggesellschaft dagegen auch Einfluss auf die Besetzung von Managementpositionen oder die Strategie der Konzernunternehmen, so handelt es sich um eine **Managementholding** oder Strategieholding.

Fusion

Bei einer **Fusion** verlieren die fusionierenden Unternehmen sowohl ihre wirtschaftliche als auch ihre rechtliche Selbstständigkeit (Vahs und Schäfer-Kunz 2012).

Damit ist die Fusion, welche auch als **Merger** bezeichnet wird, die engste Form der Zusammenarbeit von Unternehmen. Ihre Motive sind zum Beispiel die Verbesserung der Marktposition, die Erweiterung der Eigenkapitalbasis oder die Erzielung von Synergieeffekten. Findet eine Fusion statt, so existiert danach mindestens ein Unternehmen weniger. Eine Fusion kann generell durch Aufnahme oder durch Neugründung erfolgen (Wöhe 2013):

- **Fusion durch Aufnahme (Übernahme)**
  Bei der Fusion durch Aufnahme wird das Vermögen eines oder mehrerer Unternehmen vollständig von dem aufnehmenden Unternehmen übernommen.
- **Fusion durch Neugründung (Verschmelzung)**
  In diesem Fall gehen zwei oder mehrere Unternehmen mit allen ihren Vermögensgegenständen in dem neu gegründeten Unternehmen auf.

Eine Fusion ist unter bestimmten Bedingungen vom **Bundeskartellamt** zu genehmigen. Dies ist der Fall, wenn die fusionierenden Unternehmen weltweit mehr als 500.000.000 € Umsatzerlöse erwirtschaften und mindestens ein beteiligtes Unternehmen in Deutschland mehr als 45.000.000 € Umsatzerlöse erzielt. Sofern der gemeinsame Umsatzerlös mehr als 5.000.000.000 € überschreitet, ist die **Europäische Kommission** für die Prüfung zuständig. Das Bundeskartellamt kann eine Fusion untersagen, wenn zu erwarten ist, dass die fusionierten Unternehmen eine marktbeherrschende Stellung aufbauen oder ihre bisherige Marktstellung deutlich verstärken (Vahs und Schäfer-Kunz 2012).

2.7 Lern-Kontrolle

Kurz und Bündig

Die Entscheidungstheorie differenziert Entscheidungen unter Sicherheit, Entscheidungen unter Unsicherheit und Entscheidungen unter Ungewissheit. Standortentscheidungen sind Entscheidungen darüber, an wie vielen und an welchen geographischen Orten welche Leistungen eines Unternehmens erstellt und abgesetzt werden sollen. Bei der Unternehmensgründung stehen verschiede Rechtsformen zur Verfügung: Einzelunternehmen, Personengesellschaften und Kapitalgesellschaften. Im Rahmen der Organisation werden Anordnungsbeziehungen sowie Kommunikationsbeziehungen verschiedener Art erfasst und geregelt. Unternehmenszusammenschlüsse werden vor allem durchgeführt, weil sich die beteiligten Unternehmen hiervon ökonomische Vorteile, wie z. B. erhöhte Wachstumschancen, Erhöhung der Wirtschaftlichkeit durch Synergieeffekte oder eine Minderung des Risikos, erwarten.

❓ Let's check

1. Was ist eine Entscheidung?
2. Wie wird bei Entscheidungen vorgegangen?
3. Nach welchen Kriterien wird ein Entscheidungsmodell ausgewählt?
4. Welche Entscheidungsregeln können in Entscheidungssituationen unter Unsicherheit eingesetzt werden?
5. Wie wird entsprechend dem µ-Prinzip vorgegangen?
6. Wie entscheidet sich ein risikoaverser Entscheidungsträger nach der (µ, σ)-Regel?
7. Wie bewerten Entscheidungsträger gemäß dem Bernoulli-Prinzip die Ergebnisse?
8. Was ist unter dem Begriff Standort zu verstehen?
9. Worüber wird im Rahmen von Standortentscheidungen entschieden?
10. Welche Ziele werden mit Standortentscheidungen verfolgt?
11. Was wird unter dem Begriff Standortfaktor verstanden?
12. Wie können Standortfaktoren systematisiert werden?
13. Welches sind die wichtigsten Auswahlkriterien der Rechtsformenwahl?
14. Welches sind die Merkmale juristischer Personen?
15. Wozu dient das Handelsregister?
16. Was sind die Charakteristika von Einzelunternehmen?
17. Wie können Einzelunternehmern, Personengesellschaften und Kapitalgesellschaften voneinander abgegrenzt werden?
18. Was ist unter einer GbR zu verstehen?
19. Was sind Kennzeichen einer offenen Handelsgesellschaft?
20. Worin unterscheiden sich Kommanditgesellschaften von offenen Handelsgesellschaften?
21. Was ist unter einer stillen Gesellschaft zu verstehen?
22. Worin unterscheidet sich die GmbH & Co. KG von der Kommanditgesellschaft?
23. Welche Merkmale kennzeichnen die Gesellschaft mit beschränkter Haftung?
24. Welche Aufgaben haben die Organe von Gesellschaften mit beschränkter Haftung?

2.7 · Lern-Kontrolle

25. Worin unterscheiden sich Aktiengesellschaften von Gesellschaften mit beschränkter Haftung?
26. Was wird unter dem Begriff Organisation verstanden?
27. Was wird im Rahmen der Aufgabenanalyse und Arbeitsanalyse ermittelt?
28. Was wird unter Stellen verstanden?
29. Was wird unter der Leitungsspanne und der Leitungstiefe verstanden?
30. Welche Elemente umfasst die Matrixorganisation?
31. Welche Strukturierungsalternativen der Aufbauorganisation können unterschieden werden?
32. Was wird unter einer funktionalen Organisation verstanden?
33. Welche Ausprägungen der divisionalen Organisation gibt es?
34. Welche grundgesetzlichen Wachstumsstrategien gibt es?
35. Was wird unter der zwischenbetrieblichen Zusammenarbeit verstanden?
36. Was sind Beispiele für die horizontale, die vertikale und die diagonale Zusammenarbeit von Unternehmen?
37. Welche Formen der Zusammenarbeit von Unternehmen können hinsichtlich der Bindungsintensität unterschieden werden?
38. Was wird unter einer Kooperation verstanden?
39. Wozu werden Arbeitsgemeinschaften gebildet?
40. Was kennzeichnet Kartelle?
41. Welche Aufgaben hat das Franchising?
42. Wie und aus welchen Gründen werden Gemeinschaftsunternehmen gegründet?
43. Was wird unter dem Begriff der Konzentration verstanden?
44. Was unterscheidet einen Stammhaus- von einem Holdingkonzern?
45. Wie kann die Fusion von Unternehmen erfolgen?

Vernetzende Aufgaben

1. Welche Probleme kann eine Entscheidung für einen (außer)europäischen Standort für ein Unternehmen mit sich bringen?
2. Unternehmenszusammenschlüsse können zu Monopolen führen. Welche Risiken stellen diese für die Marktwirtschaft dar und mit welchen Instrumenten werden sie verhindert?
3. Welche Organisationsform ist für ein mittelständisches Unternehmen geeignet, welche eher für einen Großkonzern?

Lesen und Vertiefen

- Vahs, D. / Schäfer-Kunz, J. (2012): Einführung in die Betriebswirtschaftslehre, 6. Aufl., Stuttgart.
- Wöhe, G. (2013): Einführung in die Allgemeine Betriebswirtschaftslehre, 25. Aufl., München.

Marketing

Marc Oliver Opresnik, Carsten Rennhak

3.1 Grundlagen – 70

3.2 Konsumentenverhalten – 73
3.2.1 Involvement – 74
3.2.2 Entscheidungsverhalten – 76

3.3 Marktsegmentierung – 77

3.4 Marktforschung – 79
3.4.1 Aufgabe und Systematik der Marktforschung – 80
3.4.2 Marktforschungsprozess – 81
3.4.3 Gütekriterien der Marktforschung – 82
3.4.4 Datenanalyse – 83

3.5 Produktpolitik – 83
3.5.1 Markenpolitik – 84
3.5.2 Programmpolitik – 86
3.5.3 Produktlebenszyklus – 88

3.6 Preispolitik – 89
3.6.1 Preisbündelung und Preisdifferenzierung – 90
3.6.2 Preisstrategien – 91
3.6.3 Ansatzpunkte zur Bestimmung des optimalen Angebotspreises – 92

3.7 Kommunikationspolitik – 92
3.7.1 Instrumente der Kommunikationspolitik – 94
3.7.2 Messung der Kommunikationswirkung – 95

3.8 Distributionspolitik – 96
3.8.1 Absatzorgane – 96
3.8.2 Absatzwege – 97

3.9 Lern-Kontrolle – 98

M.O. Opresnik, C. Rennhak, *Allgemeine Betriebswirtschaftslehre*,
Studienwissen kompakt, DOI 10.1007/978-3-662-44327-9_3,
© Springer-Verlag Berlin Heidelberg 2015

Lern-Agenda
Die marktorientierte Unternehmensführung basiert auf diversen spezifischen Begriffen und Sachverhalten. Dieses Kapitel hat die entsprechenden Lernziele zum Inhalt und möchte Folgendes vermitteln
- was Gegenstand des Marketings ist,
- welche unterschiedlichen Grundhaltungen sich hinter dem Begriff Marketing verbergen und
- welche Entwicklungsstufen das Marketing zu durchlaufen hat.

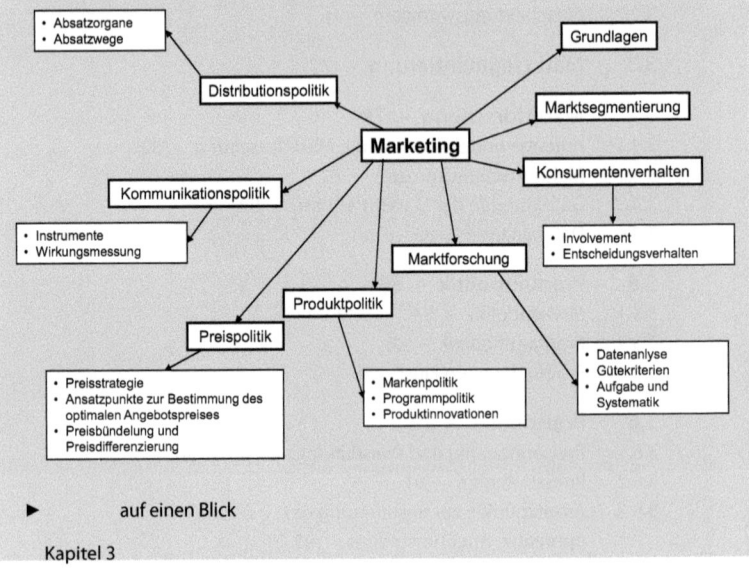

► auf einen Blick

Kapitel 3

3.1 Grundlagen

Der Begriff **Marketing**, der sich aus dem Englischen von *to go into the market* ableitet, wurde bereits Anfang des 20. Jahrhunderts in den USA und Deutschland verwendet (Hesse et al. 2007). Die Umsetzung von marktorientierten Ansätzen als Teil der Unternehmensführung war bereits schon vorher in der Unternehmenspraxis bekannt, so dass die beginnende Beschäftigung mit der Thematik an Hochschulen um 1900 nicht den Entstehungszeitpunkt des Marketings im eigentlichen Sinne darstellt.

Einen Überblick über unterschiedliche Marketingdefinitionen liefert ◘ Abb. 3.1.

3.1 · Grundlagen

Autor	Definition
Meffert (2000)	Marketing bedeutet … Planung, Koordination und Kontrolle aller auf die aktuellen und potentiellen Märkte ausgerichteten Unternehmensaktivitäten. Durch eine dauerhafte Befriedigung der Kundenbedürfnisse sollen die Unternehmensziele im gesamtwirtschaftlichen Güterversorgungsprozess verwirklicht werden.
Kotler und Bliemel (2006)	Marketing ist der Planungs-und Durchführungsprozess der Konzipierung, Preisfindung, Förderung und Verbreitung von Ideen, Waren und Dienstleistungen, um Austauschprozesse zur Zufriedenstellung individueller und organisationeller Ziele herbeizuführen.
Becker (2006)	Marketing als Führungsphilosophie [ist] die bewusste Führung des gesamten Unternehmens vom Absatzmarkt her, d. h. der Kunde und seine Nutzenansprüche sowie ihre konsequente Erfüllung stehen im Mittelpunkt des unternehmerischen Handelns, um so unter Käufermarktbedingungen Erfolg und Existenz des Unternehmens dauerhaft zu sichern.
American Marketing Association (2007)	Marketing is the activity, set of institutions, and processes for creating, communicating, delivering, and exchanging offerings that have value for customers, clients, partners, and society at large.
Kotler et al. (2010)	[…] Marketing als Prozess definieren, bei dem Unternehmen einen Wert für den Kunden schaffen und starke Kundenbeziehungen aufbauen um im Gegenzug einen Wert von den Konsumenten abzuschöpfen.

Abb. 3.1 Ausgewählte Definitionen von Marketing

Alle genannten Definitionen bringen den Begriff Marketing in Verbindung mit einem *Prozess*, der *Wertschöpfung, Austausch, Kundenorientierung* und *Unternehmererfolg* umfasst. Marketing stellt den Kunden in den Fokus des unternehmerischen Handelns. Ziel ist es dabei, eine Beziehung zwischen dem Unternehmen und dem Kunden aufzubauen und zu entwickeln. Um erfolgreich am Markt agieren zu können, muss ein Unternehmen die Wünsche seiner Kunden kennen und verstehen und das Kundenproblem besser lösen als der Wettbewerb dies zu tun versteht.

Die dominant (end-)kundenorientierte Perspektive wurde im Marketing mehr und mehr auf weitere Stakeholder des Unternehmens wie beispielsweise Mitarbeiter, Shareholder, Staat oder Umwelt ausgedehnt. Somit wird die Gestaltung sämtlicher Austauschprozesse des Unternehmens mit den bestehenden Bezugsgruppen als Marketingaktivität angesehen und Marketing zunehmend als umfassendes Leitkonzept der Unternehmensführung angesehen.

Die verschiedenen **Entwicklungsstufen des Marketings** sind aus thematischer und anspruchsbezogener Sicht zu beleuchten. Der volkswirtschaftliche Einfluss auf die Begriffsentwicklung ist dabei nicht unwesentlich. Der Grad der Bedürfnisse ist stark abhängig davon, ob sich die Wirtschaft im Überfluss befindet oder von Einsparungen und Konsumverzicht geprägt ist. Hesse et al. (2007, S. 16 f.) gliedern die wichtigsten Schritte der Entwicklung des Marketings ausgehend von der Zeit nach dem Zweiten Weltkrieg:

- Das Marketing der 1950er Jahre hatte zunächst die Distribution des Produktes oder der Dienstleistung zu fördern, d. h. es herrschte eine sogenannte „**Verkäufermarktkonstellation**" vor, bei der das Produkt bzw. die Dienstleistung im Mittelpunkt des unternehmerischen Handelns stand. Grund dafür war der Nachfrageüberschuss und Angebotsmangel der Nachkriegszeit. Engpassfaktoren waren die Beschaffungs- bzw. Produktionsseite im Unternehmen, weniger die Absatzseite.
- Der Grundstein für die Massenproduktion von Verbrauchs- und Gebrauchsgütern wurde Mitte der 1960er Jahre gelegt. Die produktionsorientierte Sichtweise wurde schrittweise abgelöst und Unternehmen konzentrierten sich zunehmend auf den Verbraucher. Auch wuchs in diesem Zusammenhang das Bewusstsein für Markenartikel und damit verbunden der verstärkte Einsatz von Werbung als Mittel der Information. Das (Absatz-)Marketing wurde zunehmend zum dominanten Engpassfaktor. Die innovativen Ideen des Marketing-Mix wurden in den Unternehmen implementiert und im Sinne eines Aufbaus von Marketingabteilungen, die sich ausschließlich mit der **Verkaufsförderung** beschäftigen, verankert.
- Vor dem Hintergrund einer zunehmenden Marktsättigung wuchs die Bedeutung des Marketings in den 1970er Jahren weiter. Unternehmen mussten eine Strategie entwickeln, um sich von den Wettbewerbern abheben und gleichzeitig mehr auf die Zusatzbedürfnisse der Konsumenten eingehen zu können. Hesse et al. (2007, S. 17) sprechen hier von strategischem Marketing bzw. **wettbewerbsorientiertem Marketing**. Der Wandel vom Verkäufermarkt zum Käufermarkt war die wesentliche Voraussetzung für eine tatsächlich marktorientierte Unternehmensphilosophie, wie sie heute vorherrscht und für die Etablierung des Marketings als entscheidendes Führungskonzept im Unternehmen.
- In den 1990er Jahren gewann **umweltorientiertes Handeln als Markt- und Wettbewerbsfaktor** an Bedeutung. Der neue Trend fand unter dem Schlagwort Öko-**Marketing** (Meffert 1999) Eingang in das Schrifttum: Umweltverträgliche Produkte und bewusstes Handeln im Einklang mit der Natur bildeten die Grundlage des neuen Marketingkonzepts. Gleichzeitig gewinnt das Beziehungs-

marketing gegenüber dem Jahrzehnte lang dominanten Transaktionsmarketing wesentlich an Bedeutung (Rennhak 2006b).
- Mit Beginn des 21. Jahrhunderts kommen unter dem verstärkten Einfluss der **innovativen Informations- und Kommunikationstechnologie** neue Möglichkeiten und Herausforderungen auf das Marketing zu. Die neuen Medien stärken zweifelsohne die Position der Kunden. Diese entscheiden nun über das knappe Gut *Aufmerksamkeit*, dominieren das Erscheinungsbild von Unternehmen und das Image von Produkten und gestalten die Beziehung zum Unternehmen auf Augenhöhe: Marketing findet nun im Idealfall *mit* dem Konsumenten und nicht mehr *für* den Konsumenten statt.

3.2 Konsumentenverhalten

Erfolgreiches Marketing setzt voraus, dass die Anbieter von Sachgütern bzw. Dienstleistungen die aktuellen oder latenten Bedürfnisse ihrer Nachfrager genau kennen. Damit kommt der Konsumentenverhaltensforschung eine große Bedeutung zu. Dieser Abschnitt möchte vermitteln:
- was die wesentlichen Merkmale und die zentralen Fragestellungen der Konsumentenverhaltensforschung sind,
- welche Bedeutung die Konsumentenverhaltensforschung für das Marketing hat,
- was aktivierende psychische Prozesse sind.

Konsumentenverhalten kann prinzipiell auf zweierlei Art und Weise modelliert werden (vgl. dazu und im Folgenden Rennhak 2001):
- Als **echtes Verhaltensmodell** (Stimulus-Objekt-Response-Ansatz (SOR)) und
- als **Blackbox-Modell** (Stimulus-Response-Ansatz (SR)).

Der Unterschied zwischen den beiden Ansätzen liegt in der Erklärung der Umsetzung der Stimuli (z. B. Werbung) in Reaktionen (z. B. Kauf) begründet. Während bei Blackbox-Modellen der Transformationsvorgang als unbekannt bzw. als irrelevant angesehen wird, rekonstruieren echte Verhaltensmodelle durch Stimulus-Objekt-Response-Paradigma ausgerichtete Versuche den psychischen Prozess des Zustandekommens von Kaufentscheidungen.

Kroeber-Riel et al. (2008, S. 49 ff.) unterteilen **psychische Vorgänge** in
- **kognitive Prozesse** und
- **aktivierende Prozesse**.

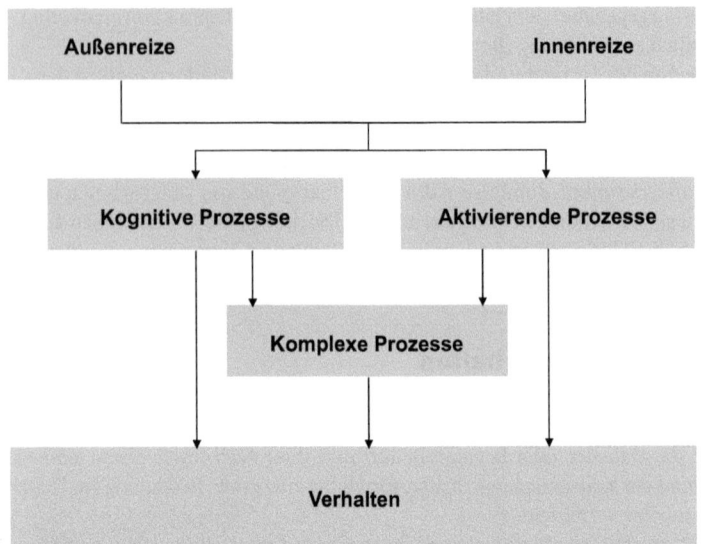

Abb. 3.2 Gesamtsystem psychischer Variablen (Grundmodell)

> **Merke!**
>
> **Kognitiv** sind Vorgänge, durch die der Rezipient Informationen aufnimmt, verarbeitet und speichert. Es handelt sich also um Prozesse der gedanklichen Informationsverarbeitung im weiteren Sinne.
> Als **aktivierend** bezeichnen Kroeber-Riel et al. (2008, S. 49 und 58 ff.) Vorgänge, die mit inneren Erregungen und Spannungen verbunden sind und das Verhalten antreiben. Die Stärke der Aufmerksamkeit, mit der sich der Rezipient einer Werbebotschaft zuwendet, stellt u. a. einen Maßstab für den Grad der Aktivierung dar.

Abbildung 3.2 gibt einen Überblick über die psychischen Variablen.

3.2.1 Involvement

Das von Krugman (1965) eingeführte **Involvement-Konstrukt** hat innerhalb der Forschung zum Konsumentenverhalten einen zentralen Stellenwert erlangt (Meffert et al. 2014). In der Literatur finden sich eine Reihe von Arbeiten zur Unterscheidung ver-

3.2 · Konsumentenverhalten

schiedener Dimensionen des Involvement-Konstrukts. Ihnen gemein ist die Trennung in einen kognitiven und einen affektiven Aspekt von Involvement.[1]

Nicht nur bzgl. der Systematisierung von Involvement, sondern auch in Bezug auf die Definition dieses Begriffs bestehen unterschiedliche Auffassungen. Folgende Definition des Involvement-Begriffs versucht, den verschiedenen vorgestellten Ansätzen gerecht zu werden:[2]

> **Merke!**
>
> **Involvement** beschreibt den Grad der langfristigen persönlichen Relevanz eines Stimulus sowie den Grad der kurzfristigen Aktivierung durch für die Person relevante stimulusgerichtete Reize im Rahmen von Informationssuche, -aufnahme, -verarbeitung und -speicherung.

Dem Involvement wird somit mit der *Aktivierung* eine inhaltliche und mit der *Stärke* eine formale Dimension zugeschrieben. Der Grad der Aktivierung gibt die Stärke der physiologischen Erregung an. Er kennzeichnet die Bereitschaft des Menschen, zu denken, zu fühlen und zu handeln (Birbaumer 1975).

Löst der Werbekontakt starke Aufmerksamkeit aus, so werden kognitive Vorgänge ausgelöst, die den Entscheidungsprozess vorantreiben. Trifft die Werbung dagegen auf einen kaum involvierten Konsumenten, so findet vorrangig emotionale Konditionierung statt. Sie setzt keine hohe Aufmerksamkeit voraus und trägt zu einer emotionalen Bindung des Konsumenten ohne kognitiven Lernaufwand bei. Der Grad der Aktivierung stellt die Elementargröße des Entscheidungsverhaltens dar. Hierauf bauen emotionale wie kognitive Prozesse auf.[3]

---

1   Vgl. z. B. Putrevu und Lord (1994, S. 83). Mittal (1987, S. 42) z. B. geht davon aus, dass hohes kognitives Involvement zu einer intensiveren Verarbeitung von Informationen über Produktattribute führt, während durch affektives Involvement die Verarbeitung von Symbolen und Imagedimensionen angeregt wird (ähnlich Kroeber-Riel et al. 2008, S. 338 f.).

2   In Anlehnung an Batra und Ray (1983, S. 309); Cohen (1983, S. 326); Lastovicka und Gardner (1979, S. 54); Kearsley (1995, S. 40); Mitchell (1979, S. 191); Trommsdorff (1993, S. 41); Wilkie (1994, S. 164 ff.); Zaichkowsky (1985, S. 342 f.).

3   Mantel und Kardes (1999, S. 336 f.) gehen davon aus, dass der Grad des Involvements auch entscheidend dafür verantwortlich ist, ob Präferenzen eher auf der Basis der Produktattribute oder auf der Basis der Einstellung zum Produkt gebildet werden.

3.2.2 Entscheidungsverhalten

Ökonomische Entscheidungen des Konsumenten stehen unter dem Druck einer rationalen Begründung. Rationalität[4] gilt als Entscheidungsnorm.[5] Die kognitive Psychologie geht davon aus, dass reale Entscheidungen meistens nicht optimal im objektiven Sinne sein können. March und Simon (1976, S. 132 f.) gehen weiter davon aus, dass der Entscheidungsträger ein Entscheidungsproblem nicht nur anhand eines von der realen Komplexität abstrahierten Modells beurteilt, sondern weitere Vereinfachungen vornimmt, um aktuellen kognitiven Stress zu vermeiden. Das Maximierungsprinzip der Wirtschaftstheorie wird durch das Satisfizierungsprinzip ersetzt.[6]

Wie entscheiden Konsumenten zwischen mehreren Produktalternativen? Kroeber-Riel et al. (2008, S. 371 ff.) unterscheiden verschiedene Klassen von Kaufentscheidungen:

- **Extensive Kaufentscheidungen** lassen sich dadurch charakterisieren, dass die Produktauswahl durch kognitive Steuerung erfolgt und das Anspruchsniveau, d. h. die subjektiv wahrgenommenen Anforderungen an das Entscheidungsverhalten und an Entscheidungsziele, das Informationsverhalten aktiviert und dadurch gleichzeitig konkretisiert wird.
- Bei kognitiver Vereinfachung des Entscheidungsverhaltens fällt der Konsument eine limitierte Kaufentscheidung. Unter **limitierten Kaufentscheidungen** werden also solche Kaufentscheidungen verstanden, die geplant und überlegt gefällt werden und die auf Wissen bzw. Erfahrung beruhen (Kroeber-Riel et al. 2008).
- **Habitualisierte Kaufentscheidungen** kennzeichnen ebenso wie limitierte Kaufentscheidungen eine spezifische Form vereinfachten Entscheidungsverhaltens. Habitualisierte Entscheidungen sind jedoch stärker vereinfacht als limitierte Kaufentscheidungen, konzentrieren sich auf wenige, zentrale Kogni-

---

4   Zum Rationalitätsbegriff vgl. Gäfgen (1968, S. 18 ff.) und Schneeweiß (1967, S. 79 ff.).
5   Vgl. Haubl et al. (1986, S. 131). Die Annahmen der Wirtschaftstheorie implizieren einen Modellmenschen, den *homo oeconomicus* (vgl. z. B. Hanusch und Kuhn 1991, S. 12). Der homo oeconomicus trachtet, stets am Eigennutzen orientiert, danach, seine Bedürfnisse optimal zu befriedigen. Damit dies gelingt, verfügt er über eine Reihe hervorragender Eigenschaften, deren bedeutendste eben die Rationalität seines Handelns ist.
6   Vgl. Simon (1957a, S. 204 f.). March und Simon (1958, S. 140) bezeichnen Verhalten, das nicht dem Optimierungsprinzip folgt, als Satisficing-Strategie. Den gleichen Sachverhalt spricht Kirsch (1978, S. 9) an. Er weist darauf hin, dass Probleme „oft nicht eigentlich gelöst, sondern nur gehandhabt werden". Janis und Mann (1977, S. 29 f.) fassen Satisficing- und Optimierungsverhalten als Endpunkte eines Verhaltenskontinuums auf, die sich hinsichtlich der Anzahl der berücksichtigten Kriterien, der Anzahl der betrachteten Alternativen, Ordnungs- und Prüfvorgängen bzgl. der Alternativen und der Art der Prüfung unterscheiden.

tionen und können reaktiv, also automatisch, gefällt werden (Kroeber-Riel et al. 2008).

- **Impulsives Verhalten** ist ein unmittelbar reizgesteuertes Entscheidungsverhalten, das in der Regel von Emotionenbegleitet wird. Der Konsument reagiert weitgehend automatisch, d. h. er wählt das Produkt ohne weiteres Nachdenken einfach deswegen, weil es ihm gefällt bzw. seinen besonderen Vorlieben entspricht (Kroeber-Riel et al. 2008).

3.3 Marktsegmentierung

Die Absatzmärkte vieler Unternehmen sind dadurch gekennzeichnet, dass sich die Bedürfnisse der Abnehmer mehr oder weniger stark unterscheiden. Folglich muss eine Entscheidung darüber getroffen werden, ob der Marketing-Mix auf alle Kunden gleichermaßen oder aber speziell auf einzelne Kundensegmente mit jeweils homogenen Ansprüchen ausgerichtet werden soll. Dieser Abschnitt möchte vermitteln:

- was Gegenstand der Marktsegmentierung ist,
- welche Segmentierungskriterien es im B2C (Business-to-Consumer)-Marketing gibt.

Es ist ein wesentliches Charakteristikum einer integrierten marktorientierten Unternehmensführung, dass nicht das jeweilige Leistungsangebot, sondern der Kunde mit seinen Wünschen und Bedürfnissen die Grundlage für unternehmerische Entscheidungen bildet (Kesting und Rennhak 2008). Je kundenorientierter ein Anbieter agiert, desto größer ist der hierdurch erzielbare Wettbewerbsvorteil (Tomczak und Sausen 2003).

> **Merke!**
>
> Unter **Marktsegmentierung** versteht man „die Aufteilung des heterogenen Gesamtmarktes für ein Produkt in homogene Teilmärkte oder Segmente und die gezielte Bearbeitung eines Segmentes (bzw. mehrerer Segmente) mit Hilfe segmentspezifischer Marketing-Programme" (Freter 1983).

Das empfohlene Vorgehen zur Segmentierung von Märkten wird in der Literatur häufig anhand des **STP[7]-Modells** beschrieben (Kesting und Rennhak 2008). Im Folgenden werden nun die wichtigsten Erkenntnisse der Segmentierungsforschung im B2C-Bereich thematisiert. Kriterien zur Segmentierung müssen bestimmte Bedingungen

---

7 STP steht für Segmenting, Targeting, Positioning.

erfüllen. In der Literatur werden üblicherweise sechs Anforderungen an sie gestellt (Meffert et al. 2014), die u. a. dazu dienen, die Zweckmäßigkeit der Marktaufteilung zu gewährleisten:

- **Kaufverhaltensrelevanz:** Geeignete Indikatoren für zukünftiges Kaufverhalten,
- **Messbarkeit** (Operationalität): Messbar und erfassbar mit den vorhandenen Marktforschungsmethoden,
- **Erreichbarkeit bzw. Zugänglichkeit:** Gewährleistung einer gezielten Ansprache der gebildeten Segmente,
- **Handlungsfähigkeit:** Gewährleistung des gezielten Einsatzes des Marketinginstrumentariums,
- **Wirtschaftlichkeit:** Nutzen der Erhebung sollte größer sein als die dafür anfallenden Kosten,
- **Zeitliche Stabilität:** Längerfristige Gültigkeit der mittels der Kriterien erhobenen Informationen.

Segmentierungskriterien lassen sich in wenige Oberkategorien klassifizieren, die in der Literatur teilweise leicht voneinander abweichen:

- **Geographische Segmentierung**
  Die klassische geographische Segmentierung, die auch als makrogeographische Segmentierung (Meffert et al. 2014) bezeichnet werden kann, unterteilt den Markt in verschiedene regionale Einheiten (Kotler und Bliemel 2006). Große international agierende Unternehmen segmentieren häufig nach Ländern oder größeren geographischen Regionen. Tendenziell widmen sie inzwischen aber auch den geographischen Einheiten innerhalb eines Landes mehr Aufmerksamkeit (Bagozzi et al. 2000). Für den deutschen Markt wird häufig die bekannte Einteilung in Nielsen-Gebiete herangezogen.[8]
- **Soziodemographische Segmentierung**
  Eine andere Form der klassischen Segmentierung stellt die Segmentbildung auf Basis soziodemographischer Merkmale dar (Bruns 2000). Hierbei unterscheidet man üblicherweise zwischen **demografischen** (Geschlecht, Alter, Familienstand, Anzahl und Alter der Kinder, Haushaltsgröße) und **sozioökonomischen** Kriterien(Schulabschluss, Ausbildung, Beruf, Einkommen, Staatsangehörigkeit).
- **Psychographische Segmentierung**
  Der psychographischen Segmentierungsansatz bezweckt die Definition von Käufergruppen anhand von Merkmalen, die zur Bildung gleichartiger, psychisch verwandter Gruppierungen führen (Becker 2012). Es lässt sich eine grund-

---

8 Vgl. hierzu Meffert et al. (2014). Dieses Konzept des Marktforschungsinstitutes ACNielsen unterteilt das Bundesgebiet in Regionen, die sich an den Bundesländern orientieren. Darüber hinaus werden auch die bedeutsamsten Ballungsräume berücksichtigt und separat betrachtet (▶ www.acnielsen.de).

sätzliche Untergliederung in **allgemeine Persönlichkeitsmerkmale** (Soziale Orientierung, Risikofreude, Allgemeine Einstellungen) und **produktspezifische Merkmale** (Wahrnehmungen, Motive, Präferenzen, Kaufabsichten, Spezifische Einstellungen) vornehmen (Meffert et al. 2014).

- **Verhaltensorientierte Segmentierung**
Verhaltensorientierte Kriterien spiegeln das Ergebnis von Kaufentscheidungsprozessen wider. Im Hinblick auf die **Produktwahl** werden insbesondere drei Aspekte beleuchtet. Zunächst einmal ist von Interesse, ob Verbraucher bestimmte **Produktarten** kaufen oder nicht. Mögliche Ansatzpunkte zur Marktsegmentierung in Bezug auf die **Markenwahl** können Markenkäufer bestimmter Marken oder Konsumenten von Marken bestimmter Marktschichten wie Premiummarken sein. Ein weiterer relevanter Aspekt ist das **Kaufvolumen** oder die Verbrauchsintensität. Darunter versteht man die Kaufmenge, die Konsumenten innerhalb eines bestimmten Zeitraums im Durchschnitt kaufen bzw. verbrauchen (Becker 2012). Eine verhaltensorientierte Segmentierung bietet sich auch im Hinblick auf das **Preisverhalten** an. Von Interesse sind hier insbesondere Parameter wie der Kauf in gewissen **Preisklassen** oder die **Reaktion von Konsumenten auf Sonderangebote**.

Mittels einer Analyse im Hinblick auf **Art und Anzahl der Mediennutzung** können Werbeträger gezielt für die verschiedenen Teilsegmente festgelegt werden. Relevante Kriterien bezüglich der **Einkaufsstättenwahl** sind in erster Linie Präferenzen im Hinblick auf bestimmte **Betriebstypen** sowie die **Geschäftstreue**.

3.4 Marktforschung

Im Rahmen der Marketingplanung müssen zahlreiche Entscheidungen getroffen werden. Unverzichtbare Grundlage für diese Entscheidungen bzgl. der Marketingziele, -strategien und -maßnahmen sind relevante Informationen über das gegenwärtige und zukünftige Marktgeschehen, wodurch der Marktforschung eine große Bedeutung für den Erfolg der Marketingplanung zukommt. Dieser Abschnitt möchte vermitteln:

- was Gegenstand der Marktforschung ist,
- welche wesentlichen Aufgabenbereiche der Marktforschung existieren,
- welche Phasen der Marktforschungsprozess umfasst,
- wie sich Sekundär- und Primärforschung voneinander unterscheiden,
- welche grundlegenden Methoden der Datenerhebung existieren,
- mit welchen Methoden die erhobenen Daten systematisch und problemorientiert ausgewertet werden können.

In markt- und kundenorientierten Unternehmen bildet Information die Grundlage für Marketingentscheidungen (Kesting und Rennhak 2008). Zielsetzung des Marketings ist es, Kundenbedürfnisse zu erkennen, Kundenprobleme zu verstehen und diese besser zu lösen als der Wettbewerb. Damit eine integrierte Ausrichtung der Marketing-Instrumente zur Befriedigung der Kundenbedürfnisse gelingen kann (Gestaltungskomponente des Marketings), bedarf es der Marktforschung (Erklärungskomponente).

Die Marktforschung unterstützt das Marketing bei der Etablierung des notwendigen Wettbewerbsvorteils, indem sie Informationen über Konkurrenzangebote sammelt, analysiert und die Erfolgsfaktoren aus Kundensicht identifiziert. Darüber hinaus liefert die interne Ressourcenorientierung Einsichten in die Fähigkeiten der Unternehmung.

3.4.1 Aufgabe und Systematik der Marktforschung

Die Hauptaufgabe der Marktforschung besteht in der Unterstützung des Marketings (Nufer und Rennhak 2008). Marktforschung kann im weiteren Sinn als der gesamthafte systematische Prozess der Gewinnung, Analyse und Interpretation von Informationen zur Lösung aktueller und zukünftiger marktbezogener Entscheidungsprobleme des Marketings charakterisiert werden.

In Theorie und Praxis weist die Marktforschung eine Vielzahl unterschiedlicher Dimensionen auf, zwischen denen es zudem Überschneidungen gibt. Die wichtigsten dahinter stehenden Klassifikationskriterien sind:

- **Zeitaspekte,**
- **Untersuchungsobjekt:** ökoskopische, demoskopische Marktforschung,
- **Vorgehensweisen bei der Datenerhebung bzw. der Datenanalyse:** quantitative, qualitative Marktforschung,
- **Funktionsbereiche:** Absatzmarktforschung, Beschaffungsmarktforschung, Finanzmarktforschung, Personalmarktforschung (Kesting und Rennhak 2008),
- **Branchen:** Konsumgütermarktforschung, Investitionsgütermarktforschung, Handelsmarktforschung, Dienstleistungsmarktforschung,
- **Träger:** Eigenforschung, Fremdforschung,
- **Häufigkeit der Durchführung:** Ad-hoc-Forschung (einmalige Erhebung als Querschnitt), Tracking (mehrmalige Erhebungen, Panel-Marktforschung als Längsschnitt),
- **räumliche Ausdehnung:** Inlands- (bzw. nationale), Auslands- (bzw. internationale) Marktforschung,
- **Untersuchungsgegenstand:** Imageforschung, Meinungsforschung usw.

3.4.2 Marktforschungsprozess

Grundsätzlich kann die Marktforschungstätigkeit als ein Ablauf aufeinander folgender idealtypischer Phasen verstanden werden, zwischen denen Rückkopplungen bestehen – die jedoch keineswegs immer in einer starren Reihenfolge durchlaufen werden.

Ausgangspunkt des Marktforschungsprozesses ist die **Formulierung des Forschungsproblems** und darauf aufbauend die Ableitung des eigentlichen Forschungsziels. Marktforschung ist immer theoriegeleitet, d. h. entweder soll die Marktforschung vermutete Zusammenhänge überprüfen oder explorativ neue Zusammenhänge aufdecken.

Im nächsten Schritt sind die **Informationsquellen** zu bestimmen, d. h. es ist zu identifizieren, wer die Merkmalsträger und damit die Untersuchungsobjekte sind. Darauf aufbauend erfolgt die **Bestimmung des Marktforschungsdesigns**. Es stellt sich dabei zunächst die Frage, ob auf Sekundärdaten zurückgegriffen werden kann oder ob **Primärforschung** betrieben werden soll. Die **Sekundärforschung (Desk Research)** gewinnt ihre Erkenntnisse aus bereits erhobenen Daten. Die **Primärforschung (Field Research)** gewinnt ihre Erkenntnisse aus der erstmaligen und direkten Untersuchung von Marktteilnehmern im Feld, d .h. es wird originär neues Datenmaterial generiert. Sie bedient sich dabei vor allem der Methoden der empirischen Sozialforschung (Atteslander 2010).

Ein ganz entscheidender Schritt für die spätere Qualität der Marktforschungsergebnisse ist die adäquate Gestaltung des Erhebungsrahmens. Werden neue Daten über eine Primärforschung erhoben, so kann die Datenerhebung als Befragung, Beobachtung oder Experiment sowie in der Spezialform eines Panels durchgeführt werden:

- **Befragungen** sind das am häufigsten angewandte Erhebungsinstrument. Probanden geben hier unmittelbar selbst Auskunft über die interessierenden Sachverhalte.
- **Beobachtung** ist die zielgerichtete Erfassung von sinnlich wahrnehmbaren Sachverhalten im Augenblick ihres Auftretens durch Personen und/oder technische Hilfsmittel.
- Mittels **Experimenten** werden vermutete Ursache-Wirkungs-Zusammenhänge unter kontrollierten Bedingungen überprüft.
- Ein **Panel** ist eine (sehr) große Stichprobe, die in konstanter Zusammensetzung periodisch wiederholt befragt wird.

Bei der Festlegung der Erhebungsmethode sind u. a. der Umfang der Datenerhebung, die erwartete Antwortquote, die geografische Repräsentation, die Gefahr von Missverständnissen, der Interviewereinfluss und nicht zuletzt die bei der jeweiligen Erhebungsmethode anfallenden Kosten zu berücksichtigen.

Bei der Gestaltung des Erhebungsrahmens sind Untersuchungsziele und die **zugrunde liegende Theorien bzw. Forschungshypothesen** im Erhebungsinstrument geeignet umzusetzen. Die **Operationalisierung** eines Begriffs oder Konstrukts besteht in der Angabe einer Anweisung, wie Objekten mit Eigenschaften, die der theoretische Begriff bzw. das Konstrukt bezeichnet, beobachtbare Sachverhalte zugeordnet werden können. Im nächsten Schritt kann die operative **Datenerhebung** im Feld erfolgen. Für die Beschaffung von Primärinformationen stehen qualitative (**Tiefen- bzw. Leitfadeninterviews**[9], Gruppendiskussionen bzw. **Fokusgruppen**) und quantitative Methoden (Stichproben mittels standardisierter Fragebögen bzw. Designs) zur Verfügung. Ist die Datensammlung abgeschlossen, erfolgt die **Auswertung der Daten** einschließlich der Interpretation der Ergebnisse, gefolgt von der **Präsentation der Ergebnisse** und der **Dokumentation**.

3.4.3 Gütekriterien der Marktforschung

Ziel eines Messvorgangs ist die Erhebung möglichst exakter und fehlerfreier Messwerte (Rennhak 2001). Diese Zielsetzung wird bei kaum einem Messvorgang vollständig erreicht, da die tatsächlich festgestellten Messwerte meist nicht nur die tatsächliche Ausprägung eines Merkmals wiedergeben, sondern zusätzlich Messfehler enthalten. Diese gilt es in ihrer Größe zu minimieren und auf unsystematische, zufällige Einflüsse zu reduzieren. Dazu wurde eine Reihe von Gütekriterien für Messungen definiert. In erster Linie sind hier **Validität**, **Reliabilität** und **Objektivität** zu nennen (Schwaiger 1997).[10]

Unter **Validität** eines Messinstruments versteht man die Anforderung, dass die Messdaten unverzerrt und ohne systematische Messfehler den tatsächlich zu messenden Sachverhalt wiedergeben. Mit der **Reliabilität oder Zuverlässigkeit** wird die formale Genauigkeit der Merkmalserfassung angesprochen. Die **Objektivität** eines Testverfahrens ist dann gewährleistet, wenn die gewonnenen Messwerte unabhängig von der Person des Forschers zustande kommen.

---

9 Tiefeninterviews werden vor allem zur Entdeckung von noch unbekannten Ursachen und Zusammenhängen sowie zur Klärung des individuellen Verständnisses eingesetzt. Tiefeninterviews geben Aufschluss über Verbraucherverhalten und komplexe emotionale bzw. motivationale Wirkungsstrukturen. Sie werden zudem zur Analyse der Wirkung von Kommunikationsmitteln, zur tiefenpsychologischen Exploration von Unternehmens- bzw. Markenimages und im Rahmen von Kundenzufriedenheitsstudien eingesetzt.

10 Bisweilen wird die Sensitivität als ein weiteres Kriterium für die Qualität eines Messverfahrens angeführt. Dieses Kriterium zielt auf die Differenzierungsfähigkeit bzw. Trennschärfe eines Messvorgangs ab. Nach Schwaiger (1997, S. 42) sind jedoch valide und reliable Messverfahren stets sensitiv, so dass es dieses zusätzlichen Gütekriteriums nicht bedarf.

3.4.4 Datenanalyse

Aufgabe der Datenanalyse ist es, die erhobenen Daten zu prüfen, zu ordnen, aufzubereiten, zu erforschen und auf ein für die Entscheidungsfindung notwendiges und überschaubares Maß zu verdichten (Kesting und Rennhak 2008).

Die Nachbereitung der Datenerhebung umfasst zunächst die Rücklaufkontrolle, bei der die ursprünglichen Datenträger (z.B. Fragebogen, Beobachtungsprotokolle etc.) auf Vollständigkeit und Plausibilität und gegebenenfalls auch auf Verfälschungen (wie z. B. Interviewereinfluss) hin überprüft werden. Die Ergebnisse von Marktforschungserhebungen können dann statistisch untersucht werden. Je nach Anzahl der zu untersuchenden Variablen unterscheidet man univariate, bivariate oder multivariate Verfahren.

Die **univariate Datenanalyse** beschränkt sich auf die Analyse einer einzelnen Variablen und deren Ausprägungen und dient einer **Datenverdichtung**. Bei der **bivariaten Datenanalyse** wird hingegen anhand der Verknüpfung von zwei Merkmalen versucht, Ähnlichkeiten zwischen Variablen/Merkmalen und/oder Objekten sowie Zusammenhänge zwischen Variablen in Form von Korrelationen oder Abhängigkeiten im Rahmen der explorativen Forschung zu entdecken bzw. zu überprüfen. Die Analyseverfahren der **Multivariatenanalyse** setzen in der Regel ordinales oder gar kardinales Skalenniveau der Variablen voraus, das bereits bei der Vorbereitung der Datenerhebung durch eine entsprechende Gestaltung des Erhebungsinstruments zu gewährleisten ist.[11] Mögliche Methoden der Multivariatenanalyse sind die Faktorenanalyse, die Clusteranalyse, die Multidimensionale Skalierung, die Kontrastgruppenanalyse, die Diskriminanzanalyse und die Conjoint-Analyse.

3.5 Produktpolitik

Produktpolitische Entscheidungen gehören zu den zentralen Aktionsfeldern des Marketing-Mix. Die Produktpolitik umfasst alle Aktivitäten eines Unternehmens, die auf die Gestaltung einzelner Produkte oder des gesamten Absatzprogramms gerichtet sind. Dieser Abschnitt möchte vermitteln:

- was die zentralen Zielsetzungen der Produktpolitik sind,
- welche unterschiedlichen Dimensionen des Produktbegriffes unterschieden werden,
- welche strategischen Entscheidungsfelder der Programmpolitik existieren,
- in welche Phasen der Produktlebenszyklus unterteilt werden kann,
- welche Bedeutung die Markenpolitik hat.

---

11 Die multivariaten Analyseverfahren erfordern darüber hinaus in der Regel die Einhaltung bestimmter Verteilungsannahmen, meist die sogenannte Multinormalverteilung.

> **Merke!**
>
> Die **Produktpolitik** umfasst alle Tätigkeiten, die sich auf die marktgerechte Gestaltung des Leistungsprogramms einer Unternehmung beziehen, d. h. alle Aktivitäten, die mit der Auswahl und Weiterentwicklung eines Produktes oder eines Produktbündels sowie dessen Vermarktung zusammenhängen. Die Produktpolitik kann somit als das **Herz des Marketings** aufgefasst werden, d. h. ohne diesen Teil des Marketing-Mix können alle anderen Teile nicht wirksam werden. Sie steht damit am Anfang jeglicher Marktgestaltung durch das Unternehmen überhaupt.

Der marketing-spezifische Ansatz der Produktgestaltung fokussiert nicht die Produkttechnik, sondern den kunden- bzw. zielgruppenspezifischen Produktnutzen, d. h. die Lösung von Kundenproblemen. Im Marketing werden dabei mehrere **Nutzendimensionen**, die ein Produkt aus Kundensicht erfüllt, unterschieden:

- Der **Grundnutzen** ist der vom Individuum unabhängige, technische und rationale Zweck eines Produkts.
- Aus der Beziehung von Individuum und Produkt entsteht der **persönliche Nutzen**, der von jedem Nachfrager individuell beurteilt wird.
- Der **soziologische Nutzen** entsteht aus dem Verhältnis zwischen Individuum und gesellschaftlicher Umwelt und kann auch als Prestigenutzen bezeichnet werden.

Bzgl. der Erwartungshaltung der Kunden ist zu unterscheiden in:

- **Muss-Leistungen** werden von nahezu allen Anbietern in einer Branche angeboten und vom Kunden erwartet (z. B. technischer Kundendienst bei Kfz).
- **Soll-Leistungen** werden nur von wenigen Anbietern angeboten (z. B. Versicherungsangebote bei Autohändlern).
- **Kann-Leistungen** sind innovativ und bei fast keinem Produkt zu finden (z. B. Fahrsicherheitstraining bei Autohändlern).

3.5.1 Markenpolitik

> **Merke!**
>
> Die **Marke** ist ein in der Psyche des Konsumenten fest verankertes, verdichtetes Vorstellungsbild von einem Produkt, das dieses von Angeboten des Wettbewerbs unterscheidbar macht.

Der Markenauftritt sollte mit den anderen Instrumenten des Marketing-Mix eng abgestimmt sein, damit das Markenbild von den Kunden als konsistent wahrgenommen wird.

Grundlagen der Markenführung

Der Bereich Markenführung hat in den letzten Jahren enorm an Bedeutung gewonnen und wurde zunehmend Thema von Veröffentlichungen (Bayerl und Rennhak 2007). Die Marke ist zu einem Schlüsselthema der marktorientierten Unternehmensführung geworden (Esch 2005). Durch die Entwicklung und Kommerzialisierung des Internets[12] sind Internetunternehmen und Online-Marken entstanden, die in den Betrachtungen der Markenführung ständig bedeutender werden. Es ist zu einem Massenmedium geworden, so dass das demografische Profil der Internetnutzer inzwischen nahezu die Gesamtbevölkerung repräsentiert (Meffert 2001).

Die **Markenidentität** fungiert als Fundament der Markenführung und stellt das Selbstbild einer Marke dar. Sie ist die Basis und formuliert Zielvorgaben für die Positionierung, die der Marke ihr eigenständiges und unverwechselbares Profil gibt und beeinflusst das Markenimage, das Fremdbild in den Augen der Anspruchsgruppen (Esch 2005).

Besonderheiten von Online-Marken

Online-Marken[13] sind Marken, die ihren Ursprung in der Online-Welt haben.[14] Bei der Wahrnehmung durch Internetnutzer und Konsumenten differieren Online- und Offline-Marken deutlich. Eine von eMind@emnid[15] durchgeführte Befragung nennt die Attribute, die mit E-Brands verbunden werden. Dabei zeigt sich, dass virtuelle Marken als modern, kreativ und attraktiv angesehen werden sowie günstigere Preise implizieren. Jedoch schneiden Werte wie Seriosität, Tradition und hohe Qualität weitaus schlechter ab als bei Offline-Marken (Helmreich 2002).

---

12 Das Internet ist ein globales Netzwerk, das es einer Vielzahl verschiedener Netzwerke ermöglicht, miteinander in Kontakt zu treten, zu kommunizieren und Daten auszutauschen (vgl. Fritz 2004, S. 25).

13 Auch E-Brand, Internetmarke oder Online-Brand.

14 Vgl. Fantapié Altobelli (2005, S. 189). Dabei kann zwischen **virtuellen** oder **Pure Play-Marken** unterschieden werden, die transaktionsorientierte, kommerzielle Leistungen anbieten, aber nicht in der realen Welt verfügbar sind, wie Amazon und Ebay, und **hybriden** oder **Dual Track-Marken**, die neben einer Präsenz in der virtuellen auch in der realen Welt aktiv tätig sind, wie Otto oder TUI. Neben diesen aktiven Online-Marken verfügen zahlreiche Offline-Marken über rein informative oder kommunikative Internetauftritte wie Coca-Cola oder Nivea (vgl. Meffert 2001, S. 14 f.).

15 eMind@emnid ist der Internetmarktforschungsbereich des Marktforschungsunternehmens TNS Emnid. Im Rahmen der Befragung Ende Mai 2002 wurden in einem Emnid-Onlinepanel 653 Internetnutzer im Auftrag der Absatzwirtschaft befragt (vgl. Helmreich 2002, S. 1).

Besonderheiten im internationalen Marketing

> **Merke!**
>
> Das **internationale Marketing** lässt sich nach Hermanns (1995, S. 25 f.) kennzeichnen als die „Planung, Organisation, Koordination und Kontrolle aller auf die aktuellen und potenziellen internationalen Absatzmärkte bzw. den Weltmarkt gerichteten Unternehmensaktivitäten".[16]

Ein Hauptmotiv für ein Auslandsengagement ist das Streben nach Wachstum durch die Nutzung von internationalen Absatzchancen national erfolgreicher Produkte durch die Erschließung neuer Märkte. Bei der Formulierung einer internationalen Marketingstrategie muss das Unternehmen Entscheidungen treffen bezüglich der strategischen Orientierung[17], des Standardisierungsgrades bei der Verteilung der Ressourcen auf die verschiedenen Elemente des Marketing-Mix und dem Grad der Standardisierung von Marketinginhalten der einzelnen Elemente, wie der Positionierung oder des Markennamens (Szymanski et al. 1993).

3.5.2 Programmpolitik

> **Merke!**
>
> Die Summe aller von einem Unternehmen angebotenen Produkte wird als **Produktprogramm, Produktportfolio** oder auch als **Produktsortiment**[18] bezeichnet.

Die **Produktprogrammbreite-Produktprogrammtiefe-Matrix** (vgl. �‪ Abb. 3.3) liefert einen Strukturierungsansatz zu Gestaltungsmöglichkeiten im Produktprogramm.

Das Produktprogramm kann dabei hinsichtlich zweier Dimensionen gestaltet werden. Die Programmbreite gibt die Anzahl der nebeneinander bestehenden Produktlinien an. Im Gegensatz dazu beschreibt die Programmtiefe die Anzahl der Modellvarianten innerhalb einzelner Produktlinien. Ändern sich die Kundenbedürfnisse und/oder die Produkte der Mitbewerber, so muss das Produktprogramm diesen angepasst werden.

---

16 Früher wurde das internationale Marketing dem Export als Hauptform der Internationalisierung und dem Exportmarketing gleichgesetzt, bis sich das jetzige Verständnis als Erschließung und Bearbeitung ausländischer Märkte entwickelt hat (vgl. Zentes et al. 2006, S. 6 f.).

17 Einer Standardisierung oder Adaption der Elemente des Marketing-Mix (vgl. Szymanski et al. 1993, S. 1).

18 Letzteres ist v. a. bei Handelsunternehmen der Fall.

3.5 · Produktpolitik

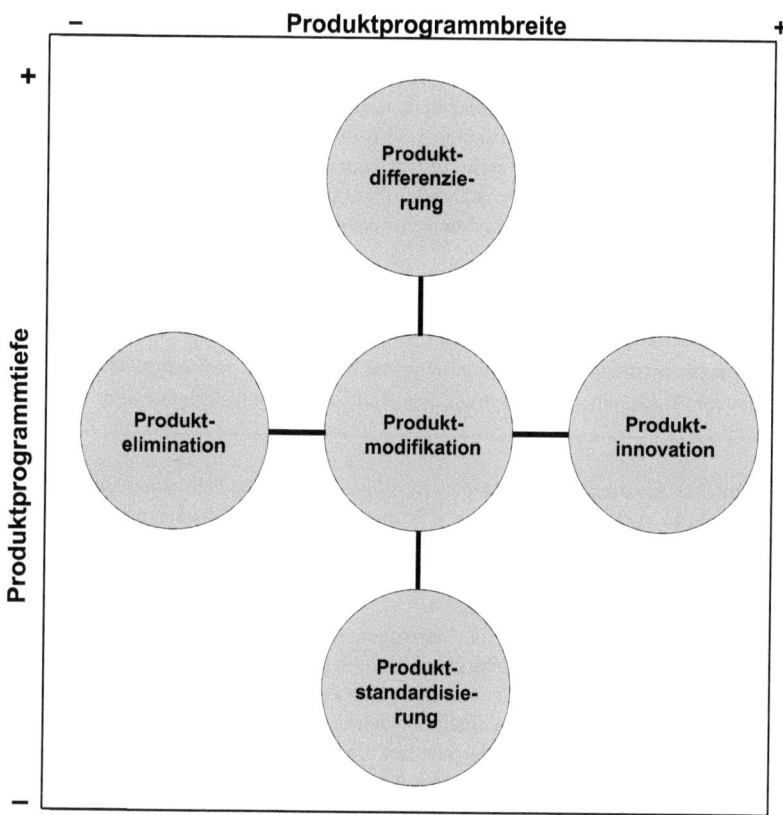

◘ Abb. 3.3 Produktprogrammbreite-Produktprogrammtiefe-Matrix

3.5.3 Produktlebenszyklus

Neben der Marken- und der Produktprogrammpolitik ist der Themenbereich Produktinnovation von hervorragender Bedeutung für die Produktpolitik eines Unternehmens. Die begrenzte Lebensdauer von Produkten macht Produktinnovationen[19] notwendig. Produktinnovationen können zum einen auf bekannten (oder durch Marktforschung identifizierten) Kundenwünschen (Market Pull-Innovationen), zum anderen auf unternehmensinternen technologischen Entwicklungen (Technology Push) basieren.

> **Merke!**
>
> Der **Produktlebenszyklus** beschreibt den Verlauf von Absatz bzw. Umsatz im Zeitablauf zwischen der Markteinführung eines Produkts und dem Zeitpunkt, an dem es vom Markt genommen, d. h. aus dem Produktprogramm eliminiert wird.

Inhaltlicher Anspruch des Konzeptes ist es, zu erklären, wie ein neues Produkt auf einem Markt eingeführt und später z. B. durch Variation und/oder Ausdifferenzierung an die sich im Zeitablauf wandelnden Kundenwünsche und Marktverhältnisse angepasst wird, bevor es schließlich vom Markt genommen bzw. durch ein Nachfolgeprodukt ersetzt wird (vgl. ◘ Abb. 3.4).

Die Dauer eines Zyklus ist sehr heterogen: es gibt Produkte mit extrem kurzen Lebenszyklen (z. B. Modeprodukte oder Consumer Electronics) und andere mit einem sehr langen Lebenszyklus. Zudem unterliegt der Produktlebenszyklus sehr starken internen (z. B. durch Marketingmaßnahmen getriebenen) wie auch externen Einflüssen (z. B. Konjunktur, Maßnahmen der Wettbewerber, regulatorischen Eingriffen) und ist deshalb für Planungszwecke ungeeignet. Tendenziell lässt sich aber sagen, dass Produktlebenszyklen aufgrund des steigenden Wettbewerbsdrucks in vielen Industrien und den sich akzelerierenden technischen Fortschritt kürzer werden. Eine Phasenbestimmung ist nur ex-post möglich.

---

[19] Mit den Produktinnovationen gehen häufig auch Prozessinnovationen einher. Diese kennzeichnen neuartige Faktorkombinationen, die die Produktion eines bestimmten Gutes kostengünstiger, qualitativ hochwertiger, sicherer oder schneller machen. Darunter fallen auch Veränderungen im Humanbereich einer Unternehmung. Prozessinnovationen beziehen sich in der Regel nur auf innerbetriebliche Veränderungen und nicht auf den marktlichen, unternehmensexternen Verwertungsprozess. Sie können sich auch auf bereits am Markt eingeführte Produkte beziehen.

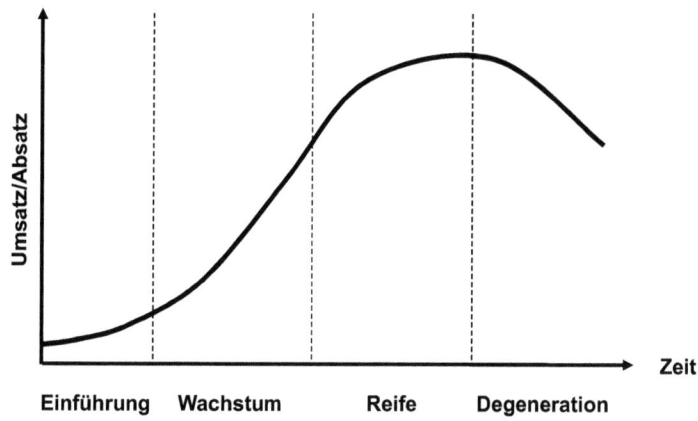

Abb. 3.4 Produktlebenszyklus

3.6 Preispolitik

Jeder Konsument erwirbt materielle Güter bzw. Dienstleistungen nur, wenn er davon überzeugt ist, dass sie ihm einen bestimmten Nutzen stiften. Der Preis bildet somit ein zentrales Element des Wettbewerbs. Dieser Abschnitt möchte vermitteln:

- welches die Bedeutung der Preispolitik für das Marketing ist,
- was die grundlegende Zielsetzung der Preisdifferenzierung ist,
- welche verschiedenen Formen der Preisdifferenzierung existieren,
- welches die wesentlichen Vor- und Nachteile der Skimming- und der Penetrationsstrategie sind,
- was der Begriff des Yield-Managements beinhaltet und
- wie Anbieter die optimale Preisforderung für ihre Sachgüter oder Dienstleistungen auf der Grundlage der eigenen Kosten sowie unter Berücksichtigung der Preisbereitschaft der Nachfrager sowie der Preispolitik der Konkurrenten bestimmen können.

Die Preispolitik ist das in der Marketingpraxis wohl am stärksten unterschätzte Instrument. Im Gegensatz zu allen anderen Instrumenten im Marketing-Mix haben Unternehmen und Kunden beim Preis konträre Ziele: während Kunden möglichst niedrige Preise wünschen, möchten Unternehmen idealerweise einen möglichst hohen Preis realisieren. Ein optimaler Preis ist also möglichst hoch, wirkt aber aus Kundensicht trotzdem attraktiv und setzt einen Kaufanreiz. Dies zu ermöglichen, ist Aufgabe des Preismanagements.

Eine tatsächliche marktorientierte Preisfindung orientiert sich an den Preisen des Wettbewerbs und an der Preisbereitschaft der Kunden. Es trägt zudem der Marketingstrategie Rechnung, d. h. berücksichtigt die angestrebte Positionierung des jeweiligen Produkts bzw. der jeweiligen Marke am Markt. Hierbei können zudem weitere Überlegungen einfließen: Soll ein Wettbewerber bewusst unterboten werden, um preissensible Kunden abzuwerben? Soll ein neues Produkt zu einem besonders günstigen Einstiegspreis am Markt angeboten werden, um rasch eine Kundenbasis aufzubauen? Dazu ist zu berücksichtigen, dass mit dem Preis auch immer die Qualitätswahrnehmung eines Produktes beeinflusst wird. So sollte in der Regel ein qualitativ höherwertiges Produkt nicht zu einem unterdurchschnittlichen Preis angeboten werden. Weiterhin ist im Rahmen einer marktorientierten Preisfindung auch zu berücksichtigen, wie sich der Preis auf den jeweiligen Marktpartner auswirkt. Verkauft das Unternehmen seine Produkte beispielsweise an den Handel, so hat das Unternehmen großes Interesse daran, dass auch der Händler eine auskömmliche Marge mit dem Produkt erzielt, denn dann wird er entsprechende Verkaufsanstrengungen unternehmen. Verkauft das Unternehmen hingegen direkt an den Endkunden, muss dessen Zahlungsbereitschaft gemessen werden. Dazu existieren eine Reihe von Methoden, unter denen sicherlich die **Conjoint Analyse** die am besten bewährte ist (Rao 2009).

Um die Preisbereitschaft der Endkunden einschätzen zu können, ist ein Verständnis der Preiselastizität wichtig. Die Preiselastizität ist ein Maß dafür, wie stark sich die nachgefragte Menge ändert, wenn sich der Preis ändert. Je höher die Preiselastizität ist, desto stärker reagiert die Menge auf den geänderten Preis (Graf 2002). Anhand der Preiselastizität kann also ermittelt werden, wie stark Kunden auf Preisänderungen reagieren. Ist die Elastizität niedrig, können die Preise relativ stark variiert werden, ohne dass die Kunden übermäßig reagieren, d. h. bei Preiserhöhungen wandern kaum Kunden ab. In diesem Fall besteht eine Präferenz für Produkt und/oder Marke, die den Kunden veranlasst, trotz des erhöhten Preises loyal zu bleiben.

3.6.1 Preisbündelung und Preisdifferenzierung

Spezialfälle der marktorientierten Preisfindung sind die **Preisbündelung** und die **Preisdifferenzierung**.

3.6 · Preispolitik

> **Merke!**
>
> Bei der **Preisbündelung** werden verschiedene Produkte zu einem Gesamtpreis angeboten, der unter der Summe der Preise für die Einzelprodukte liegt. Bei der reinen Bündelung werden die Produkte nur im Bündel angeboten und können nicht einzeln erworben werden. Bei gemischter Bündelung können die Produkte des Bündels auch einzeln erworben werden.
>
> Von **Preisdifferenzierung** spricht man, wenn ein Unternehmen für (nahezu) gleiche Produkte unterschiedliche Preise verlangen kann und sich die Preisunterschiede nicht oder nicht gänzlich durch Kostenunterschiede begründen lassen.[20]

Unternehmen werden trotzdem bemüht sein, mittels geeigneter Gestaltung von Preisen, Mengen und/oder Produkten, die Zahlungsbereitschaft der Kunden festzustellen und auszureizen bzw. Kunden mit unterschiedlicher Zahlungsbereitschaft aufgrund verschiedener Kaufkraft abzuschöpfen (Simon und Fassnacht 2009).

3.6.2 Preisstrategien

Mit der Einführung eines Produktes am Markt ist auch über die zugehörige Preisstrategie zu entscheiden. Generell ist hier zwischen **statischen** (der Preis ändert sich im Laufe des Produktlebenszyklus nur unwesentlich, z. B. nur durch Inflationsanpassungen) und **dynamischen Preisstrategien** (der Preis wird vom Anbieter im Laufe des Lebenszyklus bewusst angehoben oder gesenkt) zu unterscheiden. Eine eher kurzfristige dynamische Preisstrategie ist als Sonderfall das sogenannte **Yield Management**.

Dynamische Preisstrategien sind die Marktabschöpfungsstrategie (Skimming Pricing) und die Marktdurchdringungspolitik (Penetration Pricing).

> **Merke!**
>
> Die **Marktabschöpfungspolitik** ist durch einen relativ hohen Einführungspreis gekennzeichnet, der zunächst nur einen kleinen Kreis potentieller Käufer anspricht. Nach und nach werden dann die Preise gesenkt, um weitere Käuferkreise gewinnen zu können. Die **Marktdurchdringungspolitik** ist durch einen relativ niedrigen Einführungspreis gekennzeichnet, der in der Regel auch in den Folgeperioden beibehalten wird. Mit Hilfe des attraktiven Einstiegspreises versucht man eine rasche Marktdurchdringung und einen hohen Marktanteil zu erringen, um in diesem Stadium dann Rationalisierungs- und Kostensenkungspotentiale zu realisieren und nun Gewinne zu realisieren.

---

20 Die Strategien der Preis- und Produktdifferenzierung sind somit eng verknüpft.

Unternehmen müssen für den Markteintritt genau analysieren, welche der Strategien zur Anwendung kommen soll.

3.6.3 Ansatzpunkte zur Bestimmung des optimalen Angebotspreises

Aufgrund der skizzierten Besonderheiten der Preispolitik einerseits sowie der im Allgemeinen unvollständigen Informationen über die komplexen Wirkungsmechanismen andererseits sind Preisentscheidungen für die Unternehmen mit einem erheblichen Risiko verbunden.

Im Zusammenhang mit Preisentscheidungen lässt sich zwischen **internen und externen Einflussfaktoren** unterscheiden. ◘ Abbildung 3.5 nach Hollensen und Opresnik (2010) veranschaulicht diese Abgrenzung.

3.7 Kommunikationspolitik

Der Markterfolg hängt in vielen Produktbereichen zunehmend davon ab, inwieweit es gelingt, die Unternehmen und Marken für die Öffentlichkeit, insbesondere die anvisierte Zielgruppe, sichtbar zu machen. Also wird die auf den Absatzmarkt gerichtete Marktkommunikation betrachtet, welche als *Sprachrohr* des Marketings gilt. Dieser Abschnitt möchte vermitteln:

- welches die begrifflichen Grundlagen der Kommunikationspolitik sind,
- was die typischen Aufgaben der Kommunikationspolitik im Verlauf des Produktlebenszyklus sind,
- welche Bedeutung die Kommunikationspolitik für den Aufbau von Marken hat,
- welche Instrumente der Kommunikationspolitik zur Anwendung kommen können und
- wie die Messung der Kommunikationswirkung erfolgen kann.

> **Merke!**
>
> Als **Kommunikationspolitik** wird die Gesamtheit der Kommunikationsinstrumente und -maßnahmen eines Unternehmens bezeichnet, die eingesetzt werden, um das Unternehmen und seine Leistungen den relevanten Zielgruppen des Unternehmens darzustellen (Rennhak 2001).

Sie bildet zusammen mit der Produktpolitik, der Preispolitik und der Distributionspolitik das marketingpolitische Instrumentarium des Unternehmens. Sie hat die

3.7 · Kommunikationspolitik

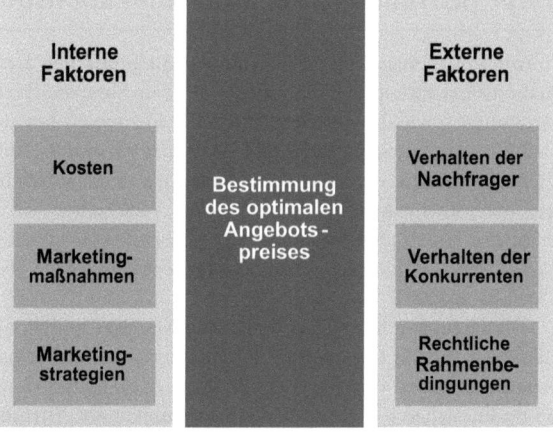

◘ Abb. 3.5 Einflussfaktoren bezüglich der Bestimmung des optimalen Angebotspreises (Hollensen und Opresnik 2010)

Aufgabe der Leistungsdarstellung des Unternehmens gegenüber seinen Zielgruppen. Dabei umfasst die Kommunikationspolitik sowohl Maßnahmen der marktgerichteten, externen Kommunikation (z. B. Anzeigenwerbung), der innerbetrieblichen, internen Kommunikation (z. B. Mitarbeiterzeitschriften) als auch der interaktiven Kommunikation zwischen Mitarbeitern und Kunden (z. B. Kundenberatungsgespräche). Zu den Zielen der Kommunikationspolitik zählen Kontaktziele (streutechnische Ziele), ökonomische Ziele (Verhaltensziele) und außerökonomische Ziele (Wirkungsziele) (Rennhak 2001).

Aufgabe der Kommunikationspolitik ist die Identifikation und Umsetzung der zielgruppengerechten Kommunikations-Mixes als jener Kombination von informations- und kommunikationsbezogenen Instrumenten, die zur Erfüllung der definierten Kommunikationsziele dienen.

Aufbauend auf die Festlegung des Kommunikationsbudgets erfolgt die Auswahl der Kommunikationsinstrumente und -kanäle (Pepels 1997). Zur Messung des Kommunikationserfolgs sollten Größen gewählt werden, die sensibel auf die Kommunikationsmaßnahmen reagieren, allein durch die Kommunikation bedingt sind und eine hohe Korrelation mit den Kommunikationszielen aufweisen. Die Kommunikationspolitik ist für viele Unternehmen ein strategischer Wettbewerbsfaktor geworden. Der Kommunikationswettbewerb wird heute durch veränderte Kommunikationsbedingungen und Medienmärkte verschärft: Gleichartige Werbung, Informationsüberlastung („Information Overload") und zunehmende Reaktanz auf Seiten der Kommunikationsempfänger verringert die Möglichkeiten eines Unternehmens, sich durch kommunikationspolitische Maßnahmen beim Kunden und gegenüber dem Wettbewerb zu profilieren.

3.7.1 Instrumente der Kommunikationspolitik

Kommunikationspolitik steht heute vor mannigfachen Herausforderungen: Informationsüberlastung, Veränderungen auf den Absatzmärkten, veränderten Medienstrukturen sowie der demographischen und sozialen Entwicklung der Rezipienten. Bedingt durch diese Tatsache und durch das veränderte Nutzungsverhalten im Medienkonsum bzw. der steigenden Antipathie und Werbemüdigkeit der Rezipienten gegenüber den klassischen Werbeblöcken, verschieben sich auch die Werbeziele. Sie entfernen sich immer weiter von der klassischen Awareness hin zu der Suche nach Wegen, um Produkte verstärkt in das tägliche Leben der Konsumenten zu integrieren (Arvidsson 2008).

Die Herausforderung für Marketing-Manager besteht also darin, ihre kommunikativen Inhalte trotzdem in der Zielgruppe zu verbreiten, um die erwünschten kommunikativen Wirkungen zu erzielen. Dazu bedarf es eines ausgeklügelten Mix an traditionellen und innovativen Kommunikationsinstrumenten und -kanälen, die unter Einhaltung des Kommunikationsbudgets gezielt eingesetzt werden müssen. Die Kommunikationsziele eines Unternehmens leiten sich aus den strategischen und operativen Unternehmenszielen ab und werden stark durch unternehmensinterne und -externe Analysen und Gegebenheiten beeinflusst (Thommen und Achleitner 2012). Die Kommunikationspolitik bedient sich dabei folgender Instrumente:

- In der klassischen **Werbung** dienen Print- und/oder audiovisuelle Medien als Werbeträger.
- **Public Relations (PR)** bzw. **Öffentlichkeitsarbeit** bezeichnet die Politik des Werbens um das Vertrauen der Öffentlichkeit durch das Management von Informations- und Kommunikationsprozessen zwischen Unternehmen (oder allgemeiner Organisationen) einerseits und ihren externen oder internen Umwelten (Teilöffentlichkeiten) andererseits.
- Die **Verkaufsförderung** dient der Aktivierung der Marktbeteiligten (wie z. B. eigene Vertriebsmitarbeiter, Händler, Kunden) mit dem Ziel der Erhöhung der Verkaufsergebnisse durch personen- und sachbezogene Zusatzleistungen zum Kernangebot.
- **Corporate Identity (Unternehmensidentität oder -persönlichkeit)** wird als ganzheitliches Strategiekonzept verstanden, das alle nach innen bzw. außen gerichteten Interaktionsprozesse steuert und das ein einheitliches Dach für die gesamte Kommunikation und das Erscheinungsbild des Unternehmens liefert.
- **Sponsoring** lässt sich definieren als die Planung, Organisation und Kontrolle sämtlicher Aktivitäten, die mit der Bereitstellung von Geld, Sachmitteln, Dienstleistungen oder Know-how durch Unternehmen und Institutionen zur Förderung von Personen und/oder Organisationen in den Bereichen Sport, Kultur, Soziales und/oder Umwelt verbunden sind, um damit gleichzeitig Ziele der Unternehmenskommunikation zu erreichen (Bruhn 2003).

3.7 · Kommunikationspolitik

- Beim **Product Placement** wird das platzierte Produkt, dessen werbliche Intuition durch dramaturgische Notwendigkeit als Pseudorequisite getarnt werden soll, durch die Kooperation zwischen einem Markenartikelhersteller und dem Produzenten für eine Gegenleistung in einen Film, ein Buch, in den Hörfunk oder in ein Videospiel integriert.
- **Event-Marketing** ist „die zielorientierte, systematische Planung, konzeptionelle und organisatorische Vorbereitung, Realisierung sowie Nachbereitung von Events" (Drengner 2003).

3.7.2 Messung der Kommunikationswirkung

In der Literatur findet sich eine ganze Reihe von Vorschlägen zur Systematisierung von Tests zur Messung der Kommunikationswirkung.[21] Aus Praktikabilitätsgründen ist eine Systematisierung entlang der gewünschten Zielkategorien bzw. Wirkungsdimensionen der unterschiedlichen Kommunikationsinstrumente wie sie z. B. Schwaiger (1997, S. 39) vorschlägt[22], besonders geeignet.

Beim Einsatz explorativer Befragungstechniken, zu denen das Einzelinterview, die Expertenbefragung, Tiefeninterviews und die Gruppendiskussion gehören, werden in der Regel unstrukturierte Antworten von Auskunftspersonen interpretiert. Stärker strukturiert ist die von Wells (1964) entwickelte EQ-Skala.

Verschieden Skalierungstechniken können die Rating-Skala, eindimensionale Skalierungsverfahren wie die *Likert*-Skala und die *Thurstone*-Skala[23], mehrdimensionalen Einstellungsmessung wie das semantische Differential[24] und Multiattributmodelle wie das Modell von Fishbein (1963) und das Modell von Trommsdorff (1975, S. 67 ff.)[25] hervorbringen.

---

21 Je nach Erkenntnisziel kann auch eine Kombination mehrerer Verfahren nötig sein (vgl. z. B. Dworak 1982, S. 1274).
22 Eine detaillierte Beschreibung der einzelnen Testverfahren würde den Rahmen des vorliegenden Lehrbuchs sprengen. Der interessierte Leser sei an dieser Stelle auf Schwaiger (1997, S. 43 ff.) verwiesen.
23 Vgl. Schwaiger (1997, S. 67). Weitere in der Marketingforschung bekannte eindimensionale Skalierungstechniken sind die *Guttmann*-Skala (vgl. z. B. Schnell et al. 1999, S. 185 ff.) und die auf dem „law of comparative judgement" von Thurstone (1927) basierte Paarvergleichsmethode. Für die Kommunikationsmittelwirkungsforschung sind diese Verfahren jedoch von geringerer Bedeutung (vgl. Green und Tull 1982, S. 161; Schwaiger 1997, S. 68).
24 Vgl. Hammann und Erichson (2004, S. 280). Dieses von Osgood et al. (1957, S. 76 ff.) entwickelte Verfahren sollte zunächst der Messung von Wortbedeutungen dienen.
25 Eine ausführliche Darstellung der Multiattributmodelle findet sich z. B. bei Andritzky (1976, S. 223 ff.).

3.8 Distributionspolitik

Da Produktion und Konsum von Gütern oft sowohl räumlich als auch zeitlich auseinanderfallen ergibt sich die Notwendigkeit, Leistungen über den Ort und den Zeitpunkt ihrer Erstellung hinaus dort anzubieten, wo sie von den Abnehmern nachgefragt werden. Vereinfacht gesagt ist die Distribution die Verbindung zwischen den Produzenten und Konsumenten von Gütern und Dienstleistungen. Dieser Abschnitt möchte vermitteln:

- welche Aufgaben und Entscheidungen im Rahmen der Distributionspolitik anfallen,
- welches der strategische Charakter der Distributionspolitik ist,
- welche Absatzorgane unterschieden werden können und
- welche Absatzwege gewählt werden können.

> **Merke!**
>
> Im Rahmen der **Distributionspolitik** legt das Unternehmen Absatzwege[26], also den Weg, auf dem ein Wirtschaftsgut vom Hersteller zum Verbraucher gelangt (Diller 2001), und Absatzorgane, also Organe der Hersteller mit Distributionsaufgaben, Distributionsmittler (Groß- und Einzelhandel), Distributionshelfer und Beschaffungsorgane der Konsumenten (Toporowski 2009), fest.

Diese Entscheidungen sind für den Markterfolg ebenso wichtig wie die Wahl der richtigen Zielgruppe oder des erfolgversprechendsten Produktes. Nur eine ausreichende Präsenzleistung am Markt und die tatsächliche Verfügbarkeit des Produkts ermöglichen einen Abverkauf. Das Aufkommen des Internets hat die Vertriebsstrukturen nachhaltig verändert: neue Absatzwege haben an Bedeutung gewonnen, traditionelle Kanäle haben an Bedeutung verloren bzw. sind gänzlich verschwunden (z. B. Fachgeschäfte für Bild- und Tonträger).

3.8.1 Absatzorgane

Absatzorgane können Absatzhelfer, unternehmenseigene, unternehmensgebundene und unternehmensfremde Organe sein. Absatzhelfer vermitteln Aufträge ohne Eigentum an der Ware zu erwerben (z. B. Handelsvertreter, Makler, Kommissionäre), unternehmenseigene Absatzorgane gehören dem Unternehmen an (z. B. Geschäftsleitung, Reisende,

---

26 Synonyme Bezeichnungen sind Absatzkanal, Distributionskanal, Vertriebsschiene, Vertriebsweg.

etc.). Unternehmensgebundene Organe sind rechtlich selbstständig, aber wirtschaftlich an den Hersteller gebunden (z. B. Franchisenehmer) und unternehmensfremde Organe erwerben selbst Eigentum an den Produkten (z. B. Groß- und Einzelhändler).[27]

Als **Absatzhelfer** werden gewöhnlich rechtlich selbstständige Einheiten bezeichnet, die eine rein abwicklungsunterstützende Funktion haben, z. B. Speditionen und Lagerhausbetriebe (Zentes 1988). Absatzmittler (z. B. Groß- und Einzelhandel) dagegen begleiten die Ware ebenfalls vom Hersteller zum Endabnehmer, erwerben jedoch Eigentum an ihr (Pepels 2007). Zu den Absatzhelfern gehören die Handelsvertreter, Kommissionäre und Makler. Die unternehmensfremden Absatzorgane (auch Absatzmittler), wie zum Beispiel der Groß- und Einzelhandel, sind nicht an die Weisungen des Herstellers gebunden.

Der Großhandel bezieht seine Ware beim Hersteller und verkauft diese an ein anderes Unternehmen, z. B. ein Handelsunternehmen oder einen Großabnehmer, im Gegensatz zum Einzelhandel, der seine Produkte direkt an den Endkunden (Konsumenten oder Unternehmen) weiterverkauft (Kreutzer 2010). Für den Einzelhandel bestehen die drei Kategorien stationärer Handel, nicht- bzw. halbstationärer Handel und Versandhandel (Kreutzer 2010).

3.8.2 Absatzwege

Es werden prinzipiell drei Absatzwege unterschieden: Der **direkte Vertrieb**, der **indirekte Vertrieb** und der **Multi-Channel-Vertrieb**. **Direkter Vertrieb** bedeutet, dass der Hersteller seine Erzeugnisse direkt, d. h. ohne dabei andere selbstständige Institutionen einzubinden, an den Endabnehmer vermarktet (Kreutzer 2010). Der wesentliche Vorteil des direkten Vertriebs ist die Kontrolle der Kundenschnittstelle, d. h. dass der Hersteller im unmittelbaren Austausch mit dem Endkunden steht, sein Kundenverständnis schärfen und besser überlegene Lösungen für Kundenprobleme entwickeln kann (Pepels 2007). Ein bedeutender Nachteil des direkten Vertriebs ist, dass sowohl das Distributionsmanagement als auch das Distributionsrisiko beim Hersteller liegen. Von **indirektem Vertrieb** spricht man, wenn ein Unternehmen sein Leistungsprogramm über rechtlich und wirtschaftlich selbstständige, unternehmensfremde Organisationen als Absatzmittler an die Endabnehmer vertreibt (Renker 2009). Vertriebspartner können dabei z. B. Groß- und Einzelhändler, Handelsvertreter, Kommissionäre und Handelsmakler sein.

Die Nachteile des direkten Vertriebs entsprechen den Vorteilen des indirekten Vertriebs und umgekehrt. Der indirekte Vertrieb ist vor allem für Unternehmen ratsam, denen es an Kenntnis und Erfahrung im Vertrieb, sowie den nötigen finanziellen Mit-

---

27 Sie können entsprechend unabhängig vom Hersteller ihre Eigentumsrechte exekutieren und verfügen somit z. B. über eine sehr weitgehende Selbstständigkeit im Einsatz der Marketinginstrumente (Preis, Präsentation der Ware, Expertise des Verkaufspersonals, etc.)

teln mangelt. Der indirekte Vertrieb ist besonders vorteilhaft bei wenig erklärungsbedürftigen Produkten und Dienstleistungen mit hoher Kauffrequenz (Pfetzig 2004). Ein weiterer Vorteil des indirekten Vertriebs besteht darin, dass Konsumenten gerne ihren gesamten Bedarf aus einer Hand decken (one-stop-shopping). Ein Nachteil des indirekten Vertriebs ist, dass der Hersteller keinen Einfluss mehr auf Beratungsleistung der Mitarbeiter, Preis oder Präsentation des Produkts beim Handelspartner (z. B. im Ladengeschäft) hat. Dies kann sich negativ auf das Produktimage auswirken, z. B. wenn ein Produkt als Aktionsware benutzt wird (Russel 2010).

Häufig beschränken sich Unternehmen nicht nur auf einen Absatzkanal, sondern bedienen sich im Rahmen eines sogenannten **Multi-Channel-Vertriebs** gleichzeitig mehrerer Vertriebskanäle. Dies dient der Erhöhung der Marktabdeckung, da Kunden mit unterschiedlichen Einkaufsstättenpräferenzen besser erreicht werden können. Beim **Multi-Channel-Vertrieb** ist besonders auf eine geeignete Orchestrierung der unterschiedlichen Kanäle zu achten (Winkelmann 2008). Weder auf Kundenseite, noch aufseiten der Handelspartner darf es zu Irritationen bzw. Unstimmigkeiten kommen (beispielsweise durch unabgestimmte parallele Angebote an Kunden oder Übervorteilung von Handelspartnern, die zwar die Beratungsleistungen erbringen, aber bei der Allokation des Funktionsentgelts leer ausgehen).

3.9 Lern-Kontrolle

Kurz und Bündig
Marketing stellt den Kunden in den Fokus des unternehmerischen Handelns. Das Konsumentenverhalten wird mit der Messung des Involvements und verschiedenen Entscheidungsmodellen erfasst. Die Marktforschung unterstützt das Marketing bei der Etablierung des notwendigen Wettbewerbsvorteils, indem sie Informationen über Konkurrenzangebote sammelt, analysiert und die Erfolgsfaktoren aus Kundensicht identifiziert. Die Produktpolitik umfasst alle Tätigkeiten, die sich auf die marktgerechte Gestaltung des Leistungsprogramms einer Unternehmung beziehen. Die Kommunikationspolitik umfasst sowohl Maßnahmen der marktgerichteten, externen Kommunikation, der innerbetrieblichen, internen Kommunikation als auch der interaktiven Kommunikation zwischen Mitarbeitern und Kunden. Zu den Zielen der Kommunikationspolitik zählen Kontaktziele, ökonomische Ziele und außerökonomische Ziele. Im Zuge der Distributionspolitik müssen Absatzorgane und Absatzwege evaluiert werden.

? Let's check
1. Was ist der Gegenstand des Marketings? Weshalb spricht man in diesem Zusammenhang auch von einer Marketingphilosophie?
2. Welche Faktoren sind für eine Verschärfung des Wettbewerbs verantwortlich?

3.9 · Lern-Kontrolle

3. Welche Aspekte bilden die Voraussetzung für eine erfolgreiche Marketingorientierung?
4. Erläutern Sie die Beziehungsstruktur, mit der es ein Unternehmen im Rahmen des ganzheitlichen Marketings zu tun hat!
5. Erläutern Sie die Bedeutung der Käuferverhaltensforschung für das Marketing anhand der zentralen Fragestellungen der Käuferverhaltensforschung!
6. Grenzen Sie den SR-Ansatz und den SOR-Ansatz gegeneinander ab! Welchen grundlegenden Nachteil weist der SR-Ansatz aus Marketingsicht auf?
7. Welche grundlegende Bedeutung haben aktivierende Prozesse für das Käuferverhalten?
8. Erläutern Sie anhand konkreter Beispiele, welche Reize das Marketing einsetzen kann, um Konsumenten zu aktivieren!
9. Erläutern Sie die Bedeutung der Aktivierung für die Verhaltensbeeinflussung! Welcher Zusammenhang besteht zwischen Aktivierung und Involvement?
10. Skizzieren Sie die verschiedenen Aufgabenbereiche der Marktforschung!
11. Geben Sie jeweils drei Vorteile der innerbetrieblichen Marktforschung sowie der Marktforschung durch externe Dienstleister an!
12. Erläutern Sie den Unterschied zwischen Primär- und Sekundärforschung! Welche spezifischen Vor- und Nachteile sind mit diesen beiden Methoden verbunden?
13. Geben Sie beispielhaft jeweils zwei interne und zwei externe Informationsquellen der Sekundärforschung an!
14. Was versteht man unter der Reliabilität und der Validität einer Messung?
15. Erläutern Sie die Dimensionen des Produktbegriffs an drei selbstgewählten Beispielen!
16. Erläutern Sie den Unterschied zwischen Produktinnovation, Produktvariation und Produktmodifikation anhand eines Beispiels!
17. Beschreiben Sie die Phasen des Produktlebenszyklus, und beurteilen Sie kritisch die Aussagefähigkeit des Modells!
18. Erläutern Sie den Markenbegriff!
19. Was sind die heutigen Herausforderungen der Markenpolitik?
20. Erläutern Sie die folgende Aussage an einem konkreten Beispiel: „Nachfrager vergleichen niemals Produktpreise isoliert, sondern beurteilen stets das Verhältnis zwischen Preis und Nutzen."
21. Erläutern Sie die Besonderheiten der Preispolitik im Vergleich zu anderen Marketinginstrumenten!
22. Was versteht man unter Preisdifferenzierung? Welches Ziel wird mit ihr verfolgt?
23. Erläutern Sie das Wesen der Preisbündelung!
24. Grenzen Sie die Preisstrategien bei der Einführung neuer Produkte gegeneinander ab! Nennen Sie jeweils diejenigen Faktoren, welche ihren Einsatz begünstigen!
25. Erläutern Sie die Kommunikationsbedingungen als Rahmenfaktoren für die Werbegestaltung!

26. Erläutern Sie aktuelle Marktbedingungen als Rahmenfaktoren für die Kommunikationspolitik!
27. Erläutern Sie die Besonderheiten der Online-Werbung!
28. Erläutern Sie das Wesen der Verkaufsförderung!
29. Erläutern Sie Wesen und Bedeutung des Product-Placements unter Berücksichtigung aktueller Kommunikationsbedingungen!
30. Erläutern Sie Ziele sowie Chancen und Risiken des Sponsorings an einem Beispiel!
31. Erläutern Sie Kriterien zur Auswahl geeigneter Kommunikationsinstrumente!
32. Welchen Einfluss hat das Involvement der Zielgruppe auf die Auswahl geeigneter Kommunikationsinstrumente?
33. Formulieren Sie jeweils ein ökonomisches und ein psychologisches Werbeziel!
34. Welches sind die zentralen Entscheidungsbereiche der Distributionspolitik?
35. Welche besonderen Wesensmerkmale charakterisieren die Distributionspolitik gegenüber den anderen Marketinginstrumenten?
36. Weshalb ist die Distributionspolitik für den Markterfolg vieler Unternehmen besonders bedeutsam?
37. Erläutern Sie produktspezifische Rahmenbedingungen für distributionspolitische Entscheidungen!
38. Nennen Sie die Beurteilungskriterien, die für einen Direktvertrieb sprechen!
39. Beschreiben Sie Wesen und typische Aufgabenbereiche unternehmenseigener Distributionsorgane!
40. Welche Chancen und Risiken bestehen für Hersteller durch die zunehmende Wettbewerbskonzentration im Einzelhandel?
41. Zur Segmentierung können unterschiedliche Kriterien herangezogen werden. Nennen Sie drei gewählte Segmentierungskriterien!

Vernetzende Aufgaben

1. Welche Möglichkeiten haben Unternehmen, die Kaufentscheidung von Konsumenten zu beeinflussen?
2. Wie hängen Marken- und Preispolitik zusammen? Welche Möglichkeiten hat ein Unternehmen, durch Markenpolitik den Preis zu steuern und umgekehrt?
3. Welche Veränderungen lassen sich in der Kommunikationspolitik im Zuge der technischen Entwicklung (insbesondere durch das Internet) feststellen?

Lesen und Vertiefen

- Hesse, J. / Neu, M. / Theuner, G. (2007): Marketing-Grundlagen, Berlin.
- Hollensen, S. / Opresnik, M. (2010): Marketing. A Relationship Approach, München.
- Kesting, T. / Rennhak, C. (2008): Marktsegmentierung in der deutschen Unternehmenspraxis, Wiesbaden.
- Kroeber-Riel, W. / Weinberg, P. / Gröppel-Klein, A. (2008): Konsumentenverhalten, 9. Auflage, München.

Investition

Marc Oliver Opresnik, Carsten Rennhak

4.1 Grundlagen der Investitionsplanung – 102

4.2 Investitionsarten – 103

4.3 Investitionsrechnung im Zahlungstableau – 104

4.4 Statische Verfahren der Investitionsrechnung – 107
4.4.1 Kostenvergleichsrechnung – 107
4.4.2 Gewinnvergleichsrechnung – 109
4.4.3 Rentabilitätsvergleichsrechnung – 110
4.4.4 Amortisationsrechnung – 112
4.4.5 Bewertung der statischen Verfahren – 113

4.5 Dynamische Verfahren der Investitionsrechnung – 114
4.5.1 Kapitalwertmethode – 118
4.5.2 Annuitätenmethode – 121
4.5.3 Beurteilung der dynamischen Investitionsrechenverfahren – 124

4.6 Lern-Kontrolle – 126

M. O. Opresnik, C. Rennhak, *Allgemeine Betriebswirtschaftslehre*,
Studienwissen kompakt, DOI 10.1007/978-3-662-44327-9_4,
© Springer-Verlag Berlin Heidelberg 2015

Lern-Agenda

Zur langfristigen Existenzsicherung von Unternehmen ist es notwendig, deren Kapital gewinnmaximierend zu investieren. Im nachfolgenden Kapitel wird deshalb vermittelt

- welche Arten von Investitionen es gibt,
- wie die für Investitionsentscheidungen benötigten Daten ermittelt werden,
- wie bei den statischen und den dynamischen Verfahren der Investitionsrechnungen vorgegangen wird,
- wie die Ergebnisse der Investitionsrechnungen zu interpretieren sind und
- welche qualitativen Aspekte bei Investitionsentscheidungen zu berücksichtigen sind.

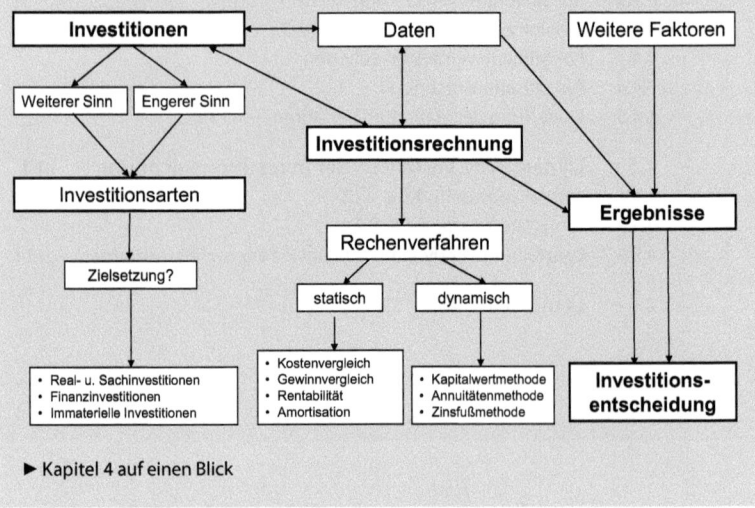

▶ Kapitel 4 auf einen Blick

4.1 Grundlagen der Investitionsplanung

Ausgehend vom güter- und finanzwirtschaftlichen Umsatzprozess bedeutet *investieren* – wie das vom lateinischen *investire* (einkleiden) abgeleitete Wort zum Ausdruck bringt – die Einkleidung des Unternehmens mit Vermögenswerten. Damit stellen die Investitionsvorgänge die der Finanzierung unmittelbar folgende Phase dar.

4.2 · Investitionsarten

> **Merke!**
>
> **Investition** ist die Umwandlung der durch Finanzierung oder aus Umsätzen stammenden flüssigen Mittel des Unternehmens in Sachgüter, Dienstleistungen und Forderungen (Käfer 1974).

Je nach Umfang der betrachteten Investitionsobjekte können dabei zwei verschieden weit gefasste Begriffe unterschieden werden (Thommen und Achleitner 2012):
- **Investitionen im weiteren Sinne:** in einem sehr weiten Sinne umfassen die Vermögenswerte, in welche investiert wird, sämtliche Unternehmensbereiche und zwar unabhängig von ihrer bilanziellen Erfassung oder Erfassbarkeit. Es handelt sich dabei um alle Investitionen, die ein Leistungspotenzial, das heißt einen erwarteten künftigen Nutzenzugang, darstellen. Dazu gehört:
  - das Umlaufvermögen (zum Beispiel Vorräte, Forderungen),
  - das materielle (zum Beispiel Maschinen), immaterielle (zum Beispiel Patente) und finanzielle (zum Beispiel Beteiligungen) Anlagevermögen, Informationen und Know-how (zum Beispiel Informationssysteme des Rechnungswesens),
  - das Humanvermögen oder Human Capital (zum Beispiel Ausbildung von Mitarbeitern).
- **Investitionen im engeren Sinne:** Beschränkt man sich dagegen auf einen ganz bestimmten Unternehmensbereich oder eine bestimmte Art von Gütern, in welche investiert wird, so handelt es sich um eine enge Fassung des Investitionsbegriffes. Insbesondere versteht man darunter die Umwandlung finanzieller Mittel in materielles Anlagevermögen.

Den folgenden Abschnitten liegt ein enger Investitionsbegriff zugrunde.

4.2 Investitionsarten

Investitionen lassen sich hinsichtlich des Investitionsobjektes, der Zielsetzung der Investitionen, der Nutzungsdauer des Investitionsobjekts und des Auftretens im Zeitablauf klassifizieren (Vahs und Schäfer-Kunz 2012).

Investitionen in Betriebsmittel beziehungsweise Sachanlagen werden als **Real-** oder **Sachinvestitionen** bezeichnet. Sie stehen im Mittelpunkt der nachfolgenden Abschnitte. Bei Investitionen in Unternehmensbeteiligungen oder in andere Möglichkeiten der Finanzanlage handelt es sich um **Finanzinvestitionen**, bei Investitionen in Dienstleistungen oder Know-how um sogenannte **immaterielle Investitionen**.

Von besonderer Bedeutung für die Beurteilung von Investitionen ist die Zielsetzung beziehungsweise der Anlass einer Investition. Diesbezüglich lassen sich folgende Investitionen unterscheiden (Vahs und Schäfer-Kunz 2012):

- **Errichtungsinvestitionen:** eine Errichtungsinvestition liegt bei der erstmaligen Beschaffung eines Betriebsmittels zur Produktion eines neuen Produktes vor. Dies ist beispielsweise der Fall, wenn eine neue Fabrik errichtet wird.
- **Erweiterungsinvestitionen:** charakteristisch für eine Erweiterungsinvestitionen ist, dass die Kapazität der vorhandenen Betriebsmittel vergrößert wird, beispielsweise indem eine zweite, mit der bisherigen Einrichtung identische, Produktionseinrichtungen geschafft wird.
- **Ersatzinvestitionen:** im Falle von Ersatzinvestitionen erfolgt der Ersatz alter, nicht mehr perfekt funktionierender Anlagen durch neue, gleiche oder zumindest gleichartige Anlagen.
- **Rationalisierungsinvestitionen:** im Kontext von Rationalisierungsinvestitionen wird menschliche Arbeitskraft durch automatische Betriebsmittel ersetzt, also beispielsweise ein manueller Montageplatz durch einen Montageautomaten.
- **Sicherungsinvestitionen:** Darunter sind alle Investitionen zusammengefasst, welche die Sicherung beziehungsweise das Fortbestehen eines Unternehmens gewährleisten. In diesem Zusammenhang sind besonders Investitionen in Forschung und Entwicklung (FuE), Werbung, Beteiligung an Unternehmen des Beschaffungsmarktes und Umweltschutzmaßnahmen zu nennen.
- **Diversifizierungsinvestitionen:** mit diesen Investitionen ist besonders die Erschließung branchenfremder Märkte durch die Beteiligung an Unternehmen gemeint. Im weitesten Sinne werden damit Investitionen zusammengefasst, die eine Diversifikation, das heißt Auffächerung des Produktions- beziehungsweise Absatzprogramms, bewirken. Die Bedeutung liegt vorrangig in der Verringerung des unternehmerischen Risikos.

4.3 Investitionsrechnung im Zahlungstableau

Die Investitionsrechnung hat die Aufgabe, den künftigen Investitionserfolg zu prognostizieren und zu bewerten. Zum Zwecke der Beurteilung bedient man sich in der Unternehmenspraxis des Verfahrens der **statischen Investitionsrechnung** sowie der **dynamischen Investitionsrechnung** (Thommen und Achleitner 2012):

- Die **statischen Verfahren** sind dadurch gekennzeichnet, dass sie die Unterschiede des zeitlichen Anfalls der jeweiligen Rechnungsgrößen nicht berücksichtigen und damit auf eine Ab- oder Aufzinsung verzichten. Bei diesem Verfahren werden für alle Perioden die gleichen Werte angenommen, so dass den Rechnungen in der Regel lediglich eine Periode zugrunde liegt. Dies bedeutet, dass man mit Durchschnittswerten rechnet. Es handelt sich somit um relativ

4.3 · Investitionsrechnung im Zahlungstableau

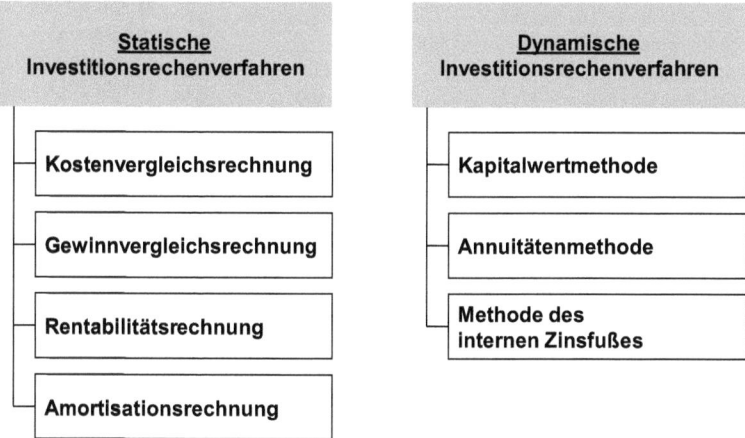

◘ Abb. 4.1 Übersicht über die Investitionsrechenverfahren

einfache Rechnungen, welche sich aus den Informationen des Rechnungswesens ableiten lassen. Aus diesem Grunde finden sie in der Praxis häufig Anwendung.
- Die **dynamischen Verfahren** zeichnen sich demgegenüber dadurch aus, dass sie versuchen, die zeitlich unterschiedlich anfallenden Ströme während der gesamten Nutzungsdauer zu erfassen. Die Vergleichbarkeit der zeitlich unterschiedlich anfallenden Einzahlungs- und Auszahlungsströme wird dadurch erreicht, dass diese auf einen bestimmten Zeitpunkt abgezinst werden.

Einen Überblick hinsichtlich der verschiedenen Investitionsrechnungsverfahren gibt ◘ Abb. 4.1.

Diese beiden unterschiedlichen Verfahren der Investitionsrechnung können besser verstanden werden, wenn man alle aus einem Projekt resultierenden Ein- und Auszahlungen in einer Tabelle, einem **Zahlungstableau**, zusammenfasst.

Da eine Investitionsrechnung vor der Investitionsentscheidung zu erstellen ist, muss man in einer **ex ante-Rechnung** folgende Werte prognostizieren (Wöhe 2013):
- die Einzahlungen Et,
- die Auszahlungen At,
- Investitionsdauer mit den Perioden t = 1 ... n,
- den Liquidationserlös der Anlage am Ende der Nutzungsdauer Ln,
- den Zinssatz (für Fremdkapital) i.

Die Einzahlungen basieren bei einer Sachinvestition im Wesentlichen auf Umsatzerlösen (welche sich durch Multiplikation von Preis und Menge ergeben), die Auszah-

Zeitpunkt	t0	t1	t2
Anschaffungsauszahlung Ao	- 1.000		
Einzahlung Et		500	900
Auszahlung At		-400	-200
Liquidationserlös Ln			
Kreditaufnahme	1.000		
Tilgung			
Fremdkapitalzins i	10%	10%	10%

■ Abb. 4.2 Ausgangsdaten Investitionsprojekt I (Wöhe 2013)

Zeitpunkt	Zahlungsvorgang	Betrag
t0	Zufluss Kreditaufnahme	1.000
t0	Anschaffungsauszahlung Ao	- 1.000
t1	E1	500
t1	A1	- 400
t1	Fremdkapitalzinsen (Periode 1)	- 100
t1	**Bestand Schulden beziehungsweise Guthaben**	**-**
t2	E2	900
t2	A2	- 200
t2	Fremdkapitalzinsen (Periode 2)	- 100
t2	Liquidationserlös Ln	600
t2	Tilgung	- 1.000
t2	**Bestandschulden beziehungsweise Guthaben**	**200**

■ Abb. 4.3 Zahlungstableau Investitionsprojekt I (Wöhe 2013)

lungen auf Zahlungen für Lohn, Material, Energie, Reparaturen usw. In den Modellen wird üblicherweise unterstellt, dass die Ein- beziehungsweise Auszahlungen jeweils zum Periodenende anfallen.

Die zu Beginn der Investitionstätigkeit in to anfallende Anschaffungsauszahlung Ao für das Investitionsprojekt ist in jedem Fall bekannt. In einem Modell unter Sicherheit, von dem das folgende Beispiel ausgeht, gelten auch die anderen Größen als in to bekannt (vgl. ■ Abb. 4.2).

Das Projekt ist vollständig fremdfinanziert; der Kredit wird in t2 zurückgezahlt. Aus den sicheren Erwartungsgrößen lässt sich das Zahlungstableau von ■ Abb. 4.3 ableiten.

In dem obigen Beispiel reichen die Einzahlungen aus, die laufenden Auszahlungen, die Fremdkapitalzinsen und die Kredittilgung abzudecken. Darüber hinaus steht dem Investor nach Ablauf des zweiten Jahres ein Guthaben von 200 € zur Verfügung.

Wie ist nun die Vorteilhaftigkeit des oben genannten Investitionsprojektes zu beurteilen? Der Investor hat kein Eigenkapital eingesetzt. Sein Reinvermögen in to war also Null. Sein Reinvermögen in t2 beträgt +200. Im Reinvermögenszuwachs (= Gewinn) von +200 konkretisiert sich der Investitionserfolg.

4.4 Statische Verfahren der Investitionsrechnung

> **Merke!**
>
> **Investitionsrechnungen** sind Rechenverfahren zur Beurteilung der monetären Vorteilhaftigkeit von Investitionen (Vahs und Schäfer-Kunz 2012).

Im Rahmen der statischen Verfahren der Investitionsrechnung wird mit Durchschnittswerten operiert. Der Zeitpunkt, zu welchem die Rückflüsse anfallen, hat demnach keinen Einfluss auf das Ergebnis der Rechnung. In der betrieblichen Praxis werden die statischen Verfahren vor allem wegen ihrer einfachen Handhabung und des geringen Aufwandes sehr häufig eingesetzt. Sie werden als statisch bezeichnet, weil sie den unterschiedlichen zeitlichen Anfall von Einzahlungen und Auszahlungen nicht oder nur teilweise berücksichtigen und außerdem nur eine Planungsperiode betrachten.

Die statischen Verfahren werden in den folgenden Abschnitten näher behandelt.

4.4.1 Kostenvergleichsrechnung

> **Merke!**
>
> Im Rahmen der **Kostenvergleichsrechnung** werden die Kosten von zwei oder mehr Investitionsalternativen einander gegenübergestellt. Die Investition mit den niedrigsten Kosten ist die vorteilhafteste Alternative.

In die Kostenvergleichsrechnung gehen grundsätzlich nur die Kosten ein, welche durch das jeweilige Investitionsprojekt unmittelbar verursacht werden. Vernachlässigt werden allerdings jene Kosten, die für alle Investitionsalternativen in gleicher Höhe anfallen. Entscheidungsrelevant sind damit folgende Kosten (Jung 2010):

- **Betriebskosten**, die als Kosten der laufenden Fertigung ausbringungsabhängig anfallen (variable Kosten), das heißt im wesentlichen Lohn-, Material-, Instandhaltungs-, Energie- sowie Werkzeugkosten,
- **Kapitalkosten**, die ausprägungsunabhängig anfallen (**fixe Kosten**). Diese setzen sich zusammen aus den Abschreibungen pro Zeitperiode und den Zinskosten des durchschnittlich gebundenen Kapitals.

Mithilfe der **kalkulatorischen Abschreibung** will man den Werteverzehr an der jeweiligen Anlage berücksichtigen. Dabei geht man von einem kontinuierlichen Verzehr aus. Im einfachsten Fall ermittelt man die kalkulatorische Abschreibung wie folgt:

$$\text{kalkulatorische Abschreibung} = \frac{A_0 - RW_n}{n}$$

Ao = Anschaffungsausgabe zum Zeitpunkt 0 (Gegenwart)
N = Nutzungsdauer in Jahren
RW = Restwert / Liquidationserlös am Ende der Nutzungsdauer

Unabhängig von der Eigen- beziehungsweise Fremdfinanzierung ermittelt man **kalkulatorische Zinsen** nach der Durchschnittsmethode. Die kalkulatorischen Zinsen werden also nach Maßgabe des durchschnittlich gebundenen Kapitals wie folgt ermittelt:

$$\text{kalkulatorische Zinsen} = \frac{A_0}{2} \cdot i$$

Ao = Anschaffungsausgabe zum Zeitpunkt 0 (Gegenwart)
I = kalkulatorischer Kapitalkostensatz p. a. als Renditeforderung

Die Kostenvergleichsrechnung soll nun anhand eines Beispiels dargestellt werden (Jung 2010). Es soll eine zusätzliche Anlage angeschafft werden. Zwei Anlagen stehen zur Auswahl, deren Auslastung gleich ist. Die entsprechende Kostenvergleichsrechnung wird in ◘ Abb. 4.4 durchgeführt.

Der Kostenvergleich zeigt, dass bei gleicher Auslastung die Anlage B der Anlage A überlegen ist, da sie geringere Kosten verursacht.

Eine **Beurteilung der Kostenvergleichsrechnung** ergibt, dass dem Vorteil eines einfach zu handhabenden Verfahrens folgende Nachteile gegenüberstehen:

- Die Erlösseite wird nicht in die Berechnungen einbezogen. Man kann damit nicht einmal bei der kostengünstigsten Alternative sicher sein, dass sie überhaupt einen Gewinnbeitrag generiert.
- Unterschiedliche qualitative Leistungen von Investitionsobjekten können nicht in das Verfahren einfließen.
- Mögliche Änderungen der Kosteneinflussgrößen (zum Beispiel Änderung der Lohnkosten, der Rohstoffpreise) werden nicht berücksichtigt (Jung 2010).

4.4 · Statische Verfahren der Investitionsrechnung

Kostenvergleichsrechnung	Anlage A	Anlage B
Anschaffungsausgabe Ao in EUR	200.000	100.000
Nutzungsdauer n in Jahren	10	10
Liquidationserlös / Restwert RW in EUR	-	-
Zinssatz i in %	10	10
Auslastung in Mengeneinheiten / Jahr	20.000	20.000
Abschreibungen in EUR	20.000	10.000
kalkulatorische Zinsen in EUR	10.000	5.000
sonstige Fixkosten in EUR	8.000	8.200
Summe Fixkosten in EUR	38.000	23.200
Löhne und Nebenkosten in EUR	5.700	16.810
Materialkosten in EUR	1.690	1.690
Sonstige variable Kosten in EUR	1.210	1.500
Summe variable Kosten in EUR	8.600	20.000
Gesamtkosten pro Jahr in EUR	**46.600**	**43.200**

Abb. 4.4 Beispiel einer Kostenvergleichsrechnung (Jung 2010)

4.4.2 Gewinnvergleichsrechnung

Im Gegensatz zur Kostenvergleichsrechnungzieht die Gewinnvergleichsrechnung die Erlösseite mit in die Überlegungen ein. Insofern stellt die Gewinnvergleichsrechnung eine Erweiterung der Kostenvergleichsrechnung dar.

> **Merke!**
>
> Im Rahmen der **Gewinnvergleichsrechnung** werden die Gewinne von zwei oder mehr Investitionsalternativen einander gegenübergestellt. Die Investition mit dem höchsten durchschnittlichen Gewinn pro Periode ist die vorteilhafteste Alternative.

Bei gleichen Erlösen pro Mengeneinheit führen Kostenvergleichsrechnung und Gewinnvergleichsrechnung zum gleichen Ergebnis.

> **Merke!**
>
> **Gewinn**
> Die Gewinndefinition lautet:
>   Gewinn = Erlös − Kosten

Die Gewinnvergleichsrechnung wird in **Abb. 4.5** ebenfalls anhand eines einfachen Beispiels dargestellt. Man entscheidet sich für Anlage A, da diese nach Maßgabe des Ergebnisses einen höheren Gewinn aufweist.

Gewinnvergleichsrechnung	Einheiten	Anlage A	Anlage B
Leistung	Stück/Jahr	19.500	20.000
Erlöse	€/Jahr	482.000	484.000
Fixe Kosten	€/Jahr	42.000	27.000
Variable Kosten	€/Jahr	295.000	326.500
Gesamte Kosten	€/Jahr	337.000	353.500
Gewinn	€/Jahr	145.000	130.500
Gewinndifferenz A - B	**€/Jahr**		**14.500**

◘ Abb. 4.5 Beispiel einer Gewinnvergleichsrechnung

Die Gewinnvergleichsrechnung unterliegt grundsätzlich den Schwächen, welche durch die kurzfristige, statische Betrachtung entstehen. Auch wird keine Aussage über die Rentabilität des eingesetzten Kapitals gemacht. Die Gewinnvergleichsrechnung ist nur sinnvoll einsetzbar, wenn Investitionsalternativen mit einer gleich langen Nutzungsdauer betrachtet werden (Jung 2010).

4.4.3 Rentabilitätsvergleichsrechnung

Benötigen die betrachteten Investitionsvorhaben unterschiedliche Kapitaleinsätze, ist es sinnvoll, die Rentabilitäten bei der Beurteilung zu berücksichtigen.

> **Merke!**
>
> Im Rahmen der **Rentabilitätsvergleichsrechnung** wird der **Return on Investment (ROI)** oder **Return on Capital Employed** ermittelt und die Investitionsalternative mit der höchsten Rentabilität gewählt.

Mithilfe der Rentabilitätsrechnung können sowohl mehrere Investitionsmöglichkeiten als auch einzelne Projekte beurteilt werden. Stehen mehrere Varianten zur Auswahl, so wird man sich für jene mit der höchsten Rentabilität entscheiden. Geht es hingegen um die Beurteilung eines einzigen Vorhabens, so erweist sich jenes als vorteilhaft, welches eine bestimmte, als Zielgröße vorgegebene Mindestrendite übersteigt.

> **Merke!**
>
> Die **Rentabilität** berechnet sich wie folgt:
>
> $$\text{Rentabilität} = \frac{\text{durchschnittlicher Gewinn}}{\text{durchschnittlicher Kapitaleinsatz}}$$

4.4 · Statische Verfahren der Investitionsrechnung

Rentabilitätsvergleichsrechnung	Einheiten	Anlage A	Anlage B
Anschaffungskosten	€	90.000	88.020
Nutzungsdauer	Jahre	6	6
Leistungsmenge	Stück/Jahr	20.000	23.000
Fixe Kosten	€/Jahr	20.000	18.670
Variable Kosten	€/Jahr	72.000	70.000
Gesamte Kosten	€	107.000	103.340
Erlöse	€	112.300	114.230
Gewinn	€	5.300	10.890

$$\text{Rentabilität A} = \frac{5.300 * 100}{45.000} = 11{,}77\%$$

$$\text{Rentabilität B} = \frac{10.890 * 100}{44.010} = 24{,}74\%$$

Abb. 4.6 Beispiel einer Rentabilitätsvergleichsrechnung

Bei abnutzbaren Wirtschaftsgütern muss der durchschnittliche Kapitaleinsatz (das heißt die Hälfte der Anschaffungskosten) angesetzt werden, lediglich bei nicht abnutzbaren Gütern (Grundstücke, Umlaufvermögen etc.) wird der ursprüngliche Kapitaleinsatz angesetzt, da keine Abschreibungen erfolgen.

Die Rentabilitätsrechnung wird in ■ Abb. 4.6 ebenfalls anhand eines einfachen Beispiels dargestellt.

Eine Beurteilung des Verfahrens der Rentabilitätsrechnung ergibt die bereits oben genannten Probleme hinsichtlich der kurzfristigen Betrachtungsweise, welche zukünftige Änderungen in Bezug auf Kosten und Erlösen unberücksichtigt lässt. Weiterhin muss auch bei diesem Verfahren unterstellt werden, dass Differenzen in der Nutzungsdauer einzelner Objekte nicht von Bedeutung sind, das heißt das Kapital der kurzlebigeren Investitionen muss in der Nutzungsdauerdifferenz die gleiche Rendite erwirtschaften (Jung 2010).

4.4.4 Amortisationsrechnung

> **Merke!**
>
> Im Rahmen der **Amortisationsrechnung** wird der Zeitraum ermittelt, welcher benötigt wird, um das investierte Kapital über die Rückflüsse zurückzugewinnen. Damit sich Investitionen überhaupt amortisieren, muss die Amortisationsdauer kleiner als die Nutzungsdauer sein. Die Investition mit der kürzesten Amortisationszeit ist die vorteilhafteste Alternative.

Die statische Amortisationsrechnung wird vorwiegend zur Beurteilung des Risikos von Investitionen eingesetzt. Die Amortisationsrechnung kann dabei nicht nur zum Alternativenvergleich, sondern auch zur absoluten Beurteilung des Risikos von Investitionen eingesetzt werden. Die meisten Unternehmen machen deshalb Vorgaben, in welchem Zeitraum sich eine Investition amortisieren muss. Anders als die bisher vorgestellten statischen Verfahren der Investitionsrechnung betrachtet die Amortisationsrechnung die Rückflüsse über mehrere Perioden. Die Amortisationsdauer kann ermittelt werden durch (Vahs und Schäfer-Kunz 2012):

- die Gegenüberstellung der kumulierten Einzahlungen und Auszahlungen (**Kumulationsmethode**) oder
- anhand des Verhältnisses des Kapitaleinsatzes zu den durchschnittlichen Rückflüssen (**Durchschnittsmethode**).

Bei der Durchschnittsmethode wird das ursprünglich eingesetzte Kapital durch die durchschnittlichen Rückflüsse (durchschnittliche Gewinn plus Abschreibungen) dividiert. Die Amortisationsdauer errechnet sich daher wie folgt:

$$\text{Amortisationsdauer} = \frac{\text{Kapitaleinsatz}}{\text{durchschnittliche Rückflüsse}}$$

Dabei ergeben sich die durchschnittlichen Rückflüsse durch Addition des durchschnittlichen Gewinns und der Abschreibung.

◘ Abbildung 4.7 soll die Berechnung verdeutlichen.

Anlage A ist wegen der kürzeren Amortisationsdauer als vorteilhafter zu bewerten.

Im Rahmen der **Kumulationsrechnung** werden die erwarteten Rückflüsse pro Periode geschätzt und kumuliert, bis sie der Höhe des Kapitaleinsatzes entsprechen. Diese Variante ist dann vorzuziehen, wenn der Gewinnverlauf unregelmäßig ist.

Eine **Bewertung der Amortisationsrechnung** ergibt, dass dieses Verfahren in Ergänzung zur Rentabilitätsrechnung wertvolle Hinweise bzgl. der Risikoabschätzung von Investitionsvorhaben liefert. Je länger die Kapitalbindung (beziehungsweise

4.4 · Statische Verfahren der Investitionsrechnung

Amortisationsrechnung	Einheiten	Anlage A	Anlage B
Anschaffungskosten	€	100.000	150.000
Nutzungsdauer	Jahre	5	5
Durchschnittl. Gewinn	€/Jahr	28.000	36.000

$$A = \frac{100.000}{28.000 + (100.000 / 5)} = 2{,}08 \text{ Jahre}$$

$$B = \frac{150.000}{36.000 + (150.000 / 5)} = 2{,}27 \text{ Jahre}$$

◘ **Abb. 4.7** Beispiel einer Amortisationsrechnung

Amortisationsdauer), desto unsicherer ist die Rückgewinnung des investierten Kapitals. Bei unterschiedlicher Nutzungsdauer von Investitionsalternativen ist es wenig sinnvoll, die Investitionsentscheidung ausschließlich auf Grundlage der Amortisationsrechnung zu treffen, da die jährlichen Abschreibungen von der Nutzungsdauer abhängen und somit die Amortisationsdauer wesentlich beeinflussen. Auch diesem Verfahren haftet die Schwäche der Nichtberücksichtigung des zeitlichen Anfalls von Zahlungen an (Jung 2010).

4.4.5 Bewertung der statischen Verfahren

Die größten Nachteile der statischen Investitionsrechnungen liegen in
- der kurzfristigen Betrachtungsweise und
- der Nichtberücksichtigung des zeitlichen Anfalls von Einzahlungen und Auszahlungen.

Die kurzfristige Betrachtung unterstellt für einen längeren Zeitraum konstante Verhältnisse (Löhne, Erlöse etc.), welche in der Praxis teilweise hohen Schwankungen unterliegen. Die zeitliche Berücksichtigung des Anfalls von Zahlungen, das heißt die unterschiedliche Bewertung von Zahlungen zu unterschiedlichen Zeitpunkten, kann dazu führen, dass sich die Rangordnung der nach statischen Gesichtspunkten beurteilten Alternativen erheblich verändert. Darüber hinaus ist man auch hierbei vor Fehlentscheidungen nicht sicher, wie in ◘ Abb. 4.8 das Beispiel einer Gewinnvergleichsrechnung zeigt (Wöhe 2013).

Berechnet man den Gewinn der repräsentativen Einzelperiode als Durchschnittsgewinn, muss man sich für Alternative A entscheiden. Betrachtet man aber die zeitliche

Investition / Periode	1	2	3	4	Durchschnittsgewinn
A	100,0	500,0	900,0	1.300,0	700,0
B	1.300,0	900,0	500,0	80,0	695,0

Abb. 4.8 Beispiel einer problematischen Gewinnvergleichsrechnung

Struktur der Rückflüsse und unterstellt man, dass der geplante Gewinn pro Periode mit dem Einzahlungsüberschuss pro Periode identisch ist, wird man sich für Alternative B entscheiden, weil man für hohe Rückflüsse in der Gegenwart eine größere Präferenz hat als für hohe Rückflüsse in einer ferneren Zukunft. Anders formuliert: der statische Charakter der Rechnungen vernachlässigt die intertemporären Ergebnisunterschiede, welche bei den dynamischen Verfahren der Investitionsrechnung durch die Berücksichtigung von Zins und Zinseszins erfasst werden.

Zusammenfassend kann festgehalten werden, dass sich die statischen Investitionsrechnungen durch ihre große Praktikabilität auszeichnen. Es handelt sich um einfache Verfahren mit leicht verständlichen Berechnungen und verfügbaren Basisdaten.

Allerdings weisen sie auch einige grundlegende Nachteile auf, welche abschließend kurz dargestellt werden sollen (Thommen und Achleitner 2012):

- Zeitliche Unterschiede in Bezug auf Ein- und Auszahlungen bleiben weitgehend unberücksichtigt. Für ein Unternehmen spielt dieser Aspekt vor allem bezüglich der Rentabilität eine entscheidende Rolle. Je weiter ein Einzahlungsüberschuss in der Zukunft liegt, umso kleiner wird die Rentabilität, da das Geld zur Reinvestition erst zu einem späteren Zeitpunkt zur Verfügung steht.
- Die Betrachtung einer einzigen Periode und somit die Rechnung mit Durchschnittswerten ist eine grobe Vereinfachung, welche nicht der betrieblichen Realität entspricht.
- Die Zurechnung von Kosten und Gewinnen auf die einzelnen Investitionsvorhaben ist in der Realität äußerst problematisch.
- Die effektive Nutzungsdauer bleibt unberücksichtigt. Damit besteht die Gefahr, dass längerfristige Investitionsprojekte unterbewertet werden.

Die statischen Investitionsrechnungen können somit vor allem dann eingesetzt werden, wenn die zu bewertenden Investitionsprojekte nicht durch schwankende, voneinander abweichende Ströme charakterisiert sind. Sie eignen sich zudem als Entscheidungsgrundlage für kleinere Investitionen, welche wenig innerbetriebliche Abhängigkeiten aufweisen.

4.5 Dynamische Verfahren der Investitionsrechnung

Die dynamischen Investitionsrechnungsverfahren versuchen, die oben genannten Schwächen der statischen Verfahren zu beseitigen. Dies geschieht im Wesentlichen in zweifacher Hinsicht (Wöhe 2013):

4.5 · Dynamische Verfahren der Investitionsrechnung

- Es wird nicht mit Durchschnittswerten gerechnet, sondern mit **Zahlungsströmen**, welche während der ganzen Nutzungsdauer der Investition auftreten.
- Der **zeitlich unterschiedliche Anfall der Einzahlungen und Auszahlungen** wird berücksichtigt.

> **Merke!**
>
> Die **dynamische Investitionsrechnung** hat die Aufgabe, Zahlungen, welche zu unterschiedlichen Zeitpunkten anfallen, durch Aufzinsung beziehungsweise Abzinsung auf einen einheitlichen Zeitpunkt vergleichbar zu machen.

Im Falle der **Aufzinsung** wird berechnet, welchen Endwert eine gegenwärtige Zahlung zum zukünftigen Zeitpunkt hat. Die Berechnung erfolgt mithilfe des Aufzinsungsfaktors:

$$\text{Aufzinsungsfaktor} = (1 + i)^t$$

i = Zinssatz
t = Periode

Beispiel: Wenn 100 € heute zu 10 % angelegt werden, berechnet sich der Endwert durch Multiplikation des Anlagebetrages (Ao) mit dem Aufzinsungsfaktor:

$$\text{Endwert} = A_0 \cdot (1 + i)^t = 100 \cdot (1 + 0{,}1)^2 = 121$$

Die **Diskontierung** beziehungsweise **Abzinsung** ist eine **umgekehrte Zinseszinsrechnung**. Die Abzinsung erfolgt mittels des **Kalkulationszinsfußes i**, der die gewünschte **Mindestverzinsung** des Kapitals darstellt. Der abgezinste Betrag wird als **Barwert** bezeichnet. Er gibt an, was ein in der Zukunft liegender Rückfluss zu Beginn der Investition wert ist, wenn eine periodische Verzinsung mit dem Kalkulationszinsfuß erfolgen würde.

Der **Abzinsungsfaktor** berechnet sich wie folgt:

$$\text{Abzinsungsfaktor} = \frac{1}{(1 + i)^t}$$

Beispiel: Ein Rückfluss von 121 € in zwei Jahren (R_2) wäre also bei einem Kalkulationszinsfuß von 10 % heute 100 € wert:

$$\text{Barwert} = R_n \cdot \frac{1}{(1 + i)^t} = 121 \cdot \frac{1}{(1 + 0{,}1)^2} = 100$$

Kapitel 4 · Investition

Einen Spezialfall stellt die Berechnung des Barwertes B dar, wenn während n Jahren eine Zahlung jeweils am Jahresende fällig wird, welche in ihrer Höhe konstant bleibt. In diesem Fall ergibt sich der Barwert durch Multiplikation der jährlichen Zahlung mit dem sogenannten **Rentenbarwertfaktor**:

$$\text{Rentenbarwertfaktor} = \frac{(1+i)^n - 1}{i \cdot (1+i)^n}$$

Da es sich bei dem Rückfluss R um eine während n Jahren jährlich anfallende, nachschlüssige (das heißt am Ende des Jahres fällige) Rente handelt, nennt man den Barwert Bo auch den **Rentenbarwert** oder **Kapitalwert**.

Beispiel: Mithilfe des Rentenbarwertfaktors soll die Frage beantwortet werden, wie viel ein Investor in der Gegenwart zahlen muss, um drei Jahre lang eine Rente von 1000 € pro Jahr zu erhalten. Der Zinssatz beträgt 10 %:

$$\text{Rentenbarwert} = R \cdot \frac{(1+i)^n - 1}{i \cdot (1+i)^n} = \frac{(1+0,1)^3 - 1}{0,1 \cdot (1+0,1)^3}$$
$$= 1000 \cdot 2{,}487 = 2487$$

Wird in Umkehrung zu obigem Beispiel nach der jährlichen Rente Rn gesucht, welche aus einem Gegenwartswert Bo gezahlt werden kann, dann kann diese Frage mittels des **Annuitätenfaktors** oder **Kapitalwiedergewinnungsfaktors** beantwortet werden. Der Annuitätenfaktor berechnet sich wie folgt:

$$\text{Annuitätenfaktor} = \frac{(1+i)^n \cdot i}{(1+i)^n - 1}$$

Beispiel: Mithilfe des Annuitätenfaktors soll die Frage beantwortet werden, welchen gleich bleibenden Jahresbeitrag (Rente) ein Rentenempfänger erwarten kann, wenn er in der Gegenwart to eine Einmalzahlung Zo = 1000 für zwei Jahre verrenten lässt. Der Zinssatz beträgt auch in diesem Falle 10 %. Die gesuchte Annuität berechnet sich durch Multiplikation des Annuitätenfaktors mit der Ausgangszahlung:

$$\text{Annuität} = Z_o \cdot \frac{(1+i)^n \cdot i}{(1+i)^n - 1} = 1000 \cdot \frac{(1+0,1)^2 \cdot 0,1}{(1+0,1)^2 - 1}$$
$$= 1000 \cdot 0{,}576 = 576$$

Die **Zinstabellen** in ◘ Abb. 4.9, 4.10, 4.11 und 4.12 enthalten Aufzinsungsfaktoren, Abzinsungsfaktoren, Rentenbarwertfaktoren und Annuitätenfaktoren, mit deren Anwendung sich wie gezeigt unterschiedliche ökonomische Fragestellungen beantworten lassen.

4.5 · Dynamische Verfahren der Investitionsrechnung

Jahre	\multicolumn{8}{c}{Aufzinsungsfaktoren}

Jahre	3%	4%	5%	6%	7%	8%	9%	10%
1	1,030	1,040	1,050	1,060	1,070	1,080	1,090	1,100
2	1,061	1,082	1,103	1,124	1,145	1,166	1,188	1,210
3	1,093	1,125	1,158	1,191	1,225	1,260	1,295	1,331
4	1,126	1,170	1,216	1,262	1,311	1,360	1,412	1,464
5	1,159	1,217	1,276	1,338	1,403	1,469	1,539	1,611
6	1,194	1,265	1,340	1,419	1,501	1,587	1,677	1,772
7	1,230	1,316	1,407	1,504	1,606	1,714	1,828	1,949
8	1,267	1,369	1,477	1,594	1,718	1,851	1,993	2,144
9	1,305	1,423	1,551	1,689	1,838	1,999	2,172	2,358
10	1,344	1,480	1,629	1,791	1,967	2,159	2,367	2,594
15	1,558	1,801	2,079	2,397	2,759	3,172	3,642	4,177
20	1,806	2,191	2,653	3,207	3,870	4,661	5,604	6,727

Abb. 4.9 Aufzinsungsfaktoren (Wöhe 2013)

Jahre	\multicolumn{8}{c}{Abzinsungsfaktoren}

Jahre	3%	4%	5%	6%	7%	8%	9%	10%
1	0,971	0,962	0,952	0,943	0,935	0,926	0,917	0,909
2	0,943	0,925	0,907	0,890	0,873	0,857	0,842	0,826
3	0,915	0,889	0,864	0,840	0,816	0,794	0,772	0,751
4	0,888	0,855	0,823	0,792	0,763	0,735	0,708	0,683
5	0,863	0,822	0,784	0,747	0,713	0,681	0,650	0,621
6	0,837	0,790	0,746	0,705	0,666	0,630	0,596	0,564
7	0,813	0,760	0,711	0,665	0,623	0,583	0,547	0,513
8	0,789	0,731	0,677	0,627	0,582	0,540	0,502	0,467
9	0,766	0,703	0,645	0,592	0,544	0,500	0,460	0,424
10	0,744	0,676	0,614	0,558	0,508	0,463	0,422	0,386
15	0,642	0,555	0,481	0,417	0,362	0,315	0,275	0,239
20	0,554	0,456	0,377	0,312	0,258	0,215	0,178	0,149

Abb. 4.10 Abzinsungsfaktoren (Wöhe 2013)

Jahre	\multicolumn{8}{c}{Rentenbarwertfaktoren}

Jahre	3%	4%	5%	6%	7%	8%	9%	10%
1	0,971	0,962	0,952	0,943	0,935	0,926	0,917	0,909
2	1,913	1,886	1,859	1,833	1,808	1,783	1,759	1,736
3	2,829	2,775	2,723	2,673	2,624	2,577	2,531	2,487
4	3,717	3,630	3,546	3,465	3,387	3,312	3,240	3,170
5	4,580	4,452	4,329	4,212	4,100	3,993	3,890	3,791
6	5,417	5,242	5,076	4,917	4,767	4,623	4,486	4,355
7	6,230	6,002	5,786	5,582	5,389	5,206	5,033	4,868
8	7,020	6,733	6,463	6,210	5,971	5,747	5,535	5,335
9	7,786	7,435	7,108	6,802	6,515	6,247	5,995	5,759
10	8,530	8,111	7,722	7,360	7,024	6,710	6,418	6,145
15	11,938	11,118	10,380	9,712	9,108	8,559	8,061	7,606
20	14,877	13,590	12,462	11,470	10,594	9,818	9,129	8,514

Abb. 4.11 Rentenbarwertfaktoren (Wöhe 2013)

Jahre	\multicolumn{8}{c}{Annuitätenfaktoren}
	3%	4%	5%	6%	7%	8%	9%	10%
1	1,030	1,040	1,050	1,060	1,070	1,080	1,090	1,100
2	0,523	0,530	0,538	0,545	0,553	0,561	0,568	0,576
3	0,354	0,360	0,367	0,374	0,381	0,388	0,395	0,402
4	0,269	0,275	0,282	0,289	0,295	0,302	0,309	0,315
5	0,218	0,225	0,231	0,237	0,244	0,250	0,257	0,264
6	0,185	0,191	0,197	0,203	0,210	0,216	0,223	0,230
7	0,161	0,167	0,173	0,179	0,186	0,192	0,199	0,205
8	0,142	0,149	0,155	0,161	0,167	0,174	0,181	0,187
9	0,128	0,134	0,141	0,147	0,153	0,160	0,167	0,174
10	0,117	0,123	0,130	0,136	0,142	0,149	0,156	0,163
15	0,084	0,090	0,096	0,103	0,110	0,117	0,124	0,131
20	0,067	0,074	0,080	0,087	0,094	0,102	0,110	0,117

Abb. 4.12 Annuitätenfaktoren (Wöhe 2013)

Auf Basis der oben dargestellten finanzmathematischen Grundlagen werden im Folgenden die dynamischen Investitionsrechnungen vorgestellt (Wöhe 2013; Jung 2010; Vahs und Schäfer-Kunz 2012; Thommen und Achleitner 2012).

4.5.1 Kapitalwertmethode

Die Kapitalwertmethode ist das gängigste dynamische Verfahren zur Beurteilung von Investitionsprojekten. Bei der **Kapitalwertmethode** werden alle durch eine Investition verursachten Einzahlungen und Auszahlungen auf einem bestimmten Zeitpunkt abgezinst. In **Abb. 4.13** wird gezeigt, welchen Kapitalwert ein jährlicher Überschuss von jeweils 1000 € über einen Zeitraum von drei Jahren ergeben würde.

> **Merke!**
>
> Im Rahmen der **Kapitalwertmethode** wird eine Investition an einer Alternativinvestition gemessen, welche sich mit dem Kalkulationszinsfuß i verzinst. Alle Investitionen deren Kapitalwert (Vahs und Schäfer-Kunz 2012):
> - > 0 ist, erzielen im Vergleich zur Alternativinvestition einen Kapitalzuwachs.
> - $= 0$ ist, erzielen dieselbe Verzinsung wie die Alternativinvestition.
> - $< = 0$ ist, erzielen eine schlechtere Verzinsung als die Alternativinvestition, und die Investitionsauszahlung wird unter Umständen nicht wiedergewonnen.

Der Kapitalwert kann nicht nur zur absoluten Beurteilung der Vorteilhaftigkeit einer Investition, sondern auch zum Alternativenvergleich herangezogen werden. Die Investition mit dem höheren Kapitalwert ist die vorteilhaftere Alternative.

4.5 · Dynamische Verfahren der Investitionsrechnung

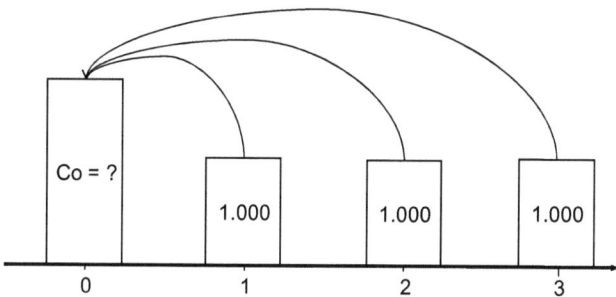

Abb. 4.13 Darstellung der Kapitalwertmethode

Der Kapitalwert wird durch die Addition aller Zinsrückflüsse und des Liquidationserlöses abzüglich der Investitionsauszahlung ermittelt:

$$\text{Kapitalwert Co} = -A_0 + \sum_{t=1}^{n} \frac{(E_t - A_t)}{(1+i)^t} + \frac{L_n}{(1+i)^n}$$

- t = Zeitindex, wobei $t = 0, 1, 2, \ldots, n$
- n = Nutzungsdauer der Investitionen in Jahren
- i = Diskontierungszinssatz (Kalkulationszinssatz)
- A_0 = Auszahlungen im Zusammenhang mit der Beschaffung des Investitionsobjektes, zum Beispiel Kaufpreis einer Maschine.
- E_t = Einzahlungen während der Nutzungsdauer, fällig am Ende der jeweiligen Zeitperiode t; diese beinhalten in erster Linie die Erlöse aus dem Verkauf der erstellten Leistungen
- A_t = Auszahlungen während der Nutzungsdauer, fällig am Ende der jeweiligen Zeitperiode t wie zum Beispiel Zahlungen für Löhne
- L_n = Liquidationserlös am Ende der Nutzungsdauer

Beispiel: Ermittlung des Kapitalwertes einer einzelnen Investition. Die Diskontierung der Rückflüsse $(E_t - A_t)$ geschieht mit Abzinsungsfaktoren, welche aus den Tabellen (**Abb. 4.14**) für den entsprechenden Kalkulationszinsfuß entnommen werden können.

- N = 5 Jahre
- I = 10%
- A_0 = 100.000
- L_n = 0

Jahre	Auszahlungen	Einzahlungen	Rückflüsse (Et - At)	Abzinsungsfaktoren für i = 0,1	Barwerte der Zahlungen
0	-100.000	0	-100.000	1,0000	-100.000
1	-15.000	55.000	40.000	0,9091	36.364
2	-15.000	50.000	35.000	0,8264	28.924
3	-20.000	50.000	30.000	0,7513	22.539
4	-20.000	50.000	30.000	0,6830	20.490
5	-25.000	50.000	25.000	0,6209	15.523
				Kapitalwert	**23.840**

Abb. 4.14 Beispiel zur Kapitalwertmethode

Diese Investition ist vorteilhaft. Neben der geplanten Mindestverzinsung von 10 % erwirtschaftet die Investitionen eine Reinvermögensmehrung von 23.840 €. Mit anderen Worten: hätte der Investor das Kapital von 100.000 € über fünf Jahre zu 10 % angelegt, würde er 23.840 € weniger herausbekommen (auf die Gegenwart bezogen), als wenn er den Betrag in das oben genannte Projekt mit den entsprechenden Rückflüssen investiert hätte.

Das Grundmodell der Kapitalwertermittlung geht von der wirklichkeitsfremden Annahme aus, dass
- zum einheitlichen Kalkulationszinsfuß i,
- zu jedem beliebigen Zeitpunkt $t_1, t_2, t_3, \ldots, t_n$,
- beliebig große Beträge als Guthaben angelegt, beziehungsweise als Kredit aufgenommen werden können.

Im Rahmen der Kapitalwertrechnung gilt (Wöhe 2013):
- Je höher der Kalkulationszinsfuß, desto geringer ist der Barwert einer künftigen Zahlung.
- Ein Investitionsvorhaben sollte nur durchgeführt werden, wenn der errechnete Kapitalwert positiv ist.
- Bei einem negativen Kapitalwert wird der Investor die Investitionen unterlassen, bei einem Kapitalwert gleich Null ist er indifferent.
- Zu einem positiven Kapitalwert gelangt man nur, wenn der Barwert der erwarteten Kapitalrückflüsse höher ist als die Anschaffungsauszahlung.
- Ein positiver Kapitalwert zeigt, welche Reinvermögensmehrung bezogen auf den Zeitpunkt t0 aus dem Investitionsprojekt erwartet werden kann.
- Mit steigenden Kapitalkosten i verringert sich der Kapitalwert.

Daraus wird ersichtlich, dass der **Wahl des Kalkulationszinssatzes** ein besonderes Gewicht zukommt. Grundsätzlich stehen drei Möglichkeiten offen, diesen Zinssatz zu bestimmen (Thommen und Achleitner 2012):
1. Man legt die Finanzierungskosten zu Grunde und verlangt, dass die Investitionen mindestens eine Rendite in Höhe der Kosten des eingesetzten Kapitals erzielt.

4.5 · Dynamische Verfahren der Investitionsrechnung

2. Man nimmt die Rendite, welche bei alternativen Anlagemöglichkeiten erzielt werden könnte, sei dies bei sachähnlichen oder sachfremden Investitionsprojekten.
3. Man gibt eine Zielrendite vor, welche man unter Berücksichtigung verschiedener Faktoren (zum Beispiel Marktchancen, Risiko) erreichen möchte.

4.5.2 Annuitätenmethode

Die Annuitätenmethode als weiteres dynamisches Verfahren der Investitionsrechnung stellt eine Variante der Kapitalwertmethode dar. Während bei der Kapitalwertmethode mit dem Kapitalwert einer Investitionen der Betrag ermittelt wird, der – im positiven Fall – den Überschuss bezeichnet, der über die geforderte Mindestverzinsung des eingesetzten Kapitals hinaus erwirtschaftet wird, rechnet die Annuitätenmethode diesen Kapitalwert in **uniforme (gleichgroße) jährliche Zahlungen** um.

> **Merke!**
>
> Bei der **Annuitätenmethode** wird der Kapitalwert einer Investition demnach in **gleichgroße jährliche Beträge beziehungsweise Annuitäten** umgerechnet, deren Zinssumme wieder den Kapitalwert ergeben würde. Dieses Vorgehen kommt der in der Praxis üblichen Betrachtungsweise jährlicher Gewinne entgegen. Eine Investition ist in diesem Kontext dann vorteilhaft, wenn die Annuität positiv ist. Bei der Wahl zwischen zwei Investitionsalternativen ist die Alternative mit der größeren Annuität zu wählen.

Aus ◘ Abb. 4.15 ist ersichtlich, dass im Rahmen der Annuitätenmethode errechnet wird, welche jährlich gleichbleibenden Zahlungen beziehungsweise Annuitäten ein bestimmter Kapitalwert (im Beispiel 10.000 €) ergeben würde.

Die Ermittlung der Annuität erfolgt über den sogenannten **Kapitalwiedergewinnungsfaktor**. Dieser Faktor stellt den Kehrwert des oben dargestellten Rentenbarwertfaktors dar. Die Formel für die Berechnung der Annuität einer Investition lautet somit:

$$\text{Annuität AN} = C_0 \cdot \frac{i \cdot (1+i)^n}{(1+i)^n - 1} = C_0 \cdot \text{WGF}_n^i$$

AN = Annuität
C_0 = Kapitalwert
I = Kalkulationszinsfuß
N = Nutzungsdauer

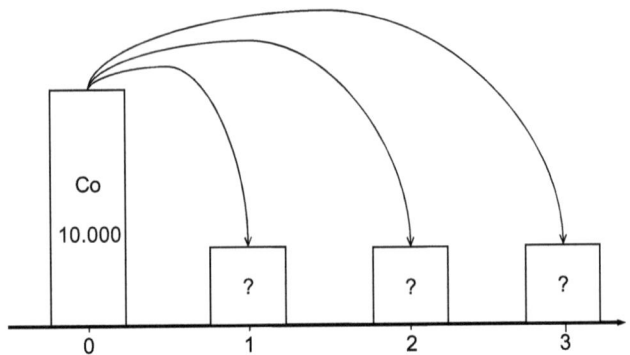

○ Abb. 4.15 Darstellung der Annuitätenmethode

Die Vorgehensweise wird am Beispiel aus ○ Abb. 4.15 dargestellt: im Rahmen der Annuitätenrechnung soll ermittelt werden, welche Rente sich bei einer Laufzeit von 3 Jahren und einer Verzinsung von i = 10 % aus einem gegebenen Anfangskapital Co ergibt. Wird bei gegebenem Anfangskapital die Annuität gesucht, so erfolgt die Berechnung mittels des oben dargestellten Kehrwertes des Rentenbarwertfaktors, des Wiedergewinnungs-/Annuitätenfaktors. Der Wert für den Annuitätenfaktor kann dabei der entsprechenden Tabelle in ○ Abb. 4.12 entnommen werden:

$$\text{Annuität AN} = C_0 \cdot \frac{i \cdot (1+i)^n}{(1+i)^n - 1} = C_0 \cdot \text{WGF}_3^{0,1}$$
$$= 10.000 \cdot 0{,}40211 = 4021{,}10$$

Eine positive Annuität zeigt (Wöhe 2013)
- welchen gleichbleibenden Jahresbetrag der Investor als Erfolgsrate entnehmen kann, ohne sein ursprüngliches Reinvermögen zu reduzieren oder
- um welchen gleichbleibenden Jahresbetrag die objektbezogenen Einzahlungsüberschüsse im Krisenfall absinken könnten, ohne dass das Investitionsprojekt unvorteilhaft wird.

4.5 · Dynamische Verfahren der Investitionsrechnung

Interne Zinsfußmethode

> **Merke!**
>
> Auch die **interne Zinsfußmethode** ist in einer bestimmten Weise mit der Kapitalwertmethode verbunden. Sie unterscheidet sich von letzterer formal dadurch, dass sie im Rahmen der Investitionsanalyse den Zinssatz errechnet, bei welchem ein **Kapitalwert gerade null** wird. Eine Investition mit einem Kapitalwert von null bringt dem Investor bei Fremdfinanzierung keinen reinen Vermögenszuwachs. Die Einzahlungsüberschüsse reichen gerade aus, die Anschaffungsauszahlungen zu kompensieren und die Finanzierungskosten zu decken. Das investierte Kapital verzinst sich genau zum Kalkulationszinsfuß. Eine Investition mit einem positiven (negativen) Kapitalwert verzinst sich dagegen zu einem Zinssatz, welcher über (unter) dem Kalkulationszinsfuß liegt.
> Der **interne Zinsfuß** r zeigt an, zu welchem Prozentsatz sich das in einem Investitionsprojekt gebundene Kapital verzinst.

Zur Beurteilung der Vorteilhaftigkeit einer einzelnen Investition vergleicht man im Rahmen einer Kosten-Nutzen-Analyse
- die interne Verzinsung r (Investitionsnutzen) mit
- dem Kapitalzinsfuß i (Kapitalkosten).

Die **Entscheidungsregel** lautet:
- r > i   Investition vorteilhaft,
- r = i   Entscheidungsindifferenz,
- r < i   Investition unvorteilhaft.

Die Ermittlung des internen Zinsfußes r erfolgt, indem der Kapitalwert gleich Null gesetzt wird. Da hierzu in der Regel eine Gleichung n-ten Grades gelöst werden muss, wird der Kapitalwert in der Praxis mittels **Interpolation** ermittelt. Dazu werden zu zwei beliebigen Versuchszinsen i1 und i2 die entsprechenden Kapitalwerte errechnet. Anhand dieser Werte kann der interne Zinsfuß näherungsweise wie folgt ermittelt werden:

$$r_i \approx i_1 - C_{01} \cdot \frac{i_2 - i_1}{C_{02} - C_{01}}$$

I = Versuchszinssatz (1 bzw. 2),
r = interner Zinsfuß,
C_0 = Kapitalwert (bei i1 bzw. i2).

Jahr	Rückfluß	Versuchszinssatz 8%		Versuchszinssatz 16%	
		Abzinsungsfaktor	Barwert	Abzinsungsfaktor2	Barwert
1	10.000	0,9259	9.259	0,862069	8.620
2	35.000	0,8573	30.006	0,743163	26.010
3	25.000	0,7938	19.845	0,640658	16.016
4	35.000	0,7340	25.726	0,55229	19.330
5	30.000	0,6806	20.417	0,476113	14.283
Summe (€)			105.253		84.259
./. Anschaffungswert (€)			100.000		100.000
Kapitalwert			5.253		- 15.741

Abb. 4.16 Beispiel zur Annuitätenmethode

Die Vorgehensweise wird im Folgenden anhand eines **Beispiels** nochmals dargestellt: Bei einer Maschine mit einem Anschaffungswert von 100.000 € und einer Nutzungsdauer von 5 Jahren ergeben sich bei Versuchszinssätzen von 8 und 16 % folgende Kapitalwerte (vgl. Abb. 4.16).

Die Ermittlung des internen Zinsfußes erfolgt dann wie folgt:

$$r_i \approx i_1 - C_{01} * \frac{i_2 - i_1}{C_{02} - C_{01}} = 8 - 5.253 * \frac{16 - 8}{-15.741 - 5.253} \approx 10\%$$

Versucht man, die interne Zinsfußmethode ökonomisch zu interpretieren, kann der interne Zinssatz als Rendite der Investitionen angesehen werden. Bei vollständiger Eigenfinanzierung zeigt er die Verzinsung des eingesetzten Eigenkapitals, bei vollständiger Fremdfinanzierunggibt er den Zinsfuß an, bis zu dem der Kreditgeber die Zinsen anheben könnte, ohne dass das Projekt für den Investor unrentabel wird.

Den Zusammenhang zwischen Kapitalwert und internem Zins verdeutlicht Abb. 4.17.

Die Grafik zeigt die Abhängigkeit des Kapitalwertes vom Kapitalkostensatz anhand der Darstellung der Kapitalwerte zweier Investitionen bei alternativen Kapitalkostensätzen. Je höher der Kapitalkostensatz eingesetzt wird, umso geringer ist der Kapitalwert des betrachteten Investitionsprojekts. Der Schnittpunkt der Kapitalwertkurve mit der Achse der Kapitalkostensätze ergibt den internen Zins.

4.5.3 Beurteilung der dynamischen Investitionsrechenverfahren

Die Vorteile der dynamischen Verfahren ergeben sich in erster Linie daraus, dass sie den zeitlichen Ablauf eines Investitionsprojekts berücksichtigen und damit einen höheren Realitätsbezug aufweisen. Dies bedeutet vor allem, dass
- sämtliche Daten über alle Perioden der Nutzungsdauer einzeln erfasst werden und
- der zeitlich unterschiedliche Anfall aller relevanten Zahlungsgrößen auf der Grundlage der Zinseszinsrechnung berücksichtigt wird.

4.5 · Dynamische Verfahren der Investitionsrechnung

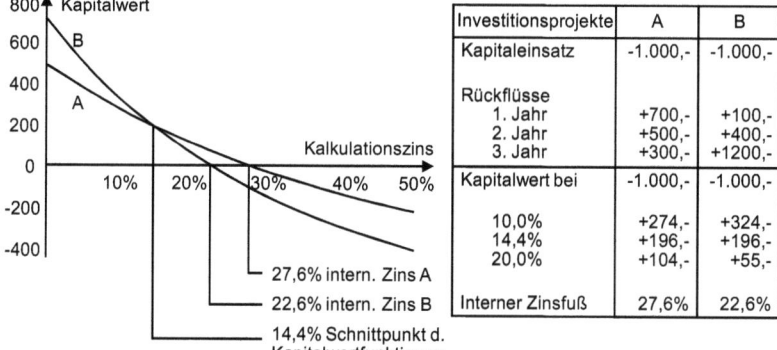

◘ Abb. 4.17 Beispiel zur Annuitätenmethode (Schierenbeck und Wöhle 2008)

Dennoch vermögen die dynamischen Verfahren nicht alle Nachteile der statischen zu beheben. Die Mängel können wie folgt zusammengefasst werden (Thommen und Achleitner 2012; Jung 2010):

- Es wird unterstellt, dass zukünftige Zahlungen zuverlässig geschätzt werden können (**vollkommene Voraussicht**). Tatsächlich sind diesbezügliche Annahmen (zum Beispiel Nutzungsdauer, Höhe und zeitliche Verteilung von Ein- und Auszahlungen etc.) oft nur mit hohen Unsicherheiten vorhersehbar.
- Außerdem wird das **Zurechnungsproblem** von Ein- und Auszahlungen zu den jeweiligen Investitionsobjekten stets als gelöst gesehen. Es bestehen in der Praxis jedoch Interdependenzen zwischen Investitionsobjekt und anderen Faktoren (zum Beispiel bestehenden Betriebsstrukturen, zukünftigen Investitionsvorhaben etc.), so dass die Zuordnung oft Schwierigkeiten bereitet.
- Es besteht das **Problem der Kalkulationszinssatzermittlung**: da bei den klassischen Verfahren kein zuverlässiger Ansatz für eine zuverlässige Berechnung existiert, beruht der Kalkulationszinssatz auf Schätzungen und ist daher mit Unsicherheiten behaftet.
- Es wird angenommen, dass Kapital in beliebiger Höhe zum Kalkulationszinsfuß aufgenommen beziehungsweise angelegt werden kann (**vollkommener Kapitalmarkt**). Ist diese Prämisse nicht haltbar, so wird die Rentabilität einer Investition bei Kapitalwertmethode und Annuitätenmethode verzerrt wiedergegeben.
- Die **Wiederanlageprämisse** setzt voraus, dass bei der Kapitalwertmethode Rückflüsse zum Kalkulationszinsfuß, bei der internen Zinsfußmethode zum internen Zinssatz reinvestiert werden können. Bei unterschiedlicher Struktur der Rückflüsse oder Nutzungsdauer der Investitionsobjekte liefert die Anwendung beider Verfahren unterschiedliche Rangfolgen der Vorteilhaftigkeit.

- Bei der Berücksichtigung von **Differenzinvestitionen** bei der Alternativauswahl wird davon ausgegangen, dass konkrete Möglichkeiten der Zwischenanlage bekannt sind. Kalkulationszinsfuß und interner Zinssatz können dann zuverlässig bestimmt werden.

4.6 Lern-Kontrolle

Kurz und Bündig

Kluge Investitionsentscheidungen und Finanzierungsmodelle sind essentiell für das erfolgreiche Wirtschaften von Unternehmen. Die verschiedenen Investitionsarten (real-, finanziell, zielorientiert) können dabei mit Hilfe von Rechenverfahren (statisch, dynamisch) kalkuliert und implementiert werden.

❓ Let's Check

1. Was wird unter einer Investition verstanden?
2. Welche Arten von Investitionen gibt es?
3. Wie wird bei Investitionsentscheidungen vorgegangen?
4. Welche Investitionsdaten müssen ermittelt werden?
5. Wovon hängt die Nutzungsdauer ab?
6. Wie werden die Rückflüsse der verschiedenen Investitionsarten ermittelt?
7. Was ist unter dem Liquidationserlös zu verstehen?
8. Welche Unterschiede bestehen zwischen den statischen und in den dynamischen Verfahren der Investitionsrechnung?
9. Wie wird bei der Kostenvergleichsrechnung, der Gewinnvergleichsrechnung und der Rentabilitätsvergleichsrechnung vorgegangen?
10. Wie wird die Amortisationsdauer ermittelt?
11. Was wird anhand der Amortisationsdauer beurteilt?
12. Was wird über die Diskontierung ermittelt?
13. Welche Verzinsung wird bei einem Kapitalwert von null erreicht?
14. Wie wird der interne Zinsfuß ermittelt?
15. Wie wird bei der Annuitätenmethode vorgegangen und was sagt sie aus?

❓ Vernetzende Aufgaben

1. Wie können Zentralbanken Investitionsentscheidungen und Finanzierungsmodelle von Unternehmern beeinflussen?
2. Von welchen Personen-, Struktur- und Umweltfaktoren kann eine Investitionsentscheidung bzw. Finanzierung jenseits der genannten Rechenverfahren und Modelle abhängen?
3. Welche Nachteile hat eine rein auf statischen Verfahren beruhende Investitionsentscheidung?

4.6 · Lern-Kontrolle

4. Ist es grundsätzlich im Hinblick auf die dynamischen Investitionsrechenverfahren sinnvoll sich bei Investitionen nur auf Eigenkapital zu konzentrieren oder sollte eine Fremdfinanzierung in Erwägung gezogen werden?

❶ Lesen und Vertiefen
- Jung, H. (2010): Allgemeine Betriebswirtschaftslehre, 12. Aufl., München.
- Schierenbeck, H. / Wöhle, C. B. (2008): Grundzüge der Betriebswirtschaftslehre, 17. Aufl., München.

Finanzierung

Marc Oliver Opresnik, Carsten Rennhak

5.1 Corporate Finance – 131

5.2 Formen der Finanzierung – 134

5.3 Liquidität – 141

5.4 Cashflow – 143

5.5 Kreditrisiko – 145

5.6 Bewertung von Finanztiteln – 147
5.6.1 Technische Analyse – 147
5.6.2 Fundamentalanalyse – 149
5.6.3 Portfoliotheorie und Capital Asset Pricing Model – 150

5.7 Lern-Kontrolle – 152

M.O. Opresnik, C. Rennhak, *Allgemeine Betriebswirtschaftslehre*,
Studienwissen kompakt, DOI 10.1007/978-3-662-44327-9_5,
© Springer-Verlag Berlin Heidelberg 2015

Lern-Agenda

Neben dem Marketing ist die Finanzierung in vielen Unternehmen ein kritischer Engpassfaktor. Das nachfolgende Kapitel möchte hier eine kompakte Einführung geben und hat folgende Lernziele zum Inhalt

- was Gegenstand der Finanzierung ist,
- wie sich die Bedeutung der Finanzierung in der letzten Zeit gewandelt hat,
- wie sich die verschiedenen Formen der Finanzierung unterscheiden,
- was unter dem Begriff Liquidität zu verstehen ist und warum sie von herausragender Bedeutung für alle Unternehmen ist,
- wie sich der Cashflow berechnet,
- was unter Kreditrisiko zu verstehen ist und wie sich dieses managen lässt,
- welche Methoden der Bewertung von Finanztiteln prinzipiell zur Verfügung stehen und
- was die wesentlichen Aussagen von Portfoliotheorie und Capital Asset Pricing Model sind.

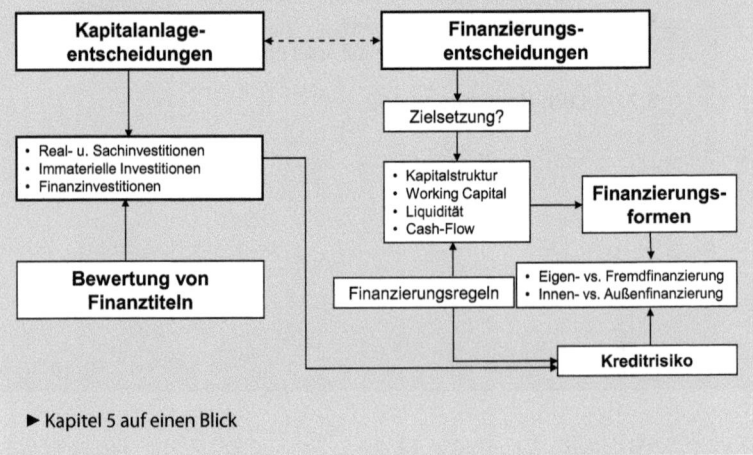

▶ Kapitel 5 auf einen Blick

In der Betriebswirtschaftslehre verstand man unter dem Begriff **Finanzen** zunächst alle Aktivitäten, die sich mit den verschiedenen Zahlungsströmen und den korrespondierenden Zahlenwerken (Finanzbuchhaltung, Jahresabschluss, Kalkulation und später dann Controlling und Treasury) befassten (Bieg und Kußmaul 2000; Copeland et al. 2008; Drukarczyk 2003; Perridon und Steiner 2009). Im Vergleich zur vergangenheitsorientierten Buchhaltung, deren Fokus die ex-post Sammlung und Bewertung von zahlenrelevanten Unternehmensvorgängen ist, soll das moderne Finanzwesen entscheidungsrelevante Information für die zukunftsorientierte Ausrichtung des Unternehmens liefern. In der traditionellen Betriebswirtschaftslehre kommt den Finanzen nur eine Unterstützungsfunktion, nämlich zur Finanzierung von Investitionen in Anlagen und Vorprodukten bzw. Materialien zu. Dieser Finanzierungsbedarf kann dann durch die unterschiedlichen Finanzierungsmöglichkeiten gedeckt werden, wobei aus Gesamtunternehmenssicht ein finanzielles Gleichgewicht zu jedem Zeitpunkt sicherzustellen ist (Liquidität und Schuldendeckungsfähigkeit).

Die traditionelle Finanzierungslehre fokussiert in ihrer Betrachtung stark auf die Eigen- und Fremdkapitalgeber. Inhaltliche Schwerpunkte sind dabei die unterschiedlichen Arten der Finanzierung und die Diskussion der entsprechenden Finanzstrukturregeln sowie die verschiedenen Finanzierungsmaßnahmen im Lebenszyklus des Unternehmens (Gründungsfinanzierung, Kapitalerhöhung bei Expansion, Kapitalherabsetzung, Liquidation).

Moderne Ansätze der Finanzierungslehre fokussieren auf den Zusammenhang zwischen Investitions- und Finanzierungsfragen. Hier rücken Fragen der Kapitalaufbringung und der Kapitalanlage stärker in den Mittelpunkt. Entsprechend bilden kapitalmarktorientierte Betrachtungen den Schwerpunkt (Süchting 1995).

Das Finanzwesen hat in den letzten Jahren einen enormen Bedeutungszuwachs erfahren, der konsequenterweise in der Etablierung der Position des Chief Financial Officers zum Ausdruck kommt, der sämtliche Bereiche des Finanz- und Rechnungswesens im Unternehmen verantwortet und die Geschäftspolitik des Unternehmens hinsichtlich ihrer finanziellen Umsetzungsmöglichkeiten überprüft: alle betriebswirtschaftlichen Entscheidungen werden auf die Erfüllung finanzieller Ziele hin bewertet. Die Unternehmen verfolgen ausschließlich finanzielle Ziele und nutzen zu deren Erreichung die attraktivsten Anlagemöglichkeiten, die sich keineswegs zwangsläufig nur im eigenen Unternehmen finden müssen. Im Extremfall haben realwirtschaftliche Vorgänge im Unternehmen nur dahingehend Bedeutung, als dass sie zu Zu- oder Abfluss finanzieller Mittel führen. Der Chief Financial Officer steht in seinem gesamten Handeln konsequenterweise in enger Kommunikation mit den Kapitalgebern (Investor Relations).

5.1 Corporate Finance

Zusätzlich zur Bündelung aller finanzwirtschaftlicher Verantwortung in der Position des Chief Financial Officers und seiner gewachsenen Bedeutung im Rahmen der Unternehmensführung drückt sich die zunehmende Wichtigkeit der Finanzierung auch im umfassenden Steuerungsanspruch der neubegründeten Spezialfunktion im Rahmen der Finanzierung, der sogenannten Corporate Finance, aus (Brealey und Myers 2005; Damodaran 2001; Schulte 2005). Oberziel aller Entscheidungen im Rahmen des Corporate Finance ist die Maximierung des Unternehmenswertes. Dies kann prinzipiell durch Erhöhung der Kapitalrendite oder durch Senkung der Kapitalkosten geschehen. Typischerweise sind Kapitalanlageentscheidungen (inkl. Projektbewertungen), das Working Capital Management, Finanzierungsentscheidungen, die Ausschüttungspolitik und das Finanzrisikomanagement Aufgabenfelder des Corporate Finance.

Im Rahmen von (langfristigen) **Kapitalanlageentscheidungen** ist festzulegen, in welche Projekte und Finanztitel investiert werden soll und wie diese Investitionen finanziert werden sollen. Investitionen sind dann lohnend (und erhöhen den Unternehmenswert), wenn sie sich über die risikoadjustierten Kapitalkosten verzinsen. Bestehen keine entsprechenden Investitionsmöglichkeiten, sollten die überschüssigen liquiden Mittel an die Anteilseigner ausgeschüttet werden, damit diese sie zum Marktzins am Kapitalmarkt investieren können. Grundsätzlich stehen alle Investitionsmöglichkeiten im Wettbewerb um das entsprechend benötigte Investmentkapital.[1] Die Investitionsmöglichkeiten sind deshalb in der Reihenfolge ihrer Attraktivität zu bedienen. Diese bemisst sich in der Regel am jeweiligen Barwert der Investition, d. h. den mit dem risikoadäquaten Zinssatz[2] abdiskontierten Zahlungsmittelüberschüssen (deren Höhe und Zeitpunkt müssen in der Regel geschätzt werden). Die langfristigen Investitions- und Finanzierungsentscheidungen strukturieren das Anlagevermögen des Unternehmens und legen die Kapitalstruktur fest.

Im Zuge des (kurzfristigen) **Working Capital Managements** werden Umlaufvermögen (current assets) und kurzfristige Verbindlichkeiten (current liabilities) bzw. deren Verhältnis optimiert. Dabei ist als Nebenbedingung die jederzeitige Liquidität des Unternehmens und damit die Weiterführung des Geschäftsbetriebs (sogenanntes Going Concern) sicherzustellen. Zugleich soll die Kapitalbindung (z. B. bei den Vorräten an Roh-, Hilfs- und Betriebsstoffen, Vorprodukten und Waren) minimiert werden. Das Management des Working Capital bezieht sich auf einen Zeithorizont von zwölf Monaten oder weniger, weshalb Zahlungszuflüsse und Renditen periodenorientiert und nicht diskontiert betrachtet werden. Die wichtigste Kenngröße, die im Rahmen des Working Capital Managements gesteuert wird, ist der Geldumschlag. Der Geldumschlag misst mit der Zeit zwischen der Bezahlung der Vorleistung bis zum Zahlungseingang der gestellten Rechnungen an die eigenen Kunden die Kapitalbindung im Umlaufvermögen. Sie zeigt so die wechselseitigen Abhängigkeiten zwischen Beschaffung von Roh-, Hilfs- und Betriebsstoffen, Vorprodukten, Waren, etc., Lagerumschlagsgeschwindigkeit sowie den jeweiligen Zahlungskonditionen bei Debitoren und Kreditoren auf. Idealerweise ist der Geldumschlag minimal.

---

1   In einer Welt mit effizienten Kapitalmärkten kann der zusätzliche Kapitalbedarf am Kapitalmarkt beschafft werden. Da sich dies für viele Unternehmen als hinreichend schwierig erweist, ist – neben dem Marketing – auch die Finanzierung zunehmend zum Engpassfaktor bei der Führung von Unternehmen geworden.
2   Der risikoadäquate Zinssatz wird in der Regel über das Capital Asset Pricing Model (▶ Abschn. 5.6.3) bestimmt.

Unternehmen müssen sämtliche Investitionen adäquat finanzieren. Die **Strukturierung der Finanzierung** in Eigen- und Fremdkapital sowie die Verwendung unterschiedlicher Arten der Finanzierung (▶ Abschn. 5.2) wiederum beeinflusst die Gestalt der zukünftigen Zahlungsströme, die das Unternehmen leisten muss und seine Kapitalkosten und damit die Bewertung der verschiedenen Investitionsmöglichkeiten (s. oben). Aufgabe des Chief Financial Officers ist es deshalb u. a. die Kapitalstruktur, d. h. den Mix aus den unterschiedlichen Arten der Finanzierung optimal zu gestalten. Dieser wird von einer Vielzahl von Faktoren beeinflusst. So beeinflusst das Verhältnis von Eigen- zu Fremdkapital ganz wesentlich die Risikoposition des Unternehmens (▶ Abschn. 5.2). Weiter spielen steuerliche Überlegungen eine nicht zu unterschätzende Rolle. Zusätzlich sind Überlegungen zum Timing der Finanzierung anzustellen: Idealerweise passen die Kapitalaufnahmezeitpunkte exakt zur Fälligkeit der Investitionsaufwendungen und die entsprechenden Zahlungsmittelüberschüsse aus der Investition zu den Rückzahlungszeitpunkten der Finanzierung.

Im Zuge der **Ausschüttungspolitik** entscheidet der Chief Financial Officer prinzipiell, ob überschüssige finanzielle Mittel zur Finanzierung weiterer Investitionsprojekte verwendet oder als Dividende an die Eigenkapitalgeber ausgeschüttet werden sollen. Typischerweise erfolgt die Bemessung der Ausschüttung an die Eigenkapitalgeber auf Basis des Gewinns der Vorperiode unter Beachtung der Finanzierungserfordernisse der laufenden bzw. zukünftigen Perioden. Chief Financial Officer wünschen zudem eine gewisse Stetigkeit in der Dividendenpolitik, d. h. die Ausschüttung soll nicht zu stark von Periode zu Periode schwanken. Insbesondere Kürzungen bei den Ausschüttungen werden in der Regel eher vermieden, sofern sie nicht unumgänglich sind. Die Ausschüttungspolitik wird zudem vom Industrielebenszyklus beeinflusst: insbesondere junge Wachstumsunternehmen verzichten oft gänzlich auf eine Ausschüttung (da innerhalb des Unternehmens eine Vielzahl interessanter Investitionsmöglichkeiten besteht, die sich sämtlich risikoadjustiert über dem Marktzins rentieren). In länger etablierten Branchen ist dies gegebenenfalls nicht immer der Fall. Wie oben bereits geschildert, sollte der Chief Financial Officer überschüssige finanzielle Mittel theoretisch immer dann an die Eigenkapitalgeber ausschütten, wenn sich mit den vorliegenden Investitionsmöglichkeiten keine Rendite erzielen lässt, die risikoadjustiert über dem Marktzins liegt. Ein hoher Bestand an finanziellen Mitteln lässt ein Unternehmen zudem als Übernahmekandidat attraktiv erscheinen. Eine Ausschüttung kann grundsätzlich in Form einer Dividendenzahlung an die Eigenkapitalgeber oder durch Rückkauf eigener Unternehmensanteile (z. B. Erwerb eigener Aktie über die Börse) erfolgen. Die zu bevorzugende Lösung ergibt sich oft als Resultat steuerlicher Erwägungen.

Im Rahmen des **Finanzrisikomanagements** werden finanzielle Risiken identifiziert und gemessen. Dazu werden adäquate Strategien zu deren bestmöglicher Bewältigung entwickelt. Das Finanzrisikomanagement konzentriert sich dabei auf Risiken aus Änderungen von Finanztiteln, z. B. Zinsänderungen, Währungsschwankungen, etc. Im Zuge des Finanzrisikomanagements werden sogenannte Hedging-Strategien entwickelt, die dazu dienen, die finanziellen Risiken im Falle ihres Eintretens zu kompensieren. Hier kommen häufig sogenannte Finanzderivate (abgeleitete Finanzierungstitel, die ihren Wert aus dem Wert des zugrundeliegenden Finanztitels beziehen) zum Einsatz (z. B. Optionen, Futures, Swaps, etc.). Diese werden mittlerweile auch an sogenannten Terminbörsen gehandelt und sind – entgegen ihrer ursprünglichen Bestimmung – Gegenstand lebhafter Spekulationsgeschäfte. Spekulationen mit Derivaten sind besonders riskant, da mit relativ geringem Einsatz hohe Hebelwirkungen erzielt werden können. Das Handelsvolumen an den Terminbörsen übersteigt den Wert der Transaktionen, die ursprünglich abgesichert werden sollten, mittlerweile um ein Vielfaches.

5.2 Formen der Finanzierung

Die eigentliche Finanzierung ist die Spiegelfunktion zur Investition und umfasst sämtliche Aktivitäten zur Beschaffung und Rückzahlung der für die Investitionen benötigten finanziellen Mittel. Hierzu zählen auch alle Maßnahmen der damit verbundenen Gestaltung der Zahlungs-, Informations- und Sicherungsbeziehungen zwischen dem Unternehmen und seinen Kapitalgebern.

Kapitalgeber sind natürliche oder juristische Personen (z. B. Kapitalsammelstellen wie Banken oder Versicherungen), die Unternehmen mit den erforderlichen Finanzmitteln durch Eigen- und Fremdfinanzierung versorgen (Schneck 2005). Von Eigenkapitalgebern spricht man dabei, wenn die Kapitalgeber Eigentumsrechte in Form einer Unternehmensbeteiligung mit Anspruch auf eine Gewinnbeteiligung (als Residualeinkommen) sowie Partizipation an der Gestaltung der Unternehmensführung und einen Anspruch auf den Liquidationserlös erwerben. Ein Eigenkapitalgeber erhält also keine festen Zahlungen (Zinsen) und es besteht kein Tilgungs- oder fester Rückzahlungstermin für das zur Verfügung gestellte Kapital. Vereinbaren die Kapitalgeber hingegen eine feste Verzinsung des Kapitals unabhängig vom Unternehmensgewinn und verzichten auf die oben genannten Eigentumsrechte, sind sie Fremdkapitalgeber (Thommen und Achleitner 2012). Im Falle der Liquidierung eines Unternehmens werden die Fremdkapitalgeber vorrangig vor den Eigenkapitalgebern aus dem Vermögen des Unternehmens bedient. Entsprechend höher ist das Risiko der Eigenkapitalgeber, weshalb diese ihre Renditeerwartung um einen Risikoaufschlag erhöhen.

Das Unternehmen verwendet Eigen- und Fremdkapital (Mittelherkunft, d. h. die Passivseite der Bilanz) zur Beschaffung von Anlage- und Umlaufvermögen (Mittelverwendung) – hier spiegeln sich sachlogisch die beiden Seiten der Bilanz wider (Schierenbeck 2008). Eine Erhöhung des Eigenkapitals bedeutet für ein Unternehmen entsprechend eine erhöhte Tragfähigkeit für unternehmerische Risiken: Je höher das Eigenkapital, desto mehr Verluste können verkraftet werden, ohne dass das Unternehmen Gefahr läuft, illiquide und damit insolvent zu werden.

5.2 · Formen der Finanzierung

Mittelherkunft

	Innenfinanzierung	Außenfinanzierung
Eigenkapitalgeber	Selbstfinanzierung	Beteiligungsfinanzierung
Fremdkapitalgeber	Finanzierung aus Rückstellungen	Kreditfinanzierung

Rechtsstellung

◘ **Abb. 5.1** Formen der Finanzierung

Die verschiedenen Formen der Finanzierung lassen sich nach der Mittelherkunft in die **Innen- und die Außenfinanzierung** und nach der Stellung der Kapitalgeber zum Unternehmen in **Eigen- und Fremdfinanzierung** unterscheiden (vgl. ◘ Abb. 5.1).

Die **Innenfinanzierung** erfolgt durch Thesaurierung, d. h. durch Einbehaltung von Zahlungsmittelüberschüssen: Dem Unternehmen fließen im Rahmen der betrieblichen Leistungsprozesse finanzielle Mittel zu, denen keine Auszahlungen gegenüberstehen. Die Innenfinanzierung kann jedoch auch einen negativen Saldo aufweisen, da im Zuge der betrieblichen Leistungsprozesse auch Auszahlungen (z. B. für Personal, Zinsen, Roh-, Hilfs- und Betriebsstoffe, Vorprodukte, etc.) anfallen. Bei der Innenfinanzierung sind Selbstfinanzierung und Finanzierung aus Rückstellungen zu unterscheiden.

Die **Selbstfinanzierung** kann als offene Selbstfinanzierung durch Gewinnthesaurierung, d. h. Bildung von Gewinnrücklagen oder als verdeckte Selbstfinanzierung in Form von stillen Reserven erfolgen:

- Im Zuge einer offenen Selbstfinanzierung werden ausgewiesene Gewinne ganz oder teilweise im Unternehmen thesauriert. Dies kann technisch über den Verzicht der Gesellschafter auf eine vollständige Gewinnausschüttung oder über eine Gewinnausschüttung und simultane Kapitalerhöhung (sogenannte Schütt-aus-hol-zurück-Methode) durchgeführt werden. Bei der Überlegung, welche Form der offenen Selbstfinanzierung angewendet werden soll, spielen oft steuerliche Erwägungen eine entscheidende Rolle: Schüttet eine Kapitalgesellschaft ihren Gewinn nicht vollständig an die Gesellschafter aus, kann es – abhängig vom Körperschaftsteuersystem – dazu kommen, dass thesaurierte Gewinne niedriger besteuert werden als ausgeschüttete. Abgesehen von diesen steuerlichen Überlegungen sollte (wenn man von etwaigen Transaktionskosten für Ausschüttung

bzw. Wiederanlage abstrahiert) die Ausschüttungspolitik keinen Einfluss auf den Unternehmenswert haben.
- Eine verdeckte Selbstfinanzierung durch stille Reserven ist grundsätzlich durch die Anwendung gesetzlich verpflichtender Gewinnermittlungsvorschriften (z. B. dem Vorsichtsprinzip bei der Festlegung der Höhe von Abschreibungen oder Rückstellungen) oder durch die Nutzung von Bewertungsspielräumen (z. B. Nutzung von Bewertungs- und Bilanzierungswahlrechten) im zugrunde liegenden Bilanzierungssystem möglich (Überbewertung von Passiva, Unterbewertung von Aktiva durch Anwendung des Niederstwertprinzips, z. B. Nichtaktivierung von Vermögenswerten wie geringwertigen Wirtschaftsgütern, geringerer Ansatz von Vermögensgegenständen durch Ausnutzung von Sonderabschreibungen oder Unterlassung von Zuschreibungen z. B. bedingt durch die bilanzielle Anschaffungskosten/Herstellungskosten-Obergrenze). Rückstellungen sind nicht unmittelbar liquiditätswirksam, sie weisen jedoch auf zukünftige Abflüsse von Liquidität hin (z. B. wenn Pensionsrückstellungen aufgelöst werden). Auch Wertberichtigungen in Form von Abschreibungen sind nicht unmittelbar liquiditätswirksam, weisen aber auf zukünftig potenziell niedrigere Einzahlungen (z. B. bei abgeschriebenen Vermögensgegenständen) hin.

Die Selbstfinanzierung erscheint vor allem aus steuerlichen Erwägungen vorteilhaft. Kritisch ist allerdings anzumerken, dass ein wirklicher Vergleich mit den Opportunitätskosten, d. h. der am Markt erzielbaren Verzinsung unterbleibt und es dadurch regelmäßig zu Fehlallokationen kommt.

Rückstellungszuführungen und Abschreibungen[3] mindern den Jahresüberschuss eines Unternehmens. Entsprechend stehen weniger finanzielle Mittel für Gewinnausschüttungen[4] zur Verfügung. Wichtig sind hier vor allem Pensionsrückstellungen, denn aus der Perspektive des Unternehmens ähneln diese aufgrund ihrer Langfristigkeit beinahe dem Eigenkapital.

Unter dem Begriff **Außenfinanzierung** werden alle Finanzierungsvorgänge zusammengefasst, im Zuge derer ein Unternehmen Mittel von außerhalb des Unternehmens erhält. Man unterscheidet hier Beteiligungsfinanzierung und Kreditfinanzierung.

Die **Beteiligungsfinanzierung** bezeichnet sämtliche Finanzierungsvorgänge, bei denen dem Unternehmen Eigenkapital durch die Eigentümer zur Verfügung gestellt wird. Diese erhalten im Gegenzug Mitspracherechte und eine Gewinnbeteiligung. Die Beteiligungsfinanzierung kann durch die Erhöhung oder Neubegründung der Eigenkapitaleinlage, d. h. die Aufnahme neuer Eigentümer in den Kreis der Unternehmenseigner geschehen. Sie findet durchwegs bei der Unternehmensgründung statt.

---

3   Streng genommen muss man natürlich von einer Finanzierung aus Abschreibungsgegenwerten sprechen.
4   Gewinnausschüttungen sind Mittelabflüsse.

5.2 · Formen der Finanzierung

Im laufenden Geschäftsbetrieb geht die Beteiligungsfinanzierung in der Regel mit einer Kapitalerhöhung einher. Für eine Beteiligungsfinanzierung kommen Geld- oder Sacheinlagen in Frage. Bei der Beteiligungsfinanzierung spielt die Rechtsform des Unternehmens eine wichtige Rolle. Nur die Aktiengesellschaften (AG, KGaA) haben die Möglichkeit an der Börse Aktien zu begeben und so Eigenkapital einzusammeln. Für nicht-emissionsfähige Unternehmen (OHG, GmbH, Ltd., KG, etc.) ist ein Anteilskauf (oder auch späterer Verkauf) deutlich komplexer, weshalb sich die Eigentümer deutlich stärker binden müssen.

Neuere Formen der Beteiligungsfinanzierung sind **Private Equity** und **Venture Capital** (Davis und Steil 2001; Gröne 2005; Jugel 2003). Private Equity (außerbörsliches Eigenkapital) zeichnet sich zunächst dadurch aus, dass die eingegangene Beteiligung nicht an den Börsen oder sonstigen institutionalisierten Märkten handelbar ist. Kapitalgeber sind hier in der Regel Privatpersonen oder Kapitalsammelstellen, die häufig spezialisierte Kapitalbeteiligungsgesellschaften sind. Wird Private Equity im Bereich junger, besonders innovativer Start-up-Unternehmen eingesetzt, wird es als Venture Capital bezeichnet. Venture Capital ist ein beliebtes Finanzierungsinstrument für Unternehmensneugründungen, denen klassische Finanzierungsformen nicht immer offen stehen, da die Erträge aus einer Beteiligung zum Zeitpunkt der Begründung des Beteiligungsverhältnisses in der Regel nicht absehbar sind und für eine Fremdfinanzierung oft die von Fremdkapitalgebern geforderten Sicherheiten fehlen. Da Beteiligungen an dieser Kategorie von Unternehmen oft mit einem höheren Risiko (bis hin zum Totalverlust des eingesetzten Kapitals) einhergehen, spricht man in diesem Zusammenhang auch oft von Risiko- oder Wagniskapital. Den besonderen Risiken stehen in der Regel entsprechend überdurchschnittliche Renditeerwartungen gegenüber. Neben der Bereitstellung von Beteiligungskapital stellen die Venture Capital-Gesellschaften auch oft Know-how und ein Beziehungsnetzwerk zur Verfügung, um die in der Regel noch nicht so erfahrenen und vernetzten Gründer zu unterstützen (und die eigene Investition zu schützen). Man spricht hier auch von Business Incubation und bezeichnet denjenigen, der die Unterstützung leistet, als Business Angel.

Privat Equity-Transaktionen werden bisweilen per Leveraged Buy Out durchgeführt. Hierunter versteht man Beteiligungsgeschäfte, die unter einem hohen Einsatz von Fremdkapital realisiert werden, um den sogenannten Financial Leverage-Effekt auszunutzen. D. h. durch den (teilweise extrem) hohen Fremdkapitalanteil einer Transaktion lässt sich ceteris paribus die Eigenkapitalrendite einer Transaktion steigern, solange die Gesamtkapitalrendite die Höhe der Fremdkapitalzinsen übersteigt.

Von einem **Management Buy Out** spricht man, wenn in der Regel bereits etablierte Unternehmen vom Management-Team übernommen werden. Die jeweiligen Mitglieder des Management-Teams sind gewöhnlich nicht in der Lage, den Kaufpreis aufzubringen und suchen deshalb die Unterstützung von Private Equity-Gesellschaften, die sich am übernommenen Unternehmen beteiligen.

In Deutschland wird um das Thema Private Equity eine teilweise sehr lebhafte öffentliche und politische Debatte geführt. Die vom damaligen SPD-Parteivorsitzenden Franz Müntefering gewählte Bezeichnung *Heuschrecken* für Private Equity-Gesellschaften, die hohe Financial Leverage-Effekte einsetzen und ihre Transaktionen aus dem Cashflow des übernommenen Unternehmens finanzieren und dabei keineswegs das langfristige Wohl des übernommenen Unternehmens oder die Sicherung der dortigen Arbeitsplätze zum Ziel haben, hat sich mittlerweile in weiten gesellschaftlichen Kreisen und in vielen Medien als Metapher etabliert. Die hier kritisch betrachteten Private Equity-Gesellschaften fokussieren ihre Aktivitäten nicht auf junge und innovative Wachstumsunternehmen, sondern suchen gezielt Übernahmen etablierter mittelständischer Unternehmen und zum Teil auch großer Konzerne.

Die **Kreditfinanzierung** bezeichnet sämtliche Finanzierungsvorgänge, bei denen dem Unternehmen Fremdkapital durch Kreditgeber zur Verfügung gestellt wird. Diese erhalten im Gegenzug eine Verzinsung des von ihnen eingesetzten Kapitals, die neben dem gängigen Marktzinssatz einen unternehmensspezifischen Risikozuschlag beinhaltet, der sich in Abhängigkeit der Kreditbesicherung und dem Ausfallrisiko bemisst. Während die Gewinnbeteiligung der Eigentümer in Abhängigkeit der Gewinnentwicklung variabel ist, ist der Kreditzins keine variable Größe. Kann das Unternehmen ausstehende Kredite nicht bedienen, ist es insolvent. Unterschiedliche Formen der Kreditfinanzierung werden gewöhnlich nach Fristigkeit in kurzfristige (Lieferantenkredit, Kundenkredit, Kontokorrentkredit, Wechsel, etc.) und langfristige Kredite (Darlehen, Obligationen, Wandel- und Optionsanleihen, etc.) sowie Sonderformen der Kreditfinanzierung (Leasing, Factoring, Mezzanine-Kapital und forderungsbesicherte Finanztitel) unterschieden.

Beim **Leasing** wird das Leasingobjekt vom Leasinggeber, dem Kreditgeber, beschafft und finanziert und dem Leasingnehmer, also dem Unternehmen gegen Zahlung einer vereinbarten Leasingrate zur Nutzung überlassen (Dietz 1980; Feinen 2002). Der Leasingnehmer zahlt an den Leasinggeber für die Überlassung und Nutzung des Leasingobjekts Leasingraten, die die Kosten für den Wertverlust des Leasingobjektes während der Laufzeit des Leasingvertrags, dessen Finanzierung sowie einen Aufschlag für Verwaltungskosten und die Marge des Leasinggebers decken sollen. Nach Ablauf des Leasingvertrages kann der Leasinggeber wieder über das Leasingobjekt verfügen.[5] Leasing ähnelt also sehr stark der Miete bzw. Pacht.[6] Als Leasinggeber treten sowohl unabhängige Unternehmen auf als auch Tochtergesellschaften von Banken oder Herstellern von Leasinggütern. Motive für den Abschluss eines Leasinggeschäfts

---

5   Außer der Leasingnehmer übt eine eventuell vorab vereinbarte Kauf- oder Verlängerungsoption aus.
6   Der Unterschied besteht im Wesentlichen darin, dass die in einem Mietvertrag geschuldete Wartungs- und Instandsetzungsleistung bzw. der Anspruch auf Gewährleistung auf den Leasingnehmer übertragen wird.

5.2 · Formen der Finanzierung

können die Gewinnung einer kurzfristigen Liquidität (vor allem bei sogenannten Sale-and-Lease-back-Geschäften) oder auch steuerliche Vorteile sein (dies ist oft der Fall, wenn Leasingnehmer und Leasinggeber unterschiedlichen nationalen Steuerrechten unterliegen). Insbesondere sehr große Leasinggesellschaften haben häufig einen einfacheren Zugang zu Kapitalmärkten und können diesen Vorteil gegebenenfalls mit dem Leasingnehmer teilen, so dass ein Leasinggeschäft auf diese Weise für beide Seiten vorteilhaft ist.

Der Begriff **Mezzanine-Kapital** beschreibt sämtliche Arten der Finanzierung, die in ihren rechtlichen und/oder wirtschaftlichen Ausgestaltungformen eine Mischung aus Eigen- und Fremdkapital darstellen (Dürr 2007). Typischerweise wird hier einem Unternehmen wirtschaftliches oder bilanzielles Eigenkapital zugeführt ohne den Kapitalgebern Stimmrechte oder sonstigen Einfluss auf die Unternehmensführung zu gewähren. In der Regel handelt es sich dabei um die verschiedenen Spielarten von Genussrechten (in der verbrieften Variante spricht man von Genussscheinen) oder stillen Beteiligungen bzw. (nachrangigen) Gesellschafterdarlehen. Der Vorteil von Mezzanine-Kapital besteht darin, dass es die Kapitalbasis des Unternehmens erweitert ohne die den Fremdkapitalgebern potenziell zur Verfügung stehenden Sicherheiten zu schmälern. Gleichzeitig müssen den Kapitalgebern nicht dieselben Mitspracherechte eingeräumt werden wie klassischen Eigenkapitalgebern; zudem sind die Ausgestaltungsmöglichkeiten von Mezzanine-Kapital gesetzlich weniger stark reglementiert als dies bei klassischem Eigenkapital der Fall ist. Geber von Mezzanine-Kapital sind neben den Unternehmensgesellschaftern oft Private Equity-Unternehmen oder spezialisierte Fondsgesellschaften.

Beim **Factoring** verkauft ein Unternehmen Forderungen an sogenannte Factoringgesellschaften und erhält dafür unmittelbar einen Teil der Forderung. Die Factoringgesellschaft wird rechtliche Eigentümerin der Forderung und trägt damit ab dem Zeitpunkt des Verkaufs auch das Ausfallrisiko. Das verkaufende Unternehmen verbessert so unmittelbar seine Liquidität und Risikoposition. Zugleich entfallen alle Unternehmensaktivitäten im Bereich des Debitorenmanagements. Demgegenüber steht der Abschlag auf die Forderung, mit dem die Factoringgesellschaft ihre Kapital- und Risikokosten deckt und eine Marge erzielen will.

Die Finanzierung mittels forderungsbesicherter Finanztitel ist dem Factoring sehr ähnlich. Anstelle der Factoringgesellschaft kauft hier eine spezielle Ankaufsgesellschaft (ein sogenanntes Special Purpose Vehicle) die Forderungen, verbrieft diese als sogenannte Asset Backed Securites und platziert diese Finanztitel am Kapitalmarkt. Käufer sind dabei typischerweise Kapitalsammelstellen wie Banken, Versicherungen oder Fonds. Traditionellerweise wurden die Ausfallrisiken für Asset Backed Securites von Ratingagenturen wie Standard & Poor's, Moody's oder Fitch bewertet. Das Rating hatte entsprechend einen starken Einfluss auf die Bepreisung der Asset Backed Securites am Kapitalmarkt. Vor Beginn der Finanzkrise 2008/2009 war das Vertrauen der institutionellen Anleger in die Ratings sehr ausgeprägt und Asset Backed Securites waren entsprechend populär. Im Zuge der Finanzkrise erwiesen sich zahlreiche Asset Backed Securites als illiquide, was zu entsprechenden Schieflagen bei den betroffenen Banken und Versicherungen auf Käuferseite führte. Ob Asset Backed Securites in Zukunft an den Kapitalmärkten folgerichtig kritischer bewertet werden, bleibt abzusehen.

Auf Basis der Unternehmensbilanz (oder entsprechender Zwischenberichte) lassen sich finanzwirtschaftliche Kennzahlen ermitteln, die den Fremdkapitalgebern Anhaltspunkte zur Beurteilung des Ausfallrisikos einer Fremdfinanzierung oder den Eigenkapitalgebern Hinweise zur Abschätzung der wirtschaftlichen Lage des Unternehmens geben können. In der betriebswirtschaftlichen Theorie und Praxis hat sich für diese Kennzahlen eine Reihe von Regeln etabliert, die besonders günstige Relationen von Eigen- und Fremdkapital (sogenannte – bezugnehmend auf die Position der Vergleichsgrößen in der Bilanz – **vertikale Finanzierungsregel**) bzw. Kapital- und Vermögen (sogenannte **horizontale Finanzierungsregel**) proklamieren:

- 1:1-Regel: Fremdkapital ≤ Eigenkapital,
- Anlagendeckung I („**Goldene Bankregel**"): Eigenkapital ≥ Anlagevermögen,
- Anlagendeckung II („**Goldene Bilanzregel**"): Eigenkapital + langfristiges Fremdkapital ≥ Anlagevermögen.

Gemein ist diesen Regeln, dass in ihnen das Prinzip der kaufmännischen Vorsicht zum Ausdruck kommt. Verschuldung (obwohl steuerlich gegenüber Eigenkapital steuerlich begünstigt) wird mit einer gewissen Skepsis betrachtet. Wenn auch die 1:1-Regel in vielen Branchen deutlich nicht eingehalten wird, erwarten Kapitalgeber ab einem gewissen Verschuldungsgrad (Relation Fremdkapital zu Eigenkapital) eine höhere Rendite als Ausgleich für ein (vermeintlich oder tatsächlich) höheres Risiko. Denn ein hoher Fremdfinanzierungsanteil (bzw. ein niedriger Eigenfinanzierungsanteil) bedeutet bisweilen ein erhöhtes Risiko, da im Insolvenzfall die nicht vollständig durch Sicherheiten gedeckten Kredite zumindest teilweise ausfallen können. Langfristig im Unternehmen gebundene Vermögensgegenstände sollen auch langfristig finanziert sein. Zur Begleichung kurzfristiger Verbindlichkeiten sind Unternehmen bisweilen in der Lage, Teile des Umlaufvermögens zu liquidieren. Dies ist beim Anlagevermögen eher nicht der Fall.

Kritisch ist hierzu allerdings anzumerken, dass die Auswertung der oben genannten Finanzkennzahlen keinerlei Auskünfte über die den Finanzkennzahlen vorgelagerten Kenngrößen der Wertgenerierung im Unternehmen (F&E-Know-how, Produktqualität, Markenimage, Marktposition, Marktpotenzial, Qualität der Mitarbeiter und Manager, etc.) gibt, die wesentlich über den zukünftigen Erfolg des Unternehmens entscheiden. Die Bilanz ist (wie entsprechende Zwischenberichte) eine retrograde Stichtagsübersicht.

5.3 Liquidität

Letztendliche Hauptaufgabe der Finanzierung, zu deren Erfüllung die vorgestellten Instrumente und Regeln dienen, ist die Sicherstellung der **Liquidität** (Witte 1995)[7] des Unternehmens bzw. die Vermeidung einer Illiquidität bzw. Zahlungsunfähigkeit.[8] Liquidität kann nur gewährleistet werden, wenn zu jedem Zeitpunkt ein Gleichgewicht zwischen Zahlungseingängen und -ausgängen besteht. Liquidität bedeutet dabei im engeren Sinn jederzeit fristgerecht fällige Verbindlichkeiten uneingeschränkt begleichen zu können (Wöhe und Bilstein 2002).

Nach dem **Fälligkeitszeitpunkt** unterscheidet man **kurzfristige, mittelfristige und langfristige Verbindlichkeiten**. Kurzfristige Verbindlichkeiten sind innerhalb eines Jahres fällig, von mittelfristigen Verbindlichkeiten spricht man bei einem Fälligkeitszeitraum zwischen einem Jahr und fünf Jahren. Langfristig sind Verbindlichkeiten, wenn die Fälligkeit noch über fünf Jahre in der Zukunft liegt.

Ein Mangel an Liquidität tritt insbesondere dann auf, wenn im Unternehmen die Liquidität nur unzureichend geplant wurde. Einer zu geringen Ausstattung mit Liquidität kann durch zusätzliche Aufnahme von Eigen- bzw. Fremdkapital (z. B. mittels Kapitalerhöhung bzw. Kreditaufnahme), Kürzung von auszahlungsrelevanten Ausgaben und durch eine Verbesserung der Zahlungskonditionen (z. B. Verkürzung der Zahlungsziele) entgegengewirkt werden (Lauer 1998). In der Praxis versuchen Un-

---

[7] Daneben hat Liquidität noch weitere Bedeutungen. Liquidität meint auch die *Zahlungsmittelnähe* eines Wirtschaftsgutes, d. h. wie schnell und unter welchen Abschlägen auf den tatsächlichen Wert sich ein Wirtschaftsgut in ein geldwertes Zahlungsmittel verwandeln lässt (Liquidierbarkeit). So verfügen Bargeld bzw. Sichteinlagen bei Banken (z. B. Girokonto) über die höchste Liquidität, wohingegen Immobilien oder Grundstücke zwar in der Regel sehr wertbeständig sind, sich aber nur unter nicht unerheblichen Transaktionskosten und nicht unmittelbar in liquide Mittel umwandeln lassen. Für Unternehmen gilt insbesondere, dass der Wertverlust auf Investitionen proportional zum Individualisierungs- bzw. Spezifitätsgrad der Investition ist. Die dritte Bedeutung von Liquidität bezeichnet die Liquidität eines Marktes. Im Markt weist eine hohe Liquidität auf, wenn zusätzliches Angebot oder zusätzliche Nachfrage den Marktpreis nur unwesentlich beeinflusst, d. h. der Markt liquide genug ist, zusätzlich angebotene und nachgefragte Mengen leicht zu verkraften.

[8] Dies erfolgt idealerweise unter der Nebenbedingung der Rentabilitätsmaximierung bzw. der Minimierung der Kapitalkosten, d. h. auch eine sogenannte Überliquidität, die aufgrund fehlender Zinseinnahmen zu Opportunitätskosten führt, soll vermieden werden. Zum Abbau von Überliquidität können Investitionen getätigt werden, die sich höher verzinsen als der Bestand an flüssigen Zahlungsmitteln. Weiterhin kann Fremdkapital getilgt werden, das in aller Regel höher verzinst ist als der Bestand an flüssigen Zahlungsmitteln oder es können Sonderausschüttungen an die Eigenkapitalgeber vorgenommen werden, diese wiederum zu einem höheren Zinssatz anlegen können als dies beim Bestand an flüssigen Zahlungsmitteln der Fall ist.

ternehmen einen kurzfristigen Liquiditätsmangel durch eine Verschleppung bei der Begleichung von Verbindlichkeiten, eine Nichtausnutzung von Lieferantenskontos und eine Ausnutzung (in kritischen Fällen auch eine Überziehung) von Kreditlinien, die von den Hausbanken des Unternehmens eingeräumt wurden, auszugleichen. Spitzt sich die Liquiditätskrise weiter zu, werden oft nicht unabdingbare Wirtschaftsgüter (unter dem tatsächlichen Wert) veräußert. Alle diese Sofortmaßnahmen führen zu einer Verschlechterung von Wirtschaftskraft und Bonität des Unternehmens, was wiederum die zukünftige Liquidität des Unternehmens weiter reduziert. Nächste Schritte sind typischerweise Auszahlungsverzögerungen bei Löhnen und Gehältern sowie bei der Abführung (der in der Regel ebenfalls monatlich fälligen) Umsatzsteuer.

Um jederzeit liquide zu sein, ist die Liquidität also genau zu planen. Dies geschieht zum einen tagesgenau im Rahmen der sogenannten Liquiditätsdisposition und zum anderen auf Wochen- oder Monatsbasis im Rahmen der sogenannten Finanzplanung. Hierunter versteht man die Ablaufplanung und -steuerung bezüglich des Einsatzes finanzieller Mittel. Ziel ist es Mittelzuflüsse und -abflüsse bestmöglich in Deckung zu bringen. Um dies zu ermöglichen wird eine Vielzahl von Finanzanalysen erstellt. Zur Planung der Liquidität werden ähnlich den oben vorgestellten vertikalen Finanzierungsregeln und horizontalen Finanzierungsregeln Liquiditätskennzahlen ermittelt. Üblich sind hier vor allem die dynamische Liquidität und die Periodenliquidität.

Die dynamische Liquidität ergibt sich als Verhältnis von Zahlungsmittelbestand, Forderungsbestand und geschätzten Umsätzen innerhalb eines Betrachtungszeitraumes (Wochen- oder Monatsbasis) in Relation zu den kurzfristigen Verbindlichkeiten. Inhaltlich lässt sich diese Kenngröße also als Fähigkeit, die kurzfristigen Verbindlichkeiten aus den kurzfristig verfügbaren Zahlungsmitteln und Umsätzen begleichen zu können, interpretieren. Zur Ermittlung der Periodenliquidität werden die Zahlungsausgänge den zu erwartenden Zahlungseingängen gegenübergestellt. Übersteigen die Zahlungsausgänge entsprechend die erwarteten Zahlungseingänge, besteht zusätzlicher Finanzierungsbedarf in Höhe der Differenz, auf den sich das Unternehmen einzustellen hat.

Die Liquidität ist operativ so zu steuern, dass zu jedem Zeitpunkt sämtliche Verbindlichkeiten mit genügend liquiden Mitteln bedient werden können, dass aber gleichzeitig möglichst wenig Kapital im Umlaufvermögen gebunden ist. Kasse, Lager und ausstehende Forderungen sollten also minimal sein, jedoch mit genügend Reserven abgesichert sein, so dass die jederzeitige Zahlungsfähigkeit und Lieferbarkeit der Unternehmensleistungen sichergestellt ist. Dazu bedient sich das Liquiditätsmanagement einer Reihe von Maßnahmen: Kurzfristig nicht benötigte Liquidität kann am Kapitalmarkt angelegt werden, um das Finanzergebnis zu optimieren. Zur Optimierung des Lagerumschlags werden die unabdingbaren Mindestbestände ermittelt, die für eine unterbrechungsfreie Leistungserstellung benötigt werden. Hier ergibt sich über die Anwendung des Just-in-time-Konzepts ein Anknüpfungspunkt zur Materialbedarfs- bzw. Produktionsplanung.

Im Rahmen des Debitorenmanagements werden drei (teilweise konkurrierende) Ziele verfolgt:
- die Zahlungsausfälle sind minimal zu halten – dies kann z. b. über Bonitätsprüfung und Kredit-Scoring-Modelle, in Rahmen derer die Kreditwürdigkeit von Kunden bewertet wird, erreicht werden,
- die den Kunden eingeräumten Kreditrichtlinien sollen ein möglichst kurzfristiges Zahlungsziel beinhalten,
- die Zahlungsbedingungen sollen insgesamt trotzdem für die Kunden attraktiv sein, stellen sie doch ein wesentliches Instrument der Preispolitik dar. Die Auswirkungen einer möglicherweise höheren Kapitalbindung im Umlaufvermögen müssen dann jedoch durch die zusätzlich erzielten Deckungsbeiträge aus der Kundenbeziehung überkompensiert werden.

5.4 Cashflow

Der **Cashflow (Nettokassenfluss)** ist eng verknüpft mit dem Themenkomplex Liquidität, misst er doch den aus der Geschäftstätigkeit eines Unternehmens innerhalb des Betrachtungszeitraumes erzielten Nettozufluss (netto, da alle Abflüsse bereits bei der Ermittlung dieser wichtigen Messgröße abgezogen werden) an liquiden Mitteln (Amen 1998; Coenenberg et al. 2009). Der Cashflow ist somit eigentlich eine Liquiditätskennzahl. Der Cashflow ist als Maßstab dafür, ob das Unternehmen im Rahmen der Geschäftstätigkeit die notwendigen Mittel zur Substanzerhaltung des bilanziellen Vermögens und zusätzlich für die darüber hinaus gehende Investitionstätigkeit selbst erwirtschaften kann, eine wesentliche Messgröße zur Beurteilung der Innenfinanzierungskraft und damit der finanziellen Stabilität eines Unternehmens.[9]

Bei der Bestimmung des Cashflows ist zu beachten, dass ihm Erträge und Aufwendungen zugrunde liegen, die zahlungswirksam sind, d. h. im Betrachtungszeitraum zu Ein- oder Auszahlungen führen. Es wird also versucht, die tatsächlichen Zahlungsströme im Betrachtungszeitraum abzubilden. Dies kann prinzipiell auf zwei Arten geschehen: durch die direkte oder durch die indirekte Ermittlung. Beide Wege führen bei Anwendung identischer Ermittlungskriterien und Abgrenzungsregeln zum selben Ergebnis.

Bei der **direkten Ermittlung** des Cashflows werden alle betriebsnotwendigen und zugleich zahlungswirksamen Aufwendungen (z. B. für Roh-, Hilfs- und Betriebsstoffe, Bezug von Vorprodukten, Löhne und Gehälter, Zinsen, etc.) im Betrachtungszeitraum

---

9 Gerade Start-up-Unternehmen sind häufig noch nicht in der Lage, einen positiven Cashflow zu generieren. Kolloquial spricht man hier von einem Cash Drain bzw. bezogen auf den Betrachtungszeitraum von der Cash Burn Rate.

```
Bruttoumsatz
+       Bestandszunahme Halb- und Fertigprodukte im Betrachtungszeitraum
−       Bestandsabnahme Halb- und Fertigprodukte im Betrachtungszeitraum
−       Materialaufwand im Betrachtungszeitraum
−       Personalaufwand im Betrachtungszeitraum (abzgl. Pensionsrückstellungen)
−       Fremdleistungsaufwand im Betrachtungszeitraum
−       übriger Sachaufwand im Betrachtungszeitraum
=       **Cashflow before Interest and Taxes**
−       Fremdkapitalzinsen im Betrachtungszeitraum
−       Ertragsteuern im Betrachtungszeitraum
=       **Netto-Cashflow**
−       Zunahme Forderungsbestand im Betrachtungszeitraum
−       Bestandszunahme Roh-, Hilfs- und Betriebsstoffe im Betrachtungszeitraum
+       Bestandsabnahme Halb- und Fertigprodukte im Betrachtungszeitraum
−       Investitionen ins Anlagevermögen im Betrachtungszeitraum
+       Desinvestitionen des Anlagevermögens im Betrachtungszeitraum
=       **Free Cashflow**
```

Abb. 5.2 Direkte Ermittlung des Cashflows

von den zahlungswirksamen Erträgen (z. B. Umsatzerlöse, Erträge aus Beteiligungen, Zinsen etc.) abgezogen (vgl. Abb. 5.2).

Bei der **indirekten Ermittlung** des Cashflows wird der bilanzielle Erfolg des Unternehmens im Betrachtungszeitraum (in der Regel der Periodenüberschuss oder der Bilanzgewinn) um nicht auszahlungswirksame (bilanzielle Verrechnungsposten) Aufwendungen, wie z. B. Abschreibungen oder Zuführungen zu Rückstellungen, und nicht einzahlungswirksame Erträge, wie z. B. Zuschreibungen, korrigiert. Die nicht auszahlungswirksamen Aufwendungen werden dabei zum bilanziellen Erfolg addiert, die nicht einzahlungswirksamen Erträge werden vom bilanziellen Erfolg subtrahiert (vgl. Abb. 5.3).

Als externer Betrachter muss man in der Regel auf die weniger detaillierte und damit weniger aussagekräftige indirekte Methode der Ermittlung zurückgreifen. Hier gibt es keine universell gültige Methode. Es empfiehlt sich, die Berechnungsformel der DVFA (Deutsche Vereinigung der Finanzanalysten) und SG (Schmalenbach-Gesellschaft für Betriebswirtschaft) anzuwenden.

> Periodenüberschuss bzw. Periodenfehlbetrag
> + Abschreibungen im Betrachtungszeitraum
> - Zuschreibungen im Betrachtungszeitraum
> + Zunahme der langfristigen Rückstellungen im Betrachtungszeitraum (inklusive Pensionsrückstellungen und Sonderposten mit Rücklagenanteil)
> - Abnahme der langfristigen Rückstellungen im Betrachtungszeitraum (inklusive Pensionsrückstellungen und Sonderposten mit Rücklagenanteil)
> = **Netto-Cashflow/Free Cashflow**

◘ Abb. 5.3 Indirekte Ermittlung des Cashflows

5.5 Kreditrisiko

Unter dem **Kredit- oder** auch **Debitorenrisiko** versteht man die Gefahr, dass ein Fremdkapitalnehmer den gewährten Kredit nicht vollständig zurückzahlt (Bröder 2006). Für Fremdkapitalgeber wie z. B. Kreditinstitute ist das Kreditrisiko das bedeutendste Risiko. In der Literatur (Schmeisser et al. 2005) wird der Risikobegriff nicht einheitlich verwendet. Manche Autoren verstehen unter dem Begriff Kreditrisiko lediglich Bonitätsrisiko, d. h. den insolvenzbedingten Ausfall eines Fremdkapitalnehmers (Büschgen 1998). Andere Autoren berücksichtigen neben dem Insolvenzrisiko noch das Emittenten-, das Beteiligungs-, das Besicherungs- und das Länderrisiko (Germann 2004):

- Unter dem **Emittentenrisiko** wird der Gefahr einer Bonitätsverschlechterung bzw. im Extremfall des Ausfalls eines Emittenten verstanden. Es besteht in erster Linie dann, wenn Kreditinstitute Finanztitel (z. B. Zertifikate, Aktien- oder Wandelanleihen) emittieren. Der wohl spektakulärste Fall der jüngeren Vergangenheit war hier die Insolvenz des Bankhauses Lehman Brothers; der Ausfall traf zahlreiche Investoren, die in Zertifikate dieses Emittenten investiert hatten.
- Das **Beteiligungsrisiko** ähnelt sehr stark dem Bonitätsrisiko. Es besteht in der Gefahr, dass von einem Kreditinstitut eingegangene Beteiligungen zu Verlusten führen.
- Das **Besicherungsrisiko** ist ein nachrangiges Risiko, das nur zum Tragen kommt, wenn zugleich ein Bonitätsrisiko schlagend wird. Es besteht in der Gefahr, dass die Sicherheiten zur Absicherung eines Fremdkapitalgeschäfts an Wert verlieren und damit die ihnen zugedachte Funktion verlieren. Fremdkapitalgeber sichern sich für gewöhnlich gegen Besicherungsrisiken dadurch ab, dass Kreditsicherheiten nur bis zu einem bestimmten Anteil ihres tatsächlichen Wertes als Sicherheit anerkannt werden (Beleihungsgrenze).

- Das **Länderrisiko** bezeichnet die Gefahr, dass ein Staat als Schuldner ausfällt. Das Bonitätsrisiko eines Staates ist für gewöhnlich die Untergrenze für das Bonitätsrisiko der dort beheimateten Fremdkapitalnehmer. Für diese wird das Länderrisiko im Zusammenhang mit grenzüberschreitenden Zahlungsgeschäften schlagend. Daneben sind Staaten Emittenten von Fremdkapitaltiteln. Entsprechend wird beim Eintritt des Länderrisikos auch das entsprechende Emittenten- bzw. Bonitätsrisiko schlagend.

Fremdkapitalgeber versuchen mit einem systematischen Kreditrisikomanagement diesen Risikokategorien zu begegnen. Hierunter sind zunächst einmal die mannigfaltigen Methoden zur Ermittlung möglicher Kreditrisiken zu nennen. Einzelne Engagements werden mittels ausgeklügelter Kennzahlensysteme (sogenannter Kredit-Ratings) bewertet und entsprechend risikoorientiert bepreist, d. h. Kreditnehmer mit einem schlechteren Risikoprofil müssen höhere Kreditzinsen bezahlen (Risikoaufschlag oder -prämie). Anschließend werden die Risiken in den Einzelengagements verdichtet, um sogenannte Klumpenrisiken zu identifizieren, d. h. Risiken die sich daraus ergeben, dass sich bestimmte Faktoren verändern, die die Risikobewertung vieler Einzelengagements beeinflussen. Dies können z. B. Entwicklungen in bestimmten Regionen oder Branchen sein oder auch Preisentwicklungen bei bestimmten Rohstoffen. Ist ein solider Kenntnisstand hinsichtlich der Risikopositionen erreicht, so setzt die Risikosteuerung ein. Hierunter fallen alle Maßnahmen zum Umgang mit und zur Überwachung von identifizierten Risiken.

Die bekanntesten Maßnahmen sind die Limitsteuerung, die Steuerung des Economic Capital, die Steuerung des Expected Loss und der (zuletzt auch im Zusammenhang mit Bahnhöfen und vor allem Atomkraftwerken immer wieder genannte) Stresstest:

- Im Rahmen der **Limitsteuerung** wird jedem Einzelengagement wie auch jedem Cluster an Engagements (Risikogruppe) eine risikoorientierte maximale Kredithöhe (Kreditlimit) zugewiesen, die sich in der Regel am Kredit-Rating orientiert.
- Das **Economic Capital** misst die Höhe des erforderlichen Eigenkapitals, über das ein Fremdkapitalgeber verfügen muss, will er in der Lage sein, auch extreme Verluste aus dem Kreditportfolio aufzufangen, ohne selbst insolvent zu werden.
- Der **Expected Loss** misst mittels komplexer statistischer Modelle den potenziellen Verlust, der im Betrachtungszeitraum aus Kreditrisiken zu erwarten ist.
- Mittels eines **Stresstests** werden die Einflüsse unterschiedlicher Szenarien (z. B. Veränderungen in den wirtschaftlichen Umfeldbedingungen) auf das Kreditportfolio geprüft.

Das Kreditrisikomanagement spielt auch im Bereich der Bankenaufsicht eine entscheidende Rolle. Ziel der Aufsichtsbehörden ist es, eine ausreichende Risikotragfähigkeit der Banken sicherzustellen, um so die Kundeneinlagen zu schützen. Die fachliche wie politische Diskussion zu diesem Themenkomplex hat im Zuge der Finanzkrise 2008/2009 deutlich an Fahrt aufgenommen.

5.6 Bewertung von Finanztiteln

Aus Sicht von Eigen- und Fremdkapitalgebern wie -nehmern ist die Bepreisung von Kapital ein entscheidender Punkt in ihren Finanzierungsüberlegungen. Im Folgenden sollen in der gebotenen Kürze mit der sogenannten technischen Analyse, der Fundamentalanalyse, der Portfolioanalyse und dem Capital Asset Pricing Model die hierfür entscheidenden Methoden kurz beschrieben und erläutert werden.

5.6.1 Technische Analyse

Die **technische Analyse (Chartanalyse)** versucht auf der Basis von Kursverläufen von Finanztiteln (und Indizes) in der Vergangenheit z. B. über Trendverläufe Vorhersagen über deren zukünftigen Verlauf zu treffen und besonders geeignete Kauf- bzw. Verkaufszeitpunkte für die untersuchten Finanztitel zu identifizieren (Murphy 1999).[10]

Die allen charttechnischen Analysemodellen zugrundeliegende Annahme ist, dass es auf den Finanzmärkten mit hoher Wahrscheinlichkeit zu regelmäßig wiederkehrenden Kursverläufen kommt. Charts, d. h. Diagramme, die solche Kursverläufe über einen gewissen Zeitraum abbilden, zeigen bestimmte geometrische Muster, die sogenannte charttechnische Signale für den Kauf oder Verkauf eines Finanztitels aussenden. Als Diagrammtypen werden in der Regel Linien-, Balken- oder Candlestick-Charts[11] verwendet.

---

10 Dies setzt informationsineffiziente Kapitalmärkte voraus, d. h. in den Preisen der untersuchten Finanztitel ist die zum Zeitpunkt der Bewertung nicht sämtliche vorliegende Information eingepreist. Nur so kann es gelingen, mittels technischer Analyse zusätzliche (über der Marktrendite liegende) Renditen zu erzielen (und so praktisch „den Markt zu schlagen"). Ob dies mittels technischer Analyse tatsächlich gelingen kann, ist höchst umstritten. Die wissenschaftlichen Vertreter der klassischen Finanzmarkttheorie gehen von informationseffizienten Kapitalmärkten aus, auf denen Kursverläufe einem sogenannten Random Walk folgen, d. h. die Bewertung sich nur beim Eintreffen neuer kursrelevanter Information ändert (vgl. Bankhofer und Rennhak 1997, 1998 und 1999).

11 Candlestick-Charts sind eine spezielle Art von Balkencharts, die die Trenderkennung erleichtern. Bei einem Candlestick-Chart wird die Spanne zwischen Eröffnungs- und Schlusskurs eines Finanztitels an einem Handelstag als Rechteck dargestellt. Über Eröffnungs- bzw. Schlusskurs hinausgehende Schwankungen werden mit einem darüber hinaus gehenden Strich gekennzeichnet. Dieser wird – entsprechend der Kerzenanalogie – als Docht oder Lunte bezeichnet. Farbliche Kennzeichnungen ermöglichen eine Unterscheidung, ob jeweils der Eröffnungs- über dem Schlusskurs lag oder umgekehrt.

Typische Handelsstrategien, die auf charttechnischer Analyse beruhen, sind die Strategien der gleitenden Durchschnitte, der Aufwärts- bzw. Abwärtstrends sowie der speziellen Formationen:

- **Gleitende Durchschnitte** errechnen sich aus dem Durchschnitt einer Anzahl von Kurswerten. Typischerweise werden zur Berechnung die Tagesschlusskurse der letzten 50, 100 oder 200 Tage verwendet. Man spricht dann in der Charttechnik von der sogenannten 50-, 100- oder 200-Tagelinie. Schneidet das aktuelle Kursdiagramm nun die Linie des gleitenden Durchschnitts von unten, sprechen die Charttechniker von einem Kauf-, schneidet sie von oben, von einem Verkaufssignal.
- **Aufwärtstrends** erkennen die Charttechniker sobald ein aktuelles Kursmaximum oberhalb eines vorangegangen Kursmaximums zum Liegen kommt und gleichzeitig das letzte Kursminimum ebenfalls oberhalb des vorangegangenen Kursminimums zum Liegen kam (grafisch entsteht ein sogenannter Aufwärtstrendkanal durch die Verbindung der jeweiligen Kursmaxima bzw. Kursminima). Die Charttechniker wittern das Ende einer Aufwärtsbewegung (Verkaufssignal), wenn das Diagramm der aktuellen Kursbewegungen den Aufwärtskanal nach unten durchbricht. Im Fall, dass ein aktuelles Kursmaximum unterhalb des vorangegangenen Kursmaximums zum Liegen kommt und gleichzeitig das letzte Kursminimum ebenfalls unterhalb des vorangegangenen Kursminimums zum Liegen kam, sprechen die Charttechniker von einem Abwärtstrend (grafisch entsteht wiederum ein sogenannter Abwärtstrendkanal durch die Verbindung der jeweiligen Kursmaxima bzw. Kursminima). Die Charttechniker wittern das Ende einer Abwärtsbewegung (Kaufsignal), wenn das Diagramm der aktuellen Kursbewegungen den Abwärtskanal nach oben durchbricht.
- Die Charttechnik kennt zusätzlich zu diesen relativ simplen Kaufs- oder Verkaufssignalen eine nahezu unbegrenzte **Vielfalt an sogenannten Formationen**, d. h. geometrischen Formen, die aus Kursmustern herausgelesen werden. Sie sollen die Indikatoren für Trendumkehrungen nach unten (z. B. Zweifachhoch, Dreifachhoch, umgekehrte Untertasse, umgekehrtes Dreieck) oder nach oben (z. B. Zweifachtief, Dreifachtief, Untertasse) sowie für die Bestätigung eines Trends (z. B. Rechteck, Dreiecke und Keile, Flaggen und Wimpel) sein.

Bei aller Kritik an der wissenschaftlichen Fundierung der technischen Analyse und den großen subjektiven Interpretationsspielräumen beim *Lesen* der ihr zugrundeliegenden Chartdiagramme, ist sie dennoch bei vielen Anlegern sehr populär. Entsprechend große Kapitalbewegungen werden durch charttechnische Signale ausgelöst, was wiederum dazu führt, dass die charttechnischen Prognosen tatsächlich eintreten. Man spricht hier von einer sogenannten self fulfilling prophecy.

5.6.2 Fundamentalanalyse

Die **Fundamentalanalyse** versucht, den angemessenen Preis von Finanztiteln auf Basis der betriebswirtschaftlichen Kennzahlen des betreffenden Unternehmens zu bestimmen. Übertrifft dieser angemessene Preis (Fundamentalanalysten sprechen hier oft vom sogenannten inneren Wert eines Finanztitels) den aktuellen Kurswert, so ist der Finanztitel *billig* bzw. *fundamental unterbewertet* und sollte gekauft werden (und umgekehrt). Die Fundamentalanalyse basiert auf der Analyse der kaufmännischen Rechenwerke (z. B. Quartals- oder Jahresberichte) des Unternehmens (z. B. Bewertung des Unternehmens auf Basis des Discounted Cashflow) sowie auf der Betrachtung einer Reihe von kursbezogenen Indikatoren, wie z. B. der Dividendenrendite einer Aktie. In der Regel werden hierzu Relationen verwendet, was auch der Vergleichbarkeit von Unternehmen unterschiedlicher Größe dient.

Die gebräuchlichsten Kennzahlen der Fundamentalanalyse sind das Kurs-Gewinn-Verhältnis (KGV bzw. Price Earnings Ratio, PER), das Kurs-Cashflow-Verhältnis (KCF), das Kurs-Buchwert-Verhältnis (KBV), die Gesamtkapitalrendite und die Eigenkapitalquote:

- Das **Kurs-Gewinn-Verhältnis** ist sicher die bekannteste Kennzahl im Bereich der Fundamentalanalyse. Es berechnet sich durch Division des aktuellen Kurswertes durch den (aktuellen oder erwarteten) Unternehmensgewinn je Aktie. Aktie mit niedrigem (z. B. im Vergleich zum langjährigen Branchenmittel oder im Wettbewerbsvergleich) KGV gelten als billig.
- Analog errechnet sich das **Kurs-Cashflow**-Verhältnis durch Division des aktuellen Kurswertes durch den Cashflow je Aktie. Fundamentalanalysten präferieren in der Regel das Kurs-Cashflow-Verhältnis im Vergleich zum Kurs-Gewinn-Verhältnis, weil der Cashflow in geringerem Maße buchhalterischen Gestaltungsmöglichkeiten (z. B. Bewertung von Rückstellungen, Abschreibungspolitik) unterliegt als der Gewinn. Bei der *Gestaltung des Gewinns* stehen oft steuerliche Erwägungen im Vordergrund bzw. das Bestreben, den bilanziellen Gewinn für Eigen- und/oder Fremdkapitalgeber attraktiv wirken zu lassen. Finanzanalysten sind in der Regel auch weniger an absoluten Größen denn an Längs- oder Querschnittsvergleichen interessiert.
- Das **Kurs-Buchwert-Verhältnis** errechnet sich durch Division des aktuellen Kurswertes durch den Buchwert je Aktie. Letzterer berechnet sich als bilanzieller Wert des Eigenkapitals (Subtraktion der Verbindlichkeiten des Unternehmens von seinen Aktiva). Fundamentalanalysten präferieren niedrige Kurs-Buchwert-Verhältnisse.
- Fundamentalanalysten verwenden die **Gesamtkapitalrendite**, um die Profitabilität eines Unternehmens einschätzen zu können. Die Gesamtkapitalrendite berechnet sich, indem zum Gewinn des Unternehmens der Zinsaufwand

addiert und die resultierende Größe durch das Gesamtkapital dividiert wird. Die Gesamtkapitalrendite kann wiederum zu Längs- oder Querschnittsvergleichen herangezogen werden, um festzustellen wie sich die Profitabilität des untersuchten Unternehmens im Zeitablauf bzw. im Wettbewerbsvergleich entwickelt.

- Die **Eigenkapitalquote** berechnet sich durch Division des Eigenkapitals des Unternehmens durch sein Gesamtkapital. Sie misst die finanzielle Stabilität des Unternehmens im Zeit- und Branchenvergleich. Konservativ bzw. nach dem Prinzip der kaufmännischen Vorsicht geführte Unternehmen streben in der Regel hohe Eigenkapitalquoten an. Eine hohe Eigenkapitalquote verbessert einerseits die Kreditwürdigkeit eines Unternehmens, es ist jedoch andererseits anzumerken, dass dadurch die sich durch ein financial leverage bietenden Chancen nicht vollständig genutzt werden: in der Regel ist Fremdkapital steuerlich begünstigt und aufgrund seiner Vorrangigkeit müssen im Vergleich zum Eigenkapital niedrigere Kapitalkosten bezahlt werden.

Fundamentalanalysten schätzen den Wert eines Unternehmens in der Regel über sogenannte multiples ab, d. h. die errechneten Kennzahlen für das zu bewertende Unternehmen werden mit den entsprechenden Kennzahlen und Bewertungen für vergleichbare Unternehmen ins Verhältnis gesetzt, um dann den fairen Wert des zu analysierenden Unternehmens zu bestimmen. Da die unterschiedlichen Berechnungen auf Basis der verschiedenen Kennzahlen zu unterschiedlichen Bewertungen führen, ergibt sich in der Regel eine (mehr oder weniger breite) Spanne, innerhalb derer die Fundamentalanalysten den fairen Wert des zu bewertenden Unternehmens vermuten.

Die Fundamentalanalyse ist für die – insbesondere langfristige – Bewertung von Finanztiteln unverzichtbar. Im Vergleich zur – kurzfristiger orientierten Charttechnik – kann ihr auch ein Stück weit eine höhere Objektivität zugesprochen werden, da sie stärker auf „harten" Fakten basiert und nicht so stark von subjektiven Interpretationen abhängt.

5.6.3 Portfoliotheorie und Capital Asset Pricing Model

Gegenstand der **Portfolioanalyse** ist die Analyse des Investitionsverhaltens von Anlegern auf Kapitalmärkten mit dem Ziel Handlungsanweisungen zur Entwicklung optimaler Anlagestrategien zu geben (Elton et al. 2003; Maier 2004; Markowitz 1952; Ross et al. 2005; Spremann 2006). *Optimal* bedeutet in diesem Zusammenhang rendite-risiko-effizient, d. h. bei gegebenem Risiko ist keine höhere Rendite bzw. bei gegebener Rendite ist kein geringeres Risiko möglich. Risiko bemisst sich dabei durch die Standardabweichung der Rendite. Die Portfoliotheorie konzentriert sich hierbei auf die Unterscheidung zwischen systematischem (nicht diversifizierbares Marktrisiko) und unsystematischem (durch die Hereinnahme vieler möglichst un- oder negativ

5.6 · Bewertung von Finanztiteln

korrelierter Finanztitel diversifizierbares Unternehmensrisiko) Risiko. Für die Übernahme des systematischen Risikos erhalten Anleger eine Prämie, für die Übernahme des unsystematischen Risikos nicht.

Optimale Kombinationen von Rendite und Risiko sind abhängig von der Risikopräferenz des Investors. Die Portfoliotheorie postuliert, dass sich optimale Anlagestrategien immer als Mischung eines riskanten Portfolios und einer risikolosen Anlage (in der Vergangenheit wurden hier als Beispiel immer Staatsanleihen herangezogen) darstellen lässt: je risikofreudiger der Investor, desto geringer der Anteil der risikolosen Anlage in seiner Anlagestrategie. Der Anteil des riskanten Finanztitels wächst ceteris paribus mit der Rendite und fällt mit steigendem Risiko des riskanten Finanztitels. Das riskante Portfolio besteht aus allen Anlagemöglichkeiten und ist unabhängig von Vermögen und Risikoeinstellung des Investors – nur die Risiko-Rendite-Kombinationen der gehandelten Finanztitel und deren Korrelationen spielen hier eine Rolle.

Das **Capital Asset Pricing Model** (Brealey und Myers 2005; Sharpe 1964) nimmt den Grundgedanken der Portfoliotheorie – die Risikodiversifikation durch Portfoliobildung – auf und entwickelt diese einen Schritt weiter: es geht davon aus, dass sich am Markt Gleichgewichtskurse bilden, wenn sich alle Investoren rational verhalten und entsprechend effiziente Portfolios halten. Eine wichtige Annahme des Modells besagt, dass Investoren zum risikolosen Zinssatz unbegrenzt Geld ausleihen oder anlegen können. So können sie ihren individuellen Risikopräferenzen Rechnung tragen und ihre persönliche Mischung aus risikoloser Anlage und Marktportfolio herstellen. Das Capital Asset Pricing Model erweitert die Portfoliotheorie also um die Fragestellung, welcher Teil des Gesamtrisikos eines Finanztitels sich durch Diversifikation eliminieren lässt und welcher Teil nicht. Darüber hinaus erklärt es, wie Finanztitel auf effizienten Kapitalmärkten zu bewerten sind. Das Capital Asset Pricing Model untersucht dazu die Anlageentscheidung eines risikoaversen Investors, der sich entscheiden muss, welchen Teil seines Vermögens er zu einem risikolosen Zinssatz und welchen er in risikobehaftete Finanztitel anlegen will.

Das Capital Asset Pricing Model erklärt, dass diese Entscheidung unter gewissen Annahmen nur von der erwarteten Rendite und dem Risiko des Finanztitels abhängig ist. Als Rendite-Schätzer wird dabei das arithmetische Mittel der Kurse in der Vergangenheit verwendet; der Risiko-Schätzer wird aus der Standardabweichung der Kurse in der Vergangenheit ermittelt. Das Capital Asset Pricing Model besagt, dass die zu erwartende Rendite eines Finanztitels nur von dessen Beta-Faktor[12] und dem Überschuss der Marktrendite (der Rendite des Marktportfolios, in dem alle marktgän-

---

12 Der Beta-Faktor bemisst den Risikobeitrag jedes Finanztitels im Marktportfolio und ergibt sich als Relation der Kovarianz von betroffenem Finanztitel und Marktportfolio zur Varianz des Marktportfolios. Der Beta-Faktor des Marktportfolios beträgt entsprechend 1. Der Beta-Faktor misst nur das auch durch Portfoliobildung nicht weiter diversifizierbare Marktrisiko eines Finanztitels (systematisches Risiko).

gigen Finanztitel entsprechend ihres Marktwertes vertreten sind) über den risikolosen Zins abhängt. Der Überschuss der Marktrendite über den risikolosen Zinssatz wird in der Terminologie des Capital Asset Pricing Models als Marktpreis für das Risiko bezeichnet. Der Marktpreis für das Risiko ist für alle Finanztitel identisch. Somit hängt die individuell erwartete Rendite eines Finanztitels nur von dessen Beta-Faktor ab: je höher der Beta-Faktor, desto höher die erwartete Rendite und umgekehrt.

Erklärungskraft und praktischer Nutzen des Modells sind enorm: auf Basis des Capital Asset Pricing Models wird klar, wie viel zusätzliche Rendite erzielt werden muss, um ein höheres Risiko zu rechtfertigen bzw. in der umgekehrten Betrachtungsweise, auf wie viel Rendite der Investor verzichten muss, will er sein Risiko reduzieren. In der Praxis wird das Capital Asset Pricing Model u. a. dazu verwendet, die risikoadjustierten Kapitalkosten von Unternehmen bzw. Investitionsprojekten (weighted average cost of capital – wacc) zu bestimmen und die Performance von Anlagefonds zu beurteilen. Letzteres geschieht, indem die tatsächlich erzielte Rendite mit der nach dem Capital Asset Pricing Model theoretisch erzielbaren Rendite verglichen wird.

Kritisch anzumerken ist, dass sich das Capital Asset Pricing Model einer empirischen Überprüfung entzieht, da sich das Marktportfolio, das alle risikobehafteten Finanztitel enthält, nur theoretisch konstruieren, aber nicht praktisch bilden lässt. Daneben lassen sich an den Kapitalmärkten bisweilen Phänomene beobachten, die das Capital Asset Pricing Model nicht erklären kann. Zu nennen wären hier der sogenannte Januareffekt und der Small-Caps-Effekt, die besagen, dass der Kapitalmarkt nicht erklärbare Überrenditen zu bestimmten Jahreszeiten und für eine bestimmte Gruppe von Unternehmen zeigt.

5.7 Lern-Kontrolle

Kurz und Bündig
Der Bereich des Corporate Finance in einem Unternehmen kann sich für Finanzierungsentscheidungen verschiedener Finanzierungsmodelle (Private Equity, Venture Capital etc.) und analytischer Verfahren (Chart-, Fundamentalanalyse, Capital Asset Pricing) bedienen, um das Kreditrisiko zu verringern und die Liquidität bzw. den Cashflow eines Unternehmens zu erhalten.

❓ Let's check
1. Was ist der Gegenstand der Finanzierung? Wie unterscheiden sich traditionelle und moderne Ansätze?
2. Was sind die Aufgabenfelder der Corporate Finance? Erläutern Sie diese kurz!
3. Systematisieren Sie die unterschiedlichen Formen der Finanzierung! Was versteht man unter Private Equity und Venture Capital?
4. Wie lässt sich die Liquidität eines Unternehmens jederzeit sicherstellen?

5.7 · Lern-Kontrolle

5. Auf welche unterschiedlichen Arten lässt sich der Cashflow bestimmen? Zeigen Sie die Berechnungsmethoden auf!
6. Wie lassen sich Kreditrisiken systematisieren und managen?
7. Diskutieren Sie die Kernaussagen der Chartanalyse kritisch!
8. Was sind wesentliche Kennziffern der Fundamentalanalyse?
9. Was sind die Kernaussagen des Capital Asset Pricing Models?

Vernetzende Aufgaben
1. Wie entscheidend ist der Faktor Zeit hinsichtlich der verschiedenen Finanzierungsverfahren?
2. Inwieweit unterscheiden sich Investitions- und Finanzierungsentscheidungen, wenn sie von öffentlichen und nicht privaten Unternehmen getätigt werden?

Lesen und Vertiefen
— Perridon, L. / Steiner, M. (2009): Finanzwirtschaft der Unternehmung, 15. überarbeitete und erweiterte Auflage, München.

Das betriebliche Rechnungswesen

Marc Oliver Opresnik, Carsten Rennhak

6.1 Internes Rechnungswesen – 157
6.1.1 Grundlagen – 157
6.1.2 Kostentheorie – 159
6.1.3 Kalkulation – 159

6.2 Externes Rechnungswesen – 176
6.2.1 Grundbegriffe – 177
6.2.2 Aufgaben des externen Rechnungswesens – 180
6.2.3 Jahresabschluss – 181
6.2.4 Grundlagen internationaler Rechnungslegung – 189

6.3 Lern-Kontrolle – 190

M. O. Opresnik, C. Rennhak, *Allgemeine Betriebswirtschaftslehre*,
Studienwissen kompakt, DOI 10.1007/978-3-662-44327-9_6,
© Springer-Verlag Berlin Heidelberg 2015

Kapitel 6 · Das betriebliche Rechnungswesen

Lern-Agenda

Für die meisten betrieblichen Entscheidungen werden Informationen über Kosten und die ihnen gegenüberstehenden Leistungen benötigt. Darüber hinaus gilt es, die Interessen von Anteilseignern, Gläubigern, Finanzbehörden, Lieferanten und Fremdkapitalgebern zu wahren und diese zutreffend über die Situation des Unternehmens zu informieren. Nachfolgend wird deshalb vermittelt

- welche Aufgaben das interne Rechnungswesen hat,
- welche Kostenrechnungssysteme es gibt,
- wie Kosten ermittelt werden,
- worin sich Einzel- und Gemein- sowie fixe und variable Kosten unterscheiden,
- wie Kosten auf Kostenstellen und auf Kostenträger verrechnet werden und
- wie der Erfolg von Betrieben analysiert wird.
- welche Begriffe zur Charakterisierung betrieblicher Geschäftsfelder verwendet werden,
- welche Aufgaben das externe Rechnungswesen hat,
- wie bei der Buchführung vorgegangen wird,
- wie der Jahresabschluss mit seinen Bestandteilen Bilanz, Gewinn- und Verlustrechnung, Kapitalflussrechnung sowie Anhang und Lagebericht aufgebaut ist und
- wie sich Geschäftsfelder auf die Bilanz und die Gewinn- und Verlustrechnung auswirken.

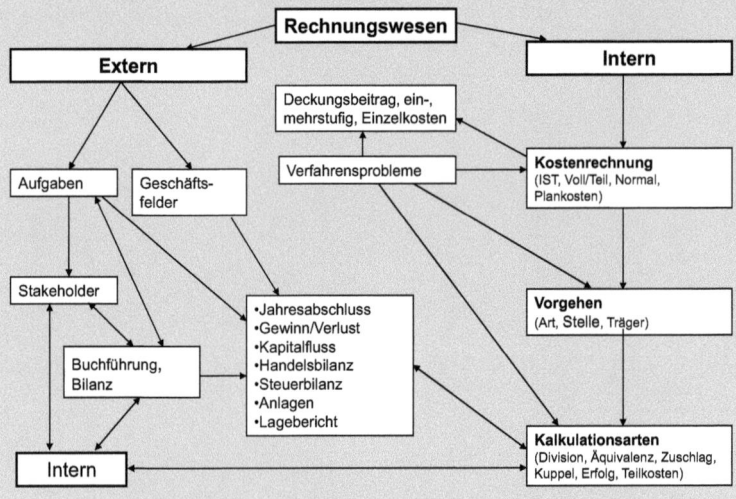

▶ Kapitel 6 auf einen Blick

6.1 Internes Rechnungswesen

6.1.1 Grundlagen

Das interne Rechnungswesen ist neben dem externen der zweite Teilbereich des Rechnungswesens. Innerhalb dieses Systems hat es insbesondere die Aufgabe, die zur Steuerung der betrieblichen Leistungserstellung notwendigen Informationen über Kosten und Leistungen bereitzustellen.

> **Merke!**
>
> Gegenstand des **internen Rechnungswesens** ist die Ermittlung und Bereitstellung von Informationen über monetäre und mengenmäßige Größen, welche benötigt werden, um die betriebliche Leistungserstellung zu planen und zu kontrollieren (Vahs und Schäfer-Kunz 2012).

Das interne Rechnungswesen wird auch als **Betriebsbuchführung** bezeichnet und wendet sich dabei im Gegensatz zu dem externen Rechnungswesen an Informationsempfänger innerhalb des Unternehmens, wie beispielsweise das Management oder bestimmte Unternehmensbereiche, wie das Controlling oder das Marketing.

Teilbereiche des internen Rechnungswesens sind die Kostenrechnung und die Betriebsstatistik. Die wichtigste Funktion der **Kosten- und Leistungsrechnung**, welche im Mittelpunkt der nachfolgenden Ausführungen steht, besteht darin, bestimmte Kosten und Leistungen auf bezeichnete Objekte zu verteilen.

Unterteilung von Kostenrechnungssystemen

Kostenrechnungssysteme lassen sich in Abhängigkeit vom Zeitbezug der Rechengrößen in Ist-, Normal- und Plankostenrechnungen unterteilen. In Abhängigkeit von dem Ausmaß der verrechneten Kosten werden außerdem Voll- und Teilkostenrechnungen unterschieden:

- **Ist-, Normal- und Plankostenrechnungen**
  Gegenstand der **Istkostenrechnung** sind die tatsächlich in einer Periode angefallenen Kosten. Da sich diese Kosten nur nachträglich ermitteln lassen, ist die Istkostenrechnung vergangenheitsorientiert.
  Gegenstand der **Normalkostenrechnung** sind die in den vergangenen Perioden durchschnittlich angefallenen Istkosten. Durch die Durchschnittsbildung werden Schwankungen der Kosten in verschiedenen Perioden nivelliert und die Kosten somit vergleichbar gemacht. Auch bei dieser Rechnung handelt es sich um eine vergangenheitsorientierte Kalkulation.

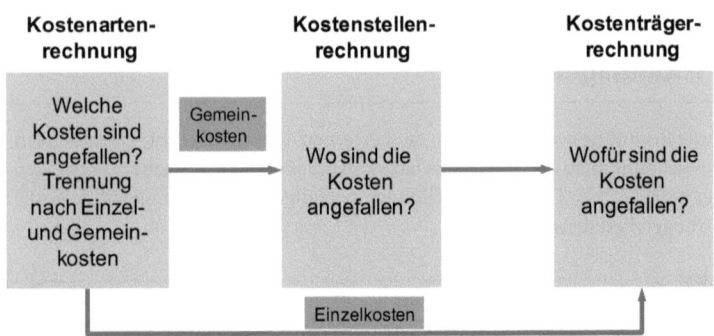

Abb. 6.1 Zusammenhang zwischen Kostenarten-, Kostenstellen- und Kostenträgerrechnung

Gegenstand der **Plankostenrechnung** sind zukünftige für eine erwartete Beschäftigung prognostizierte Kosten. Hierbei handelt es sich entsprechend um eine zukunftsorientierte Rechnung. Die Plankosten stellen in der Regel Vorgaben für Kostenstellen dar. Im Rahmen der Plankostenrechnung wird die Einhaltung dieser Kosten kontrolliert und die Ursache von Abweichungen analysiert.

- **Voll- und Teilkostenrechnung**
Im Rahmen der **Vollkostenrechnung** werden alle angefallenen Kosten auf die entsprechenden Kostenträger verrechnet. Durch dieses Vorgehen wird sichergestellt, dass mit den kalkulierten Preisen alle entstehenden Kosten gedeckt werden. Da bei der Vollkostenrechnung alle und somit auch die fixen Kosten proportionalisiert werden, werden den Kostenträgern Kosten zugerechnet, welche diese gar nicht verursacht haben.

Im Rahmen der **Teilkostenrechnung** erfolgt in allen Stufen der Kostenrechnung eine Kostenspaltung, welche es ermöglicht, Kostenträgern nur die Einzelkosten oder variablen Kosten zuzurechnen, welche diese tatsächlich verursacht haben (**Verursachungsprinzip**).

Vorgehensweise bei der Kostenrechnung

Die Kostenrechnung erfolgt in drei aufeinander aufbauenden Stufen, nämlich der Kostenarten-, der Kostenstellen- und der Kostenträgerrechnung (vgl. Abb. 6.1).

Die Kostenartenrechnung dient dabei der Kostenermittlung, während die Kostenstellen- und die Kostenträgerrechnung der Kostenverteilung auf Kostenstellen und Kostenträger dienen. Die verschiedenen Kostenrechnungssysteme umfassen immer die genannten Stufen. Sie unterscheiden sich jedoch hinsichtlich der Vorgehensweise innerhalb der Stufen (vgl. Abb. 6.2).

Kostenartenrechnung	▸ **Welche** Kosten sind in welcher Höhe angefallen? – Die Kosten werden hierbei vollständig erfasst und nach verschiedenen Gesichtspunkten gegliedert.
Kostenstellenrechnung	▸ **Wo** sind die Kosten angefallen? – Dazu wird untersucht, an welchen Orten bzw. in welchen Bereichen (Kostenstellen, abgekürzt KST) des Unternehmens die Kosten verursacht wurden
Kostenträgerrechnung	▸ **Wofür** sind die Kosten angefallen? – Unter Kostenträgern (KTR) versteht man die Leistungseinheiten (zumeist Produkte oder Aufträge), die den Kostenanfall letztlich verursachen.

◘ Abb. 6.2 Die Teilbereiche der Kostenrechnung

6.1.2 Kostentheorie

Das interne Rechnungswesen basiert auf der **Kostentheorie**, welche ihrerseits auf der **Produktionstheorie** aufbaut und diese ergänzt. Die Kostentheorie erklärt, wie sich die Gesamtkosten K im Verhältnis zur Anzahl der produzierten Güter x verändern. Dabei können die Kostenfunktionen unterschiedliche Verlaufsformen haben.

Bei den sogenannten **Kostenträgereinzelkosten**, auf die nachfolgend noch ausführlicher eingegangen wird, ist der Zusammenhang leicht nachvollziehbar. Problematischer ist dagegen die Behandlung von Kostenträgergemeinkosten, da der Verbrauch der entsprechenden Produktionsfaktoren nur indirekt oder gar nicht von der Anzahl der produzierten Güter abhängt. Die deshalb erforderlichen Schlüsselungen erfolgen über die nachfolgend beschriebenen Systeme der Kostenrechnung.

6.1.3 Kalkulation

Die Kalkulation bildet den Kern des internen Rechnungswesens. Es handelt sich dabei um eine volle Kostenkalkulation auf Ist- oder Normal-Kostenbasis, welche zur Ermittlung der Kosten von Kostenträgern, also insbesondere von Produkten, geführt wird. Nachfolgend werden die dazu in der Kostenarten-, der Kostenstellen- und der Kostenträgerrechnung durchzuführenden Schritte beschrieben (Vahs und Schäfer-Kunz 2012).

Kostenartengliederung	
Kosteneinteilung nach...	Einteilungsergebnis
(1) Art verbrauchter Produktionsfaktoren	Personalkosten, Materialkosten, Abschreibungen, Zinskosten usw.
(2) Betrieblichen Funktionen	Beschaffungs-, Lager-, Fertigungs-, Verwaltungs- und Vertriebskosten
(3) Art der Verrechnung	Einzelkosten und Gemeinkosten
(4) Art der Kostenerfassung	Aufwandsgleiche und kalkulatorische Kosten
(5) Herkunft der Kostengüter	Primäre und sekundäre Kosten
(6) Verhalten bei Beschäftigungsänderungen	Fixe und variable Kosten

Abb. 6.3 Kostenartengliederung

Kostenartenrechnung

Die **Kostenartenrechnung** ist die erste Stufe der Kostenrechnung und damit die Basis für die nachfolgenden Kostenstellen- und Kostenträgerrechnung. Die Kostenartenrechnung hat die Aufgabe, die in der Kostenrechnung zu verteilenden Kosten zu ermitteln und die Kosten für die Festlegung der weiteren Behandlung in Einzel- und Gemeinkosten sowie in fixe und variable Kosten zu unterteilen (vgl. **Abb. 6.3**).

Kostenermittlung
Materialkosten

Die **Materialkosten** können abhängig von der Materialart in Kosten für Rohstoffe, Hilfsstoffe, Betriebsstoffe und Waren unterteilt werden. Rohstoffe und Waren werden dabei in der Regel als Einzelkosten, Hilfsstoffe und Betriebsstoffe als Gemeinkosten behandelt. Die kostenmäßige Bewertung des verbrauchten Materials erfolgt über den Anschaffungspreis oder über den Wiederbeschaffungspreis.

Personalkosten

Die **Personalkosten** werden auf Basis der Daten ermittelt, welche die Lohn- und Gehaltsbuchhaltung liefert. Die Personalkosten werden üblicherweise weiter in folgende Arten untergliedert:

- **Lohnkosten**
  Lohnkosten entstehen durch die Bezahlung der Arbeiter. Fertigungslöhne, die über Arbeitspläne direkt bestimmten Produkten zugerechnet werden können, sind dabei Kostenträgereinzelkosten. Hilfslöhne sind in der Regel Gemeinkosten.
- **Gehaltskosten**
  Gehaltskosten entstehen durch die Bezahlung der Angestellten. In der Regel sind die Gehälter auch Gemeinkosten.

6.1 · Internes Rechnungswesen

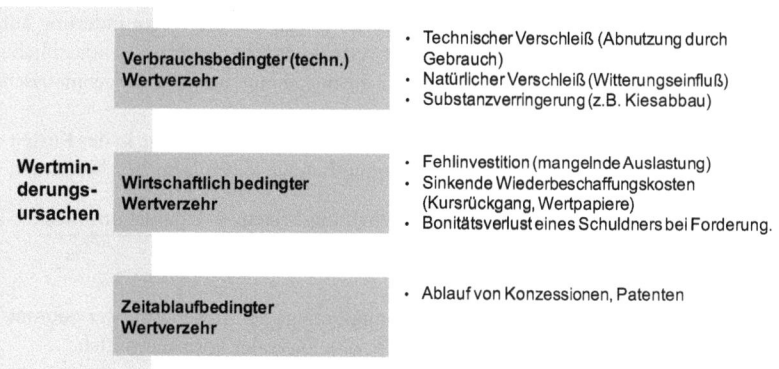

Abb. 6.4 Wertminderungsursachen bei Abschreibungen

- **Personalzusatzkosten**
  Unter den Personalzusatzkosten werden insbesondere Lohn- und Gehaltsnebenkosten, aber auch Zulagen und Prämien zusammengefasst. Beispiele sind der Arbeitgeberanteil zur Krankenversicherung, die vermögenswirksamen Leistungen oder die Beihilfen für die Verpflegung. Die Personalzusatzkosten stellen in der Regel Gemeinkosten dar.
- **Kalkulatorischer Unternehmerlohn**
  Der kalkulatorische Unternehmerlohn wird bei Eigentümerunternehmen eingesetzt, deren Eigentümer kein Gehalt für ihre Tätigkeit beziehen. Die Höhe des kalkulatorischen Unternehmerlohnes richtet sich dabei nach dem Gehalt von Führungskräften in vergleichbaren Positionen.

Abschreibungen

Durch **Abschreibungen** sollen die Wertminderungen des abnutzbaren Anlagevermögens abgebildet werden. Einen Überblick hinsichtlich der Wertminderungsursachen gibt ◘ Abb. 6.4.

Abschreibungen stellen dabei im Hinblick auf die Kostenträger in der Regel Gemeinkosten dar, können aber über das Anlagevermögen den Kostenstellen als Einzelkosten zugerechnet werden.

In der Kostenrechnung werden die sogenannten **kalkulatorischen Abschreibungen** verwendet. Während die bilanziellen Abschreibungen im externen Rechnungswesen aufgrund von handels- und steuerrechtlichen Vorschriften sowie denen vom Bundesministerium der Finanzen herausgegebenen **AfA-Tabellen (AfA: Absetzung für Abnutzung)** berechnet werden, sollen die kalkulatorischen Abschreibungen den wirklichen Verbrauch des Anlagevermögens aufzeigen.

Durch die Abschreibungsmethode wird festgelegt, wie die Wertminderung auf die Perioden innerhalb der Nutzungsdauer verteilt wird. In der Praxis gebräuchliche Abschreibungsmethoden sind insbesondere die lineare und teilweise die geometrisch degressive Abschreibung.

Bei Anwendung der **linearen Abschreibungsmethode** werden die in der Kostenrechnung zu berücksichtigenden Abschreibungsbeträge folgendermaßen berechnet:

$$\text{Abschreibungsbetrag} = \frac{\text{Wiederbeschaffungskosten} - \text{Liquidationserlös}}{\text{Nutzungsdauer}}$$

Im Vergleich hierzu werden die Abschreibungsbeträge bei Anwendung der **geometrisch degressiven Abschreibungsmethode** nach folgender Formel ermittelt:

$$\text{Abschreibungsbetrag} = \text{Fortgeführte Wiederbeschaffungskosten} \cdot \text{Abschreibungssatz}$$

Die fortgeführten Wiederbeschaffungskosten ergeben sich dabei aus den Wiederbeschaffungskosten abzüglich der bisher vorgenommenen Abschreibungen.

Diese Methode unterstellt, dass der Wertverlust während der Nutzungsdauer abnimmt. Die jährlichen Abschreibungsbeträge werden dabei als fester Prozentsatz vom jeweiligen Restbuchwert berechnet.

▪▪ Fremdleistungskosten

Fremdleistungskosten entstehen durch die Inanspruchnahme von Dienstleistungen Externer. Beispiele sind Instandhaltungs-, Rechtsberatungs-, Versicherungs- und Forschungsleistungen sowie die Vermietung von Gebäuden und Anlagen. Die Fremdleistungskosten stellen in der Regel Kostenträgergemeinkosten dar.

▪▪ Wagniskosten

Durch das Einsetzen von **Wagniskosten** sollen Einzelrisiken wie beispielsweise der Verlust von Anlagegütern aufgrund von außergewöhnlichen Schäden, der Verlust von gelagerten Erzeugnissen sowie Transportschäden in der Kostenrechnung berücksichtigt werden. Die Höhe der anzusetzenden Wagniskosten kann sich an den Schadensaufwendungen der Vergangenheit oder an den entsprechenden Versicherungsprämien orientieren. Die Wagniskosten stellen in der Regel Kostenträgergemeinkosten dar.

▪▪ Zinsen

Während im externen Rechnungswesen nur Fremdkapitalzinsen als Aufwand berücksichtigt werden, können bei der Kostenrechnung auch **Zinsen** für das im betriebsnotwendigen Kapital enthaltene Eigenkapital angesetzt werden. Durch diese kalkulatorischen Zinsen soll dem Umstand Rechnung getragen werden, dass durch die Bindung von Kapital im Unternehmen diese Geldmittel einer anderweitigen Nutzung (also zum Beispiel einer Anlage in Aktien) entzogen werden und somit Zinserträge verloren gehen. Im Hinblick auf die Zurechnung auf Kostenträger stellen die kalkulatorischen Zinsen Gemeinkosten dar.

Eine einfache Möglichkeit zur Berechnung der kalkulatorischen Zinsen besteht darin, das durchschnittlich betriebsnotwendige Kapital mit dem durchschnittlichen Kapitalkostensatz des Unternehmens zu multiplizieren.

▪▪ Steuern, Gebühren und Abgaben

Zusätzlich zu den genannten Kostenarten müssen Unternehmen eine Reihe von Abgaben an die öffentliche Hand leisten. Neben Steuern sind das auch Gebühren, wie beispielsweise die Müllabfuhrgebühren, und öffentliche Abgaben, wie beispielsweise Erschließungsbeiträge.

Steuern, Gebühren und Abgaben stellen in der Regel ebenfalls Kostenträgergemeinkosten dar.

Kostencharakterisierung

Ergänzend zu der Ermittlung der Kosten muss im Rahmen der Kostenartenrechnung für die nachfolgenden Schritte der Kostenrechnung deren Charakter bestimmt werden. Abhängig von dieser Einordnung wird festgelegt, welche Kosten in welcher Weise den Kostenträgern und Kostenstellen zugerechnet werden können. Für die Charakterisierung werden die Kosten in Einzel- und Gemeinkosten sowie in fixe und variable Kosten unterteilt.

▪▪ Einzel- und Gemeinkosten

Je nachdem, ob die Kosten einem Kalkulationsobjekt, wie einem Kostenträger oder Kostenstelle, zugerechnet werden können oder nicht, erfolgt eine Unterteilung in Einzel- und Gemeinkosten.

> **Merke!**
>
> **Einzelkosten** können einer Bezugsgröße (Kostenträger, Kostenstelle) direkt (ohne Schlüsselung) zugerechnet werden. Beispiele sind Fertigungslohnkosten oder Materialkosten.
>
> **Gemeinkosten** (z. B. Miete) lassen sich einer Kostenträgereinheit nicht unmittelbar zurechnen, da sie im üblichen Fall des Mehrproduktunternehmens durch die Leistungserstellung insgesamt verursacht werden. Aufgabe der Kostenstellenrechnung ist es, die Gemeinkosten mit Hilfe von Kostenverteilungsschlüsseln zunächst auf Kostenstellen und nachher im Wege der Kostenträgerrechnung über Kalkulationssätze auf die einzelnen Kostenträgereinheiten weiter zu verrechnen.

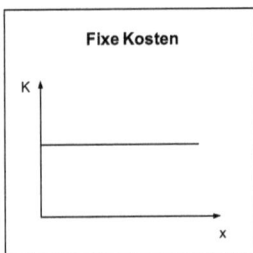 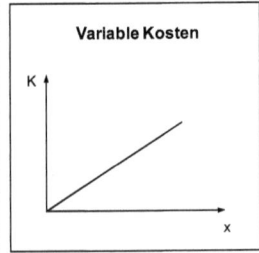 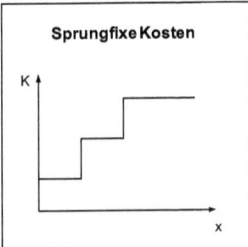

Abb. 6.5 Kosten nach der Veränderung bei Beschäftigungsschwankungen

Fixe und variable Kosten

In Abhängigkeit davon, ob sich Kosten mit der Beschäftigung ändern oder nicht, werden sie in variablen und fixe Kosten unterteilt.

> **Merke!**
>
> **Fixe Kosten (K_f)** sind Kosten, die innerhalb bestimmter Leistungsgrenzen und innerhalb eines bestimmten Zeitraumes keine Veränderungen aufweisen, beispielsweise Mieten oder Versicherungsgebühren.
>
> **Sprungfixe Kosten** sind Kosten, die nur für bestimmte Beschäftigungsintervalle fix sind. Das heißt, sie steigen mit der Beschäftigung treppenförmig an. Dies ist beispielsweise der Fall, wenn bei Produktionsausweitung ab einer bestimmten Menge eine weitere Maschine angeschafft und abgeschrieben werden muss.
>
> **Variable Kosten (K_v)** sind als sogenannte **Mengenkosten** von der Menge abhängig und ändern sich bei Leistungsschwankungen unmittelbar, beispielsweise Materialkosten.

Die vorgenannten Möglichkeiten von Kostenverläufen in Abhängigkeit von der Beschäftigung werden in ◘ Abb. 6.5 zusammengefasst.

Um das Verhalten der verschiedenen Kostenarten in Bezug auf Beschäftigungsänderungen zu charakterisieren, wird im Rahmen der sogenannten **Kostenauflösung** häufig eine Funktion K (x) zur Beschreibung des Kostenverlaufs aufgestellt:

$$K(x) = K_f + k_v \cdot x$$

mit:
$K(x)$ = Kostenfunktion
K_f = Fixe Kosten

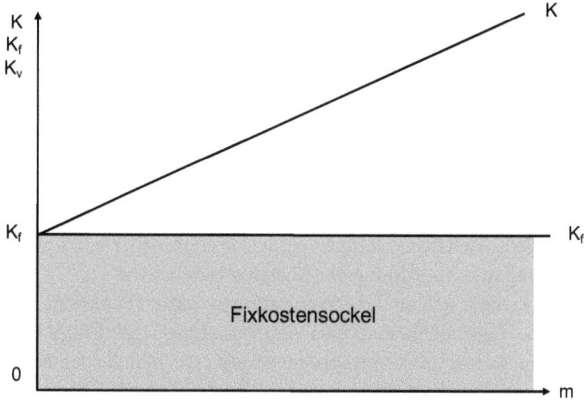

◘ Abb. 6.6 Proportionaler Gesamtkostenverlauf mit Fixkosten (Wöhe 2013)

K_v = variable Stückkosten
X = Beschäftigung (mitunter auch als m oder q bezeichnet)

Die **Kostenfunktion** beschreibt für jeweils eine Periode den funktionalen Zusammenhang zwischen den Gesamtkosten K und der Ausbringungsmenge x. Typisch für die industrielle Produktionsweise sind proportionale Kostenverläufe. Dabei führt eine Veränderung der Ausbringungsmenge x (oder auch m) zu einer proportionalen Veränderung der Kosten K (vgl. ◘ Abb. 6.6).

Kostenstellenrechnung

Die **Kostenstellenrechnung** ist die zweite Stufe der Kostenrechnung. Sie verbindet die Kostenarten- mit der Kostenträgerrechnung. In die Kostenstellenrechnung gehen die Gemeinkosten ein, welche nicht direkt den Kostenträgern zugerechnet werden können. Im Rahmen der Kostenstellenrechnung werden diese Kostenträgergemeinkosten dann auf die Kostenstellen verteilt. Die Kostenstellenrechnung hat die Aufgabe, eine möglichst verursachungsgerechte Verteilung der Gemeinkosten über die Kostenstellen auf die Kostenträger (Produkte) des Unternehmens zu ermöglichen. Daneben ermöglicht sie eine Wirtschaftlichkeitskontrolle der Kostenstellen durch eine Gegenüberstellung von geplanten Kosten (Plankosten) und tatsächlichen Kosten (Istkosten).

Bildung und Strukturierung von Kostenstellen

Damit die Frage „Wo sind die Kosten angefallen?" auch beantwortet werden kann, müssen im Unternehmen zunächst Kostenstellen gebildet werden.

> **Merke!**
>
> **Kostenstellen** sind Teilbereiche des Unternehmens, deren Kosten erfasst, geplant und kontrolliert werden (Hummel und Männel 1995). Die den Kostenstellen zugerechneten Gemeinkosten werden auf die Kostenstellennutzer weiter verrechnet.

Damit die Gemeinkosten möglichst verursachungsgerecht auf die Kostenstellen verteilt werden können, sind bei der Bildung von Kostenstellen folgende Grundsätze zu beachten:
- Die Kostenstellen müssen eindeutig abgrenzbar sein und eine eindeutige Erfassung und Zuordnung der Kosten ermöglichen.
- Sie sollen sich an der Organisationsstruktur (Funktionsbereiche, Produktbereiche, Räumlichkeiten) und Verantwortungsstruktur des Unternehmens orientieren, sodass die Kostenstellenverantwortlichen die den Kostenstellen zugeordneten Kosten beeinflussen und für Kostenabweichungen verantwortlich gemacht werden können.
- Die Kostenstellenbildung muss den Grundsatz der Wirtschaftlichkeit beachten, da der Verwaltungsaufwand mit der Anzahl der Kostenstellen ansteigt.

Bei den Kostenstellen werden Hauptkostenstellen und Hilfskostenstellen unterschieden (Coenenberg 2003):
- **Hauptkostenstellen** erbringen Leistungen direkt für die Kostenträger. Zu den Hauptkostenstellen werden neben der Fertigung meist auch Materialstellen, Verwaltungsstellen und Vertriebsstellen gezählt.
- **Hilfskostenstellen** erbringen Hilfsleistungen für andere Kostenstellen, sodass ihre Kosten nicht auf die Kostenträger, sondern auf die Hauptkostenstellen verrechnet werden. Typische Hilfskostenstellen sind allgemeine Hilfskostenstellen wie die Energieerzeugung, die Raumkosten oder die Kantine sowie Fertigungshilfsstellen wie die Arbeitsvorbereitung oder Reparaturwerkstatt.

Die Kostenstellenrechnung erfolgt in drei Schritten:
1. Zunächst werden die Gemeinkosten auf die einzelnen Kostenstellen verteilt.
2. Dann werden im Rahmen der innerbetrieblichen Leistungsverrechnung die Kosten der Hilfskostenstellen auf die Hauptkostenstellen umgelegt.
3. Im dritten Schritt werden Zuschlagsätze oder Verrechnungssätze berechnet, mit denen die Gemeinkosten dann auf die Kostenträger verrechnet werden können.

Diese drei Schritte werden im Folgenden anhand eines **Betriebsabrechnungsbogens (BAB)** erläutert. Dabei handelt es sich um eine Tabelle, bei der in der Vertikalen die zu verteilenden Kostenarten und in der Horizontalen die empfangenden Kostenstellen, unterteilt in Vor- und Endkostenstellen, aufgeführt werden.

6.1 · Internes Rechnungswesen

		Kostenstellen					
		Hilfskostenstellen		Hauptkostenstellen			
Kostenarten	Summe	Gebäude	Strom	Material	Fertigung	Vertrieb	Verwaltung
Löhne und Gehälter	50.000	5.000	4.000	5.000	18.000	8.000	10.000
Hilfs- und Betriebsstoffe	25.000	1.000	400	10.000	8.600	1.000	4.000
Energie	15.000	-	15.000	-	-	-	-
kalk. Abschreibungen	40.000	18.000	7.000	2.000	9.000	1.000	3.000
Summe primäre Kosten	130.000	24.000	26.400	17.000	35.600	10.000	17.000

◘ **Abb. 6.7** Verteilung der Gemeinkosten im BAB

Verrechnung der Kostenträgergemeinkosten

Zunächst werden die Gemeinkosten aus der Kostenartenrechnung übernommen und den einzelnen Hilfs- und Hauptkostenstellen zugerechnet. Dies wird an einem Zahlenbeispiel eines Unternehmens dargestellt (◘ Abb. 6.7).

Addiert man alle den Hilfs- und Hauptkostenstellen jeweils zugerechneten Gemeinkosten, erhält man die primären Kosten der einzelnen Kostenstellen.

Verrechnung innerbetrieblicher Leistungen

Im zweiten Schritt der Kostenstellenrechnung werden die Kosten der Hilfskostenstellen auf die Hauptkostenstellen im Rahmen der innerbetrieblichen Leistungsverrechnung umgelegt.

1. **Die Kosten der Hilfskostenstelle** Gebäude **werden auf die anderen Kostenstellen umgelegt.**

    Dazu benötigt man einen geeigneten Verrechnungssatz. Bei den Gebäudekosten bietet sich hier z. B. die genutzte Raumfläche an. Angenommen das Gebäude hat eine von den Kostenstellen insgesamt beanspruchte Fläche von 2000 qm. Dann beträgt der Verrechnungssatz pro qm: 24.000 Euro / 2000 qm = 12 Euro / qm.
    Belegt die Kostenstelle *Strom* eine Fläche von 300 qm, so werden ihr von der Hilfskostenstelle *Gebäude* folgende Kosten angelastet:
    300 qm × 12 Euro / qm = 3600 Euro.

2. **Anschließend werden die Kosten der Hilfskostenstelle** Strom **auf die anderen Kostenstellen verteilt.**

    Als Verrechnungsgröße kann hier der Stromverbrauch der Kostenstelle in Kilowattstunden (kWh) herangezogen werden. Berücksichtigt man bei der Kostenstelle *Strom* neben den primären Kosten von 26.400 Euro auch die anteiligen Gebäudekosten von 3600 Euro, so kann der Verrechnungssatz bei einem Gesamtstromverbrauch von 200.000 kWh berechnet werden mit: 30.000 Euro / 200.000 kWh = 0,15 Euro / kWh.
    Die Hauptkostenstellen werden gemäß ihrem Stromverbrauch belastet.

    Zur Durchführung der innerbetrieblichen Leistungsverrechnung gibt es verschiedene Verfahren, welche den unterschiedlichen Leistungsverflechtungen gerecht werden. Im Beispiel wurde das **Stufenleiterverfahren** angewendet, welches un-

| Kostenarten | Summe | Kostenstellen ||||||
| | | Hilfskostenstellen || Hauptkostenstellen ||||
		Gebäude	Strom	Material	Fertigung	Vertrieb	Verwaltung
Löhne und Gehälter	50.000	5.000	4.000	5.000	18.000	8.000	10.000
Hilfs- und Betriebsstoffe	25.000	1.000	400	10.000	8.600	1.000	4.000
Energie	15.000	-	15.000	-	-	-	-
kalk. Abschreibungen	40.000	18.000	7.000	2.000	9.000	1.000	3.000
Summe primäre Kosten	130.000	24.000	26.400	17.000	35.600	10.000	17.000
Innerbetriebliche Leistungsverrechnung								
Kosten Gebäude		- 24.000	3.600	2.400	14.000	1.000	3.000
Kosten Strom			- 30.000	2.600	18.400	3.000	6.000
Gesamtkosten	130.000	-	-	22.000	68.000	14.000	26.000

◘ Abb. 6.8 Innerbetriebliche Leistungsverrechnung im BAB

terstellt, dass die Kostenstelle *Strom* Fahrleistungen von der Kostenstelle *Gebäude* bezieht, aber nicht umgekehrt.

Die bei der innerbetrieblichen Leistungsverrechnung umgelegten Kosten werden **sekundäre Kosten** genannt. In ◘ Abb. 6.8 wird die innerbetriebliche Leistungsverrechnung im unteren Teil durchgeführt.

Nach diesem zweiten Schritt steht fest, wie hoch die Gesamtkosten der Hauptkostenstellen sind. Somit können im dritten Schritt die Zuschlagssätze für die Produktkalkulation bestimmt werden.

Ermittlung von Kalkulationssätzen

Der dritte Schritt in der Kostenstellenrechnung besteht darin, die **Gemeinkostenzuschlagssätze** zu ermitteln, die in der Kostenträgerrechnung für die Produktkalkulation benötigt werden.

Zur Ermittlung der Gemeinkostenzuschlagssätze werden die **Gemeinkosten der Hauptstellen durch eine Bezugsgröße** geteilt, die möglichst in einem **proportionalen Zusammenhang** mit den Gemeinkosten steht, d. h. wenn sich die Gemeinkosten um x % verändern, dann soll sich auch die Bezugsgröße um x % verändern. Besonders schwierig ist es, in der Verwaltung und im Vertrieb geeignete Bezugsgrößen zu finden. Daher werden i. d. R. sämtliche Einzel- und Gemeinkosten der anderen Kostenstellen als Bezugsgröße angesetzt, die man auch als **Herstellkosten** bezeichnet.

Für das **Beispiel** müssen zunächst die Einzelkosten der Hauptkostenstellen und die Herstellkosten ermittelt werden. Es gilt:

Materialeinzelkosten = 100.000 € und Fertigungseinzelkosten = 204.000 €,

Herstellkosten = 100.000 € + 204.000 € + 22.000 € + 68.000 € = 394.000 €.

Für das Beispiel mit dem Betriebsabrechnungsbogen ergeben sich die in ◘ Abb. 6.9 berechneten Gemeinkostenzuschlagssätze.

Material	Fertigung	Verwaltung	Vertrieb
$\dfrac{MGK}{MEK} \cdot 100$	$\dfrac{FGK}{FL} \cdot 100$	$\dfrac{VerwGK}{HK} \cdot 100$	$\dfrac{VertrGK}{HK} \cdot 100$
MGK = Materialgemeinkosten MEK = Materialeinzelkosten FGK = Fertigungsgemeinkosten FL = Fertigungslöhne		VerwGK = Verwaltungsgemeinkosten VertrGK = Vertriebsgemeinkosten HK = Herstellkosten	

▸ **Am Beispiel**

MG-Zuschlagssatz	=	(22.000 / 100.000) * 100	=	22%
FG-Zuschlagssatz	=	(68.000 / 204.000) * 100	=	33,33%
VertrGK-Zuschlagssatz	=	(14.000 / 394.000) * 100	=	3,55%
VerwGK-Zuschglagssatz	=	(26.000 / 394.000) * 100	=	6,6%

◘ **Abb. 6.9** Ermittlung der Gemeinkostenzuschlagssätze

Nachdem in diesem letzten Schritt der Kostenstellenrechnung die Gemeinkostenzuschlagssätze ermittelt worden sind, können nun in der Kostenträgerrechnung die Produktkosten kalkuliert werden.

Kostenträgerrechnung

Die Kostenträgerrechnung ist die dritte und letzte Stufe der Kostenrechnung. Im Rahmen der Kostenträgerrechnung werden die Einzelkosten und die Gemeinkosten der Kostenträger (das heißt der Produkte und Dienstleistungen) verrechnet. Dabei kann zwischen zwei Verfahren unterschieden werden:

- Bei der **Kostenträgerstückrechnung** (auch **Kalkulation** genannt) werden die **Herstellkosten** und **Selbstkosten** pro Stück berechnet.
- Bei der **Kostenträgerzeitrechnung** werden sämtliche in einer Abrechnungsperiode angefallenen Kosten erfasst und auf die Kostenträger verteilt. Werden zusätzlich die Erlöse der Kostenträger berücksichtigt, so kann eine kalkulatorische Erfolgsrechnung aufgestellt werden.

Abhängig von der Komplexität und der Verschiedenartigkeit der Produkte eines Betriebes eignen sich verschiedene Verfahren der Kostenträgerrechnung für die Bestimmung der Selbstkosten (vgl. ◘ Abb. 6.10).

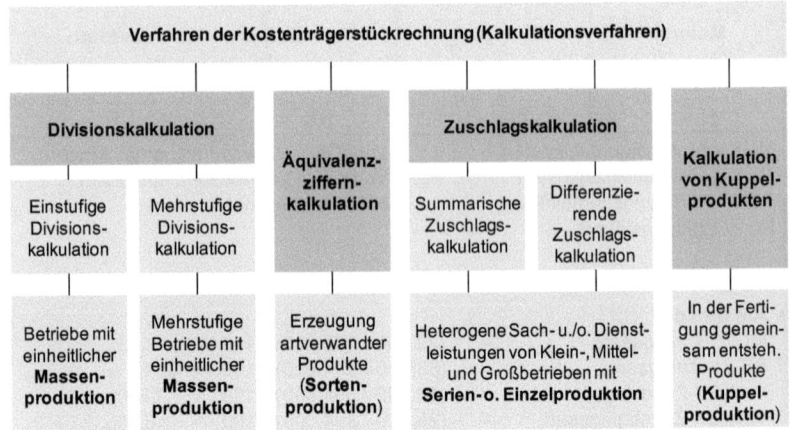

◘ Abb. 6.10 Zusammenhang zwischen Fertigungsverfahren und Kostenträgerstückrechnung

Divisionskalkulation

Die **Divisionskalkulation** wird zur Ermittlung der Selbstkosten bei der Massenfertigung eines einheitlichen Produktes angewendet. Man unterscheidet:

- **Einstufige Divisionskalkulation:** Fertigt das Unternehmen nur ein einziges Produkt in einem einstufigen Prozess und treten keine Lagerbestände auf, werden die Selbstkosten pro Stück wie folgt ermittelt:

$$\text{Selbstkosten pro Stück} = \frac{\text{Gesamtkosten einer Periode}}{\text{Produktionsmenge}}$$

- **Zwei- oder mehrstufige Divisionskalkulation:** Hier verläuft der Prozess in mehreren Fertigungsstufen und/oder es treten Lagerbestände auf. Die Gesamtkosten werden in diesem Fall in Kostenblöcke aufgeteilt, die Kosten eines Blockes werden wiederum auf die erstellte Leistung verteilt. Die Selbstkosten ergeben sich dabei aus der Summe der Stückkosten der Kostenblöcke.

Äquivalenzziffernkalkulation

Die **Äquivalenzziffernkalkulation** ist sinnvoll, wenn mehrere ähnliche Produkte (Sortenfertigung) mit fertigungstechnischen Ähnlichkeiten hergestellt werden. Dabei werden für die artverwandten Produkte einmalig die Kostenverhältnisse zueinander festgelegt und in Äquivalenzziffern (Kostengewichtungsziffern) ausgedrückt. Je höher die Ziffer eines Produktes ist, desto höher ist auch die Kostenbelastung des Produktes.

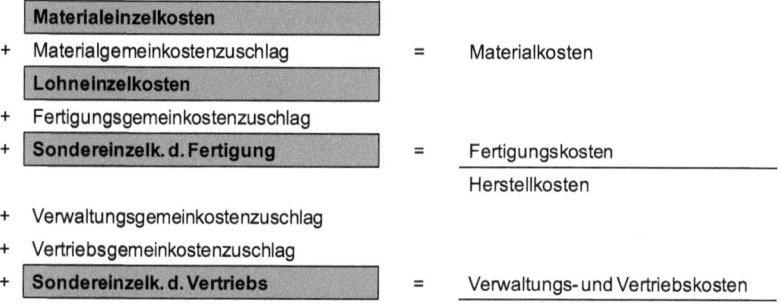

◘ Abb. 6.11 Berechnungsschema der Zuschlagskalkulation

Die **Selbstkosten pro Sorte** werden ermittelt, indem zunächst die Äquivalenzziffer jeder Sorte (z. B. 1,2 der Sorte A) mit der produzierten Menge (z. B. 10.000 Stück) multipliziert wird: 1,2 × 10.000 = 12.000 Rechnungseinheiten.

Anschließend werden die Gesamtkosten (z. B. 4.000.000 €) geteilt durch die Summe der Rechnungseinheiten aller Sorten (z. B. 50.000 RE). Das Ergebnis sind dann die Stückkosten pro Recheneinheit: 4.000.000 € / 50.000 RE = 80 € / RE.

Die Selbstkosten einer Sorte ergeben sich, indem die Selbstkosten pro RE mit der Äquivalenzziffer der Sorte multipliziert werden: 80 € × 1,2 = 96 €.

Zuschlagskalkulation

Bei der Zuschlagskalkulation werden den Kostenträgern die Einzelkosten direkt zugeschlagen. Die Gemeinkosten werden über die Zuschlagssätze, die in der Kostenstellenrechnung ermittelt werden, zugerechnet.

Das typische Berechnungsschema sieht aus wie in ◘ Abb. 6.11 dargestellt.

Bevor die Herstell- und Selbstkosten für das Beispiel kalkuliert werden können, müssen neben den oben ermittelten Zuschlagssätzen die Einzelkosten für ein bestimmtes Produkt bekannt sein.

Beispielhaft werden folgende Daten angenommen:
- Materialeinzelkosten: 15 €,
- Fertigungslöhne: 33 €,
- Sondereinzelkosten der Fertigung (Spezialwerkzeug): 3 €,
- Vertriebseinzelkosten (Vertriebsprovision): 6 €,
- Sondereinzelkosten des Vertriebs (Spezialverpackung): 8 €,
- weiterhin gelten die im obigen Beispiel berechneten Gemeinkostenzuschlagssätze.

Die Herstell- und Selbstkosten pro Stück können dann nach dem in ◘ Abb. 6.12 dargestellten Schema ermittelt werden.

Kostenarten	Kosten in € / St.	Zuschläge
Materialeinzelkosten	15	
+ Materialgemeinkosten	3	22%
= Materialkosten (1)	18	
+ Fertigungseinzelkosten	33	
+ Fertigungsgemeinkosten	11	33%
+ Sondereinzelkosten der Fertigung	3	
= Fertigungskosten (2)	47	
Herstellkosten (1) + (2) = (3)	65	
Verwaltungsgemeinkosten (4)	4	7%
Vertriebseinzelkosten	6	
+ Vertriebsgemeinkosten	2	4%
+ Sondereinzelkosten des Vertriebs	8	
= Vertriebskosten (5)	16	
Selbstkosten (3) + (4) + (5)	**86**	

◘ Abb. 6.12 Zuschlagskalkulation am Beispiel

Die Herstellkosten sind hier gleich der Summe der Material- und Fertigungskosten, welche sich aus den Einzelkosten und den mithilfe der Zuschlagssätze errechneten Gemeinkosten zusammensetzen, zuzüglich der Sondereinzelkosten der Fertigung. Werden zu den Herstellkosten noch die Verwaltungsgemeinkosten und die Vertriebskosten dazu gerechnet, erhält man die Selbstkosten einer Produkteinheit.

Die **Selbstkosten** sind in vielen Unternehmen eine wichtige Grundlage für die Preiskalkulation, da sie die **langfristige Preisuntergrenze** darstellen.

In der Praxis wird häufig nach folgendem Schema kalkuliert:

Selbstkosten
+ Gewinnzuschlag
= Zielverkaufspreis (netto)
+ Umsatzsteuer (19 %)
= Zielverkaufspreis (brutto)
+ Kundenrabatte
= **ausgewiesener Preis**

Erfolgsrechnungen

Die Erfolgsrechnungen haben die Aufgabe, den im Rahmen der gewöhnlichen betrieblichen Tätigkeit der Periode erwirtschafteten Gewinn oder Verlust von Unternehmen und ihren Geschäftsbereichen zu ermitteln. Die im internen Rechnungswesen durchgeführten Erfolgsrechnungen unterscheiden sich dabei von den im externen Rechnungswesen durchgeführten Gewinn- und Verlustrechnungen dadurch, dass Leistungen und Kosten statt Erträge und Aufwendungen einander gegenübergestellt werden.

Erfolgsrechnungen auf Vollkostenbasis

Die Erfolgsrechnungen auf Vollkostenbasis werden auch Kostenträgerzeitrechnungen bezeichnet. Die erzeugten Leistungen einer Periode, also eines Geschäftsjahres, eines Quartals oder eines Monats, werden bei diesen Rechnungen den entstandenen Kosten gegenübergestellt.

Die klassische Kostenrechnung ist eine Vollkostenkalkulation. Das bedeutet, dass den Kostenträgern sämtliche Kosten perioden- und verursachungsgerecht zugerechnet werden. Es werden demnach alle Kosten auf die Produkte verteilt. Die Vollkostenrechnung ist jedoch für unternehmerische markt- und zukunftsbezogene Entscheidungen nur bedingt geeignet, da sie in diesem Kontext erhebliche Schwachstellen aufweist:

- **Willkürliche Schlüsselung der Gemeinkosten auf die Kostenträger**
  In der Kostenrechnung werden Zuschlags- oder Verrechnungssätze ermittelt, mit denen die Gemeinkosten der Kostenstellen auf die Kostenträger umgelegt werden. Dieser Schlüsselung liegen Verursachungsannahmen zu Grunde, welche oft problematisch sind, weil sie nur begrenzt richtig sind.
- **Proportionalisierung von Fixkosten**
  Bei der klassischen Kostenkalkulation besteht das Problem, dass sie wenig Aussagen über die Veränderung der Kosten bei Änderung der Beschäftigungsmenge zulässt. Denn die Höhe der Selbstkosten pro Stück bezieht sich immer nur auf einen bestimmten Beschäftigungsgrad. Mit zunehmender Ausbringungsmenge verteilen sich aber die Fixkosten (gleich Gemeinkosten) auf mehr Stück, so dass die Selbstkosten pro Stück sinken (auch **Fixkostendegressionseffekt** genannt). Umgekehrt führt eine sinkende Produktionsmenge zu steigenden Fixkosten pro Stück. Dabei besteht die Gefahr, dass sich das Unternehmen aus dem Markt regelrecht *herauskalkuliert*.

Erfolgsrechnungen auf Teilkostenbasis

Zur Vermeidung des Problems der verursachungsgerechten Gemeinkostenschlüsselung gibt es die **Teilkostenrechnung (TKR)**. Dies bedeutet aber nicht, dass nicht alle Kosten berücksichtigt und verrechnet werden. Der Unterschied zur Vollkostenrechnung besteht darin, dass bei der TKR die Kosten in fixe und variable Teile aufgeteilt werden und den Kostenträgern nur die Kosten zugerechnet werden, bei denen ein Verursachungszusammenhang besteht. Die Fixkosten, die den Kostenträgern nicht verursachungsgerecht zugerechnet werden können, werden als Block in das Betriebsergebnis übernommen.

Die Arten der Teilkostenrechnung sind die **einstufige Deckungsbeitragsrechnung (DBR)**, die **mehrstufige DBR** und die **DBR mit relativen Einzelkosten**.

> **Merke!**
>
> Der **Deckungsbeitrag** ist dabei die **Differenz aus Erlösen und variablen Kosten**. Er sagt aus, welchen Beitrag ein Produkt zur Abdeckung der fixen Kosten und zur Gewinnerzielung beiträgt.

Einstufige Deckungsbeitragsrechnung

Bei der **einstufigen DBR (auch Direct Costing)** werden zunächst die Deckungsbeiträge der Produkte ermittelt und erst dann sämtliche Fixkosten in einer Summe von den Deckungsbeiträgen abgezogen:

> **Merke!**
>
> **Deckungsbeitrag** = Umsatzerlös − variable Selbstkosten

◘ Abbildung 6.13 zeigt die einstufige Deckungsbeitragsrechnung an einem Beispiel.

Das Ergebnis macht deutlich, dass C einen erheblichen Beitrag zur Deckung der Fixkosten leistet. Ein Produkt sollte demnach erst dann aus dem Sortiment genommen werden, wenn der Erlös die variablen Kosten nicht mehr deckt.

Mehrstufige Deckungsbeitragsrechnung

Bei der **mehrstufigen DBR** werden die **Fixkosten auf unterschiedliche Verrechnungsebenen (z. B. DB I, DB II) aufgeteilt**, sofern sich die Fixkosten den Ebenen eindeutig und verursachungsgerecht zuordnen lassen.

Typische Verrechnungsebenen sind:

- **Produkt-Fixkosten:** Sie werden von einer Produktart verursacht und können dieser zugerechnet werden (z. B. Entwicklungskosten für ein Produkt),
- **Produktgruppen-Fixkosten:** Sie werden von einer Erzeugnisgruppe verursacht (z. B. Kosten für gemeinsame Werbung),
- **Bereichs-Fixkosten:** Gemeinsame Fixkosten eines Bereiches (z. B. FuE-Kosten in der Pharmasparte eines Chemie-Konzerns),
- **Unternehmens-Fixkosten:** Restfixkosten, die sich den unteren Hierarchieebenen eines Unternehmens nicht zuordnen lassen (z. B. Personalkosten der Unternehmensleitung).

Beispiel einer mehrstufigen DBR: In einer Werkhalle werden die Produkte A und B jeweils auf einer Spezialmaschine gefertigt. Die Kosten der Gebäude- und Maschinenvorhaltung (Abschreibungen, Zinsen etc.) sind Fixkosten. **Eine verursachungsgerechte Zurechnung dieser Fixkosten auf eine Produkteinheit ist nicht möglich.**

Bei einer Einstellung der Produktion des Erzeugnisses A werden aber die **Produktfixkosten** (Abschreibungen der Maschine A) **disponibel**, d. h. die Spezialmaschine

6.1 · Internes Rechnungswesen

Produkt	A	B	C
(1) Umsatzerlöse	800	500	700
(2) Kostenvariabel	350	150	400
(3) Deckungsbeitrag (1) – (2)	+450	+350	+300
(4) ∑ Deckungsbeiträge		+1.100	
(5) Kosten$_{fix}$		-800	
(6) Betriebsergebnis (1) – (4)		+ 300	

Abb. 6.13 Einstufige Deckungsbeitragsrechnung

Mehrstufige Deckungsbeitragsrechnung						
Unternehmensbereiche	X		Y			Insgesamt
Produktgruppen	I		II		III	
Produktarten	(1)	(2)	(3)	(4)	(5)	
Umsatzerlöse	400	600	800	700	500	3.000
- variable Kosten Produktart	150	200	100	350	200	1.000
Deckungsbeitrag I	250	400	700	350	300	2.000
- fixe Kosten Produktart	300	200	150	100	100	850
Deckungsbeitrag II	-50	200	550	250	200	1.150
- fixe Kosten Produktgruppe	250		200		50	500
Deckungsbeitrag III	-100		600		150	650
- fixe Kosten U.bereich	80			200		280
Deckungsbeitrag IV	-180			550		370
- fixe Kosten Unternehmen			200			200
Betriebsergebnis			170			170

Abb. 6.14 Mehrstufige Deckungsbeitragsrechnung

zur Produktion von A kann verkauft werden. Allerdings können erst bei einer Produktionseinstellung der Sorten A und B die Produktgruppenfixkosten (Abschreibung Werkhalle) abgebaut werden.

Die mehrstufige DBR unterstellt, dass Fixkosten nur mit zeitlicher Verzögerung (Kündigungsfristen für Mietverträge usw.) abgebaut werden. Somit setzt die Rechnung eine mittelfristige Planungsperspektive voraus, welche einen schrittweisen Fixkostenabbau erlaubt (vgl. ◘ Abb. 6.14).

Streicht man **Produkt 1** aus dem Programm, kann das Betriebsergebnis um 50 verbessert werden. **Voraussetzung** ist allerdings die **Abbaufähigkeit der Produktfix-**

kosten von 300 (z. B. durch Kündigung eines Leasingvertrages für eine produktspezifische Fertigungsanlage).

Eine Steigerung des Betriebsergebnisses um 180 ist möglich, wenn die ganze **Produktgruppe I** gestrichen wird. Diese Ergebnisverbesserung setzt aber einen Abbau der Produkt-Fixkosten (300 + 200), der Produktgruppen-Fixkosten (250) und der Bereich-Fixkosten (80) voraus.

Relative Deckungsbeitragsrechnung

Im Rahmen der DBR mit relativen Einzelkosten werden nur ganz bestimmte Kosten berücksichtigt. **Dabei wird auf jegliche Form der Schlüsselung verzichtet**, so dass die Gemeinkosten nicht auf die Kostenträger aufgeteilt werden.

Den Bezugsobjekten (Produkte, Aufträge, Kunden) werden nur die dem jeweiligen Bezugsobjekt direkt zurechenbaren Einzelkosten angelastet. Da der Einzelkostenbegriff daher streng auf das jeweilige Kalkulationsobjekt bezogen ist, spricht man von **relativen Einzelkosten**.

Die **relative Einzelkostenrechnung** setzt eine Bezugsgrößenhierarchie (Kostenträger, Kostenträgergruppen, Kostenstellen, Teilbetriebe, Gesamtunternehmen) und eine stark differenzierte Kostenauflösung voraus und ist deshalb **aufwendig und in der Praxis weniger verbreitet.**

6.2 Externes Rechnungswesen

Zur Steuerung der betrieblichen Leistungserstellung und zur Rechenschaft gegenüber allen externen Stakeholdern ist es notwendig, alle monetär wirksamen betrieblichen Aktivitäten zu planen, zu kontrollieren und zu dokumentieren. Diese Aufgaben werden auf Basis der im Rechnungswesen ermittelten Informationen durchgeführt.

> **Merke!**
>
> **Externes Rechnungswesen** Gegenstand des **externen Rechnungswesens** ist die Ermittlung und die Bereitstellung von Informationen über monetäre und mengenmäßige Größen, welche benötigt werden, um die betrieblichen Geschehnisse gegenüber externen Stakeholdern zu dokumentieren (Vahs und Schäfer-Kunz 2012).

Das externe Rechnungswesen wird auch als Finanz- oder Geschäftsbuchführung bezeichnet. Es wendet sich an Informationsempfänger außerhalb des Unternehmens, vor allem an:
- Anteilseigner, wie Gesellschafter oder Aktionäre,
- Gläubiger, wie Banken,

6.2 · Externes Rechnungswesen

- Lieferanten und
- Finanzbehörden.

Ziel des externen Rechnungswesens ist eine systematische, chronologische und lückenlose Dokumentation aller wirtschaftlich relevanten Geschäftsvorfälle. Zu diesem Zweck erstellen Unternehmen jährlich einen sogenannten **Jahresabschluss**, welcher in der Regel aus einer **Gewinn- und Verlustrechnung**, einer **Handelsbilanz** und einer **Steuerbilanz** besteht. Ausnahme bilden Freiberufler und nicht kaufmännisch tätige Unternehmen. Diese müssen zur Erhebung ihrer Steuerlast lediglich eine Gewinn- und Verlustrechnung erstellen. Kapitalgesellschaften müssen ihren Jahresabschluss um einen Anhang erweitern. Der Abrechnungszeitraum wird als Geschäftsjahr (englisch: Fiscal Year oder FY) bezeichnet. Dieses entspricht in der Regel dem Kalenderjahr. Unternehmen, welche im Handelsregister eingetragen sind, können den Beginn ihres Geschäftsjahres frei wählen.

6.2.1 Grundbegriffe

Für das Verständnis der nachfolgenden Ausführungen ist es notwendig, sich mit den Definitionen und der gegenseitigen Abgrenzung der nachfolgenden Begriffspaare vertraut zu machen (Vahs und Schäfer-Kunz 2012).

> **Merke!**
>
> **Einzahlungen** Einzahlungen bezeichnen Mehrung der flüssigen Mittel durch den Zugang von Bar- oder Buchgeld.
> **Auszahlungen** Auszahlungen bezeichnen Minderungen der flüssigen Mittel durch den Abgang von Bar- oder Buchgeld.

Bei den flüssigen Mitteln handelt es sich dabei um eine Bilanzposition, welche das Bargeld, also materielle Zahlungsmittel, wie Münzen oder Geldscheine, und das Buchgeld, also insbesondere Guthaben auf Konten bei Kreditinstituten, umfasst. Zu einer Auszahlung kommt es beispielsweise, wenn ein Unternehmen Löhne und Gehälter an die Mitarbeiter überweist oder die Rechnung eines Zulieferers bezahlt. Zu einer Einzahlung kommt es, wenn ein Käufer eines Produktes den Kaufpreis an das Unternehmen überweist.

> **Merke!**
>
> **Einnahmen** Einnahmen bezeichnen Mehrungen des aus den flüssigen Mitteln, zuzüglich den Forderungen abzüglich den Verbindlichkeiten, bestehenden Geldvermögens durch den Abgang von Gütern.
>
> **Ausgaben** Analog hierzu bezeichnen **Ausgaben** Minderungen des aus den flüssigen Mitteln, zuzüglich den Forderungen abzüglich den Verbindlichkeiten, bestehenden Geldvermögens durch den Zugang von Gütern.

Zwischen Einzahlungen und Einnahmen sowie Auszahlungen und Ausgaben gibt es keine wertmäßigen Differenzen, sondern in bestimmten Fällen nur zeitliche Unterschiede. So erfolgt bei einem Barkauf beispielsweise die Ausgabe zum gleichen Zeitpunkt wie die Auszahlung. Bei einem Zielkauf, also einem Kauf mit einem Zielzeitpunkt bis zu dem gezahlt werden soll, erfolgt eine Ausgabe, wenn die Güter geliefert werden, und später eine Auszahlung, wenn die Güter bezahlt werden. Bei einer Vorauszahlung erfolgt schließlich erst eine Auszahlung und später, wenn die Güter geliefert werden, eine Ausgabe. Zu einer Ausgabe kommt es beispielsweise, wenn ein Unternehmen von einem Zulieferer Rohstoffe geliefert bekommt, zu einer Einnahme, wenn ein Kunde des Unternehmens ein gekauftes Produkt abholt (Vahs und Schäfer-Kunz 2012).

> **Merke!**
>
> **Erträge** Erträge bezeichnen Mehrungen des Erfolges durch die Erstellung, Bereitstellung oder den Absatz von Gütern.
>
> **Aufwendungen** Aufwendungen bezeichnen Minderungen des Erfolges durch den Verbrauch oder den Gebrauch von Gütern.

Erträge und Aufwendungen beeinflussen den Erfolg des Unternehmens und somit indirekt immer die Bilanzposition *Eigenkapital*. Vor diesem Hintergrund sind Erträge und Aufwendungen insbesondere im Hinblick auf die Erfolgsrechnung des Unternehmens, also die Gewinn- und Verlustrechnung, von entscheidender Bedeutung.

Beim Aufwand wird zwischen Zweckaufwand und neutralem Aufwand unterschieden (Vahs und Schäfer-Kunz 2012):

- Der **Zweckaufwand**, d. h. der ordentliche betriebliche Aufwand, umfasst den Aufwand, der mit der betrieblichen Leistungserstellung und -verwertung anfällt.
- Der **neutrale Aufwand** wird unterteilt in **betriebsfremden Aufwand**, welcher nicht aus der eigentlichen betrieblichen Tätigkeit resultiert, **periodenfremden Aufwand**, der nicht in der Abrechnungsperiode entsteht, und **außerordentli-**

chen Aufwand, welcher zwar im Zusammenhang mit der betrieblichen Leistungserstellung steht, aber außergewöhnlich hoch ist und nicht dem Zweckaufwand zugerechnet werden kann.

> **Merke!**
>
> **Umsatzerlöse** Umsatzerlöse bezeichnen Erträge aus dem Absatz von Gütern.

So entsteht beispielsweise einem Unternehmen ein Aufwand, wenn ein Teil der gekauften Rohmaterialien in die Produktion fließt und somit verbraucht wird oder wenn eine Maschine eingesetzt und damit verbraucht wird. Ein Ertrag entsteht beispielsweise durch die Erstellung eines Produktes. Die Einnahmen durch den Absatz der Produkte und die Ausgaben für die verwandten Materialien werden dabei zur Bewertung der Erträge und Aufwendungen herangezogen.

> **Merke!**
>
> **Leistungen** Leistungen bezeichnen Mehrungen des Erfolges durch die Erstellung, die Bereitstellung oder den Absatz von Gütern im Rahmen der gewöhnlichen betrieblichen Geschäftstätigkeit der Periode.
>
> **Kosten** Kosten bezeichnen Minderungen des Erfolges durch den Verbrauch oder den Gebrauch von Gütern im Rahmen der gewöhnlichen betrieblichen Tätigkeit der Periode.

Während es sich bei den Erträgen beziehungsweise den Aufwendungen um alle Arten der Erfolgserhöhung beziehungsweise der Erfolgsreduktion handelt, umfassen Leistungen beziehungsweise Kosten nur die Erfolgserhöhungen beziehungsweise die Erfolgsreduzierung, welche im Rahmen einer betriebstypischen Tätigkeit in nicht außerordentlicher Weise innerhalb der Periode entstehen.

Kosten, welche in ihrer Höhe Aufwendungen entsprechen, werden als **Grundkosten** bezeichnet. Um darüber hinaus die Kosten aus den Aufwendungen zu ermitteln, müssen von den Aufwendungen die sogenannten neutralen Aufwendungen abgezogen und die sogenannten **Zusatzkosten** addiert werden. Bei den neutralen Aufwendungen handelt es sich wie beschrieben um Aufwendungen ohne Kostenbezug, welche in nicht betriebstypischer Weise oder in einer anderen Periode entstanden sind oder die in unerwarteter Höhe auftreten (Vahs und Schäfer-Kunz 2012).

6.2.2 Aufgaben des externen Rechnungswesens

Die Dokumentationsaufgaben des externen Rechnungswesens umfassen die Durchführung der Buchführung und darauf aufbauend die Erstellung des Jahresabschlusses. Im Rahmen der Durchführung werden jedes Jahr folgende Tätigkeiten durchgeführt (Vahs und Schäfer-Kunz 2012):

- **Tätigkeiten zu Beginn des Geschäftsjahres**
  Zu Beginn des Geschäftsjahres, welches bei den meisten Unternehmen mit dem Kalenderjahr übereinstimmt, wird die Eröffnungsbilanz aus der Schlussbilanz des Vorjahres abgeleitet. Basierend auf der Eröffnungsbilanz werden dann die Konten eröffnet.
- **Tätigkeiten während des Geschäftsjahres**
  Während des Geschäftsjahres werden die anhand von Belegen, wie Rechnungen oder Kontoauszügen, abgebildeten Geschäftsfelder des Unternehmens aufgezeichnet, indem entsprechend auf den Bestands- und den Erfolgskonten gebucht wird. In der vollständigen und richtigen Erfassung aller Geschäftsfälle liegt dabei die Hauptaufgabe der Buchführung.
- **Tätigkeiten am Ende des Geschäftsjahres**
  Am Ende des Geschäftsjahres werden Erträge und Einnahmen sowie Aufwendungen und Ausgaben, die jeweils unterschiedlichen Geschäftsjahren zuzuordnen sind, zeitlich abgegrenzt. Im Anschluss erfolgt im Rahmen einer **Inventur** zunächst eine mengenmäßige Bestandsaufnahme und dann eine Bewertung des gesamten Vermögens und der gesamten Schulden. Die daraus resultierende detaillierte Auflistung wird als Inventar bezeichnet. Das **Inventar** dient insbesondere dazu, falsche Buchbestände zu korrigieren. Zum Schluss werden zuerst die Erfolgs- und dann die Bestandskonten abgeschlossen und aus dem resultierenden **Schlussbilanzkonto** die **Schlussbilanz** abgeleitet.

Parallel zur Buchführung wird im externen Rechnungswesen der Jahresabschluss des vorausgegangenen Geschäftsjahres erstellt (Vahs und Schäfer-Kunz 2012):

- **Aufstellung des Jahresabschlusses**
  Basierend auf den Informationen aus der Buchführung wird innerhalb von drei Monaten nach dem Bilanzstichtag der aus der Bilanz, der Gewinn- und Verlustrechnung, dem Anhang, dem Lagebericht und eventuell der Kapitalflussrechnung bestehende Jahresabschluss aufgestellt. Dieser nach Handelsgesetzbüchern erstellte Jahresabschluss wird auch als **Handelsbilanz** bezeichnet. Aus ihm wird nachfolgend die sogenannte **Steuerbilanz** abgeleitet, bei der insbesondere Erträge und Aufwendungen aufgrund der Steuergesetzgebung anders als in der Handelsbilanz bewertet werden.
- **Prüfung und Feststellung des Jahresabschlusses**
  Im Anschluss an die Aufstellung des Jahresabschlusses wird dieser durch von

6.2 · Externes Rechnungswesen

der Hauptversammlung gewählte und vom Aufsichtsrat beauftragte Wirtschaftsprüfer kontrolliert, ein Prüfbericht erstellt und ein Bestätigungsvermerk erteilt. Diese Unterlagen werden zusammen mit dem Jahresabschluss dem Aufsichtsrat zur abschließenden Prüfung vorgelegt. Mit der Zustimmung des Aufsichtsrats ist der Jahresabschluss dann festgestellt.

- **Durchführung der Hauptversammlung**
  Innerhalb von acht Monaten nach dem Bilanzstichtag beruft der Vorstand eine Hauptversammlung ein, die den festgestellten Jahresabschluss und den Beschluss über die Verwendung des Jahresergebnisses entgegennehmen, bestätigen und über die Verwendung des verbleibenden Bilanzgewinns entscheiden muss.
- **Offenlegung des Jahresabschlusses**
  Um externe Stakeholder zu informieren, wird der Jahresabschluss zuletzt vor Ablauf des neunten Monats nach dem Bilanzstichtag durch den Vorstand beim Bundesanzeiger zur Veröffentlichung eingereicht.

6.2.3 Jahresabschluss

Der Jahresabschluss von Kapitalgesellschaften muss in Abhängigkeit von der Unternehmensgröße innerhalb von 3 bis 6 Monaten nach Abschluss des Geschäftsjahres erstellt werden. Der Jahresabschluss richtet sich insbesondere an die Eigentümer und Gläubiger des Unternehmens sowie an die Steuerbehörden. Je nach der Größe und der Rechtsform des Unternehmens umfasst der Jahresabschluss insbesondere die folgenden Unterlagen (Vahs und Schäfer-Kunz 2012):

- Bilanz,
- Gewinn- und Verlustrechnung,
- Kapitalflussrechnung,
- Anhang,
- Lagebericht.

Beispiel aus der Wirtschaftspraxis: die Industriegiganten
Gemessen am Umsatzerlös waren die größten Industrieunternehmen der Welt im Jahr 2013 (Umsatz in Milliarden USD):
1. Royal Dutch Shell, Niederlande, 481,7, Öl und Gas,
2. Wal-Mart, Vereinigte Staaten, 469,2, Einzelhandel,
3. ExxonMobil, Vereinigte Staaten, 449,9, Öl und Gas,
4. Sinopec, China, 428,2, Öl und Gas,
5. China National Petroleum, China, 408,6, Öl und Gas,
6. BP, Vereinigtes Königreich, 388,3, Öl und Gas,
7. State Grid, China, 298,4, Versorger,
8. Toyota Motor, Japan, 265,7, Automobile,

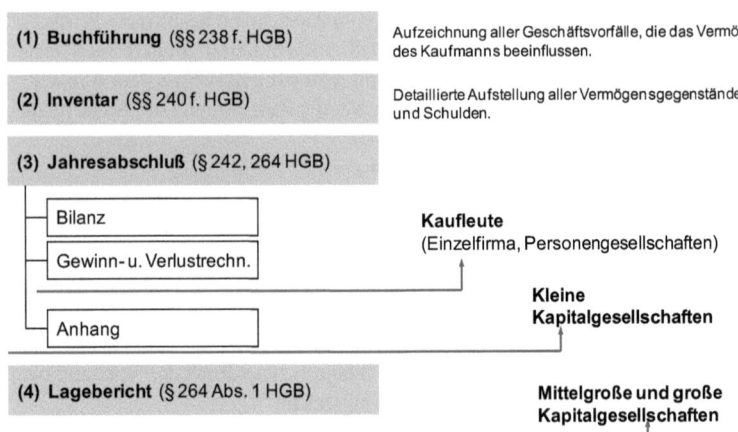

 Abb. 6.15 (Haupt-)Elemente der externen Rechnungslegung

9. Volkswagen, Deutschland, 247,6, Automobile,
10. Total, Frankreich, 234,3, Öl und Gas.

Quelle: Forbes, ▶ www.forbes.com, zugegriffen am 20.03.2014

Einen Überblick über die Hauptelemente des Jahresabschlusses gibt Abb. 6.15.

Bilanz

> **Merke!**
>
> Der Begriff **Bilanz** stammt von dem italienischen Begriff „bilancia" ab, der Bezeichnung für eine zweischalige Waage. Die Bilanz ist die durch eine umfassende Darstellung von Art, Größe und Zusammensetzung des **Vermögens (Aktiva)** sowie des **Fremd- und Eigenkapitals (Passiva)** auf einen bestimmten Stichtag hin erstellte übersichtliche Zusammenstellung der Vermögens- und Finanzlage des Unternehmens.

Die Aktiva geben dabei über die Verwendung des Kapitals Auskunft, die Passiva über die Herkunft (Abb. 6.16).

Die Handelsbilanz gibt Auskunft über die einzelnen Vermögensgegenstände (wie beispielsweise Grundstücke, Maschinen, Fahrzeuge oder Bargeld) und Schulden (wie beispielsweise Kredite oder zu bezahlende Rechnungen). Die Differenz von Vermögensgegenständen und Schulden wird als **Reinvermögen** oder **Eigenkapital** bezeichnet.

6.2 · Externes Rechnungswesen

Vermögen (Aktiva)	Bilanz	Kapital (Passiva)

A. Anlagevermögen
   I. Immaterielle Vermögensgegenstände
   II. Sachanlagen
   III. Finanzanlagen
B. Umlaufvermögen
   I. Vorräte
   II. Forderungen und sonstige Vermögensgegenstände
   III. Wertpapiere
   IV. Flüssige Mittel
C. Rechnungsabgrenzungsposten
		A. Eigenkapital
		   I. Gezeichnetes Kapital
		   II. Kapitalrücklage
		   III. Gewinnrücklagen
		   IV. Gewinnvortrag/Verlustvortrag
		   V. Jahresüberschuß/Jahresfehlbetrag
		B. Rückstellungen
		C. Verbindlichkeiten
		D. Rechnungsabgrenzungsposten

◻ **Abb. 6.16** Aufbau einer Bilanz

Die linke Seite der Bilanz zeigt eine Auflistung aller Vermögensgegenstände eines Unternehmens. Sie wird als **Aktivseite** und die in ihr enthaltenen Posten als **Aktiva** bezeichnet. Die Aktivseite der Bilanz ist in zwei Bereiche unterteilt: Anlage- und Umlaufvermögen. Zum **Anlagevermögen** gehören alle Vermögensgegenstände, welche für einen längeren Zeitraum im Unternehmen eingesetzt werden. Dazu zählen beispielsweise Grundstücke, Maschinen oder Büromöbel. Vermögensgegenstände, welche nicht dazu bestimmt sind, dauerhaft dem Geschäftsbetrieb zu dienen, zählen zum **Umlaufvermögen**. Beispiele hierfür sind Rohstoffe oder flüssige Mittel wie Bargeld.

Die rechte Seite der Bilanz wird als **Passivseite**, die in ihr enthaltenen Posten als Passiva bezeichnet. Sie zeigt die **Verbindlichkeiten** eines Unternehmens sowie das **Eigenkapital**, welches durch Subtraktion der Verbindlichkeiten von den Vermögensgegenständen des Unternehmens (Aktiva) ermittelt wird.

Damit die Bilanz im Gleichgewicht ist, muss das Vermögen immer denselben Wert haben, wie das von den Eigenkapitalgebern und den Gläubigern bereitgestellte Kapital. Entsprechend gilt immer die folgende **Bilanzgleichung: Aktiva = Passiva** (Vahs und Schäfer-Kunz 2012).

Bilanzpositionen der Aktivseite

Die Aktivseite der Bilanz umfasst nach § 266 HGB die nachfolgend aufgeführten Positionen (Vahs und Schäfer-Kunz 2012):

A. Anlagevermögen

Gemäß § 247 Abs. 2 HGB setzt sich das Anlagevermögen aus allen Gegenständen zusammen, welche bestimmt sind, dauernd dem Geschäftsbetrieb zu dienen. Kennzeichnend für die Gegenstände des Anlagevermögens ist also ihr langfristiger Verbleib im Unternehmen. Das Anlagevermögen setzt sich aus folgenden Positionen zusammen:

- **Immaterielle Vermögensgegenstände**
  Die Bilanzposition immaterielle Vermögensgegenstände umfasst insbesondere Konzessionen (öffentlich-rechtliche Befugnisse, beispielsweise Verkehrskonzessionen), gewerbliche Schutzrechte (Patente, Gebrauchsmuster, Warenzeichen), Lizenzen (Erlaubnis zur Nutzung von gewerblichen Schutzrechten) sowie Geschäfts- und Firmenwerte.
- **Sachanlagen**
  Die Bilanzposition Sachanlagen umfasst insbesondere Grundstücke und Bauten einschließlich der Bauten auf fremden Grundstücken, technische Anlagen und Maschinen, Betriebs- und Geschäftsausstattung (zum Beispiel Möbel, Computer, Fuhrpark) sowie geleistete Anzahlungen und Anlagen im Bau.
- **Finanzanlagen**
  Die Bilanzposition Finanzanlagen umfasst insbesondere Anteile an verbundenen Unternehmen (Tochterunternehmen, auf die aufgrund einer einheitlichen Leitung oder aufgrund typischer Merkmale ein beherrschender Einfluss besteht), Ausleihungen an verbundene Unternehmen und Beteiligungen.

B. Umlaufvermögen

Das Umlaufvermögen besteht aus allen Gegenständen, welche nicht dazu bestimmt sind, dauerhaft dem Geschäftsbetrieb zu dienen. Das Umlaufvermögen setzt sich aus folgenden Positionen zusammen (Vahs und Schäfer-Kunz 2012):

- **Vorräte**
  Die Bilanzposition Vorräte umfasst insbesondere Roh-, Hilfs- und Betriebsstoffe, unfertige Erzeugnisse, fertige Erzeugnisse und Waren sowie geleistete Anzahlungen.
- **Forderungen aus Lieferungen und Leistungen**
  Forderungen aus Lieferungen und Leistungen entstehen in der Regel bei Verkäufen auf Ziel, wenn ein Kunde nach der Lieferung oder der Erstellung von Leistungen bei der Rechnungsstellung nicht sofort zahlt, sondern ein gegebenes Zahlungsziel nutzt.
- **Übrige Forderungen und sonstige Vermögensgegenstände**
  Die Bilanzposition *übrige Forderungen und sonstige Vermögensgegenstände* umfasst primär Positionen, welche von keiner anderen Bilanzposition des Umlaufvermögens erfasst werden, wie beispielsweise Forderungen gegen verbundene Unternehmen, Forderungen gegen Gesellschafter auf noch nicht eingezahltes Eigenkapital, Forderungen gegen Mitarbeiter und sonstige Forderungen.
- **Wertpapiere**
  Die Bilanzposition Wertpapiere umfasst insbesondere Wertpapiere, welche zur vorübergehenden Anlage flüssiger Mittel oder zur Spekulation eingesetzt werden.

- **Flüssige Mittel**
Die Bilanzposition flüssige beziehungsweise liquide Mittel umfasst insbesondere Guthaben bei Kreditinstituten und Kassenbestände, also beispielsweise Bargeld im Safe des Unternehmens.

C. Rechnungsabgrenzungsposten

Rechnungsabgrenzungsposten dienen dazu, Aufwendungen und Erträge den Geschäftsjahren zuzuordnen, in denen sie tatsächlich entstanden sind. Auf der Aktivseite der Bilanz werden bereits getätigte Ausgaben aufgeführt, welche erst in einem nachfolgenden Geschäftsjahr Aufwendungen darstellen, so beispielsweise eine Vorauszahlung des Unternehmens.

Bilanzpositionen der Passivseite

Die Passivseite der Bilanz umfasst die nachfolgenden Positionen (Vahs und Schäfer-Kunz 2012):

A. Eigenkapital

Das Eigenkapital ist das Kapital, welches die Aktionäre beziehungsweise die Gesellschafter in das Unternehmen eingebracht und dort belassen haben. Das Eigenkapital setzt sich aus folgenden Positionen zusammen:

- **Gezeichnetes Kapital**
Das gezeichnete Kapital wird abhängig von der Rechtsform auch als **Grund-, Stamm- oder Nominalkapital** bezeichnet. Es ist das im Handelsregister eingetragene Kapital, auf welches die Haftung der Aktionäre beziehungsweise der Gesellschafter beschränkt ist. Bei der Gesellschaft mit beschränkter Haftung sind dies derzeit mindestens 25.000 €, bei der Aktiengesellschaft mindestens 50.000 €.
- **Kapitalrücklagen**
Die Bilanzposition Kapitalrücklagen umfasst insbesondere das dem Unternehmen neben dem gezeichneten Kapital von außen zugeführte Eigenkapital. Kapitalrücklagen entstehen in der Regel durch das **Aufgeld (Agio)** bei einer Kapitalerhöhung, wenn Aktien oder Gesellschaftsanteile zu einem Preis über dem Nennwert verkauft werden.
- **Gewinnrücklagen**
Gewinnrücklagen werden auf Beschluss der Haupt- beziehungsweise der Gesellschafterversammlung durch Einbehaltung eines Teils des bereits versteuerten Jahresergebnisses gebildet.
- **Bilanzgewinn**
Der Bilanzgewinn ist der in der Gewinn- und Verlustrechnung ermittelte Gewinn oder Verlust des Geschäftsjahres. Die Bilanzposition *Bilanzgewinn* bildet insofern die Schnittstelle der Bilanz zu dieser Rechnung.

B. Rückstellungen

Unternehmen bilden Rückstellungen für Verpflichtungen, welche zwar am Bilanzstichtag bekannt sind, deren Fälligkeitstermin und/oder deren genaue Höhe aber noch unsicher sind. Rückstellungen setzen sich aus folgenden Positionen zusammen (Vahs und Schäfer-Kunz 2012):

- Rückstellungen für Pensionen und ähnliche Verpflichtungen,
- Übrige Rückstellungen
  Die Bilanzposition *übrige Rückstellungen* umfasst insbesondere Steuerrückstellungen sowie Rückstellungen für Risiken, für Verpflichtungen, für drohende Verluste aus laufenden Geschäften und für Aufwendungen für Instandhaltung.

C. Verbindlichkeiten

Die Schulden eines Unternehmens werden als Verbindlichkeiten bezeichnet. Sie setzen sich aus folgenden Positionen zusammen:

- **Finanzverbindlichkeiten**
  Diese Bilanzposition umfasst insbesondere Anleihen und Verbindlichkeiten gegenüber Kreditinstituten.
- **Verbindlichkeiten aus Lieferungen und Leistungen**
  Verbindlichkeiten aus Lieferungen und Leistungen entstehen in der Regel bei Käufen auf Ziel, wenn das Unternehmen nach dem Erhalt von Gütern oder nach der Erstellung von Leistungen bei der Rechnungsstellung nicht sofort zahlt, sondern ein gegebenes Zahlungsziel nutzt.
- **Übrige Verbindlichkeiten**
  Die Bilanzposition *übrige Verbindlichkeiten* umfasst insbesondere erhaltene Anzahlungen auf Bestellungen, Verbindlichkeiten gegenüber verbundenen Unternehmen, Verbindlichkeiten gegenüber Unternehmen, mit denen ein Beteiligungsverhältnis besteht und sonstige Verbindlichkeiten.

D. Rechnungsabgrenzungsposten

Auf der Passivseite der Bilanz werden bereits erhaltene Einnahmen aufgeführt, welche erst in einem nachfolgenden Geschäftsjahr einen Ertrag darstellen, so beispielsweise die Mietvorauszahlung eines Mieters von Gebäuden des Unternehmens.

Gewinn- und Verlustrechnung

> **Merke!**
>
> Die **Gewinn- und Verlustrechnung (GuV)** ist eine periodische Erfolgsrechnung, welche eine übersichtliche Ertrags- und Aufwandszusammenstellung des abgelaufenen Geschäftsjahres enthält (Thommen und Achleitner 2012).

6.2 · Externes Rechnungswesen

Gesamtkostenverfahren		Umsatzkostenverfahren
Umsatzerlöse		Umsatzerlöse
+/− Bestandsveränderungen	−	Herstellungskosten der zur
+ Aktivierte Eigenleistungen		Erzielung der Umsatzerlöse
+ sonstige betriebliche Erträge		erbrachten Leistungen
− Materialaufwand	=	Bruttoergebnis vom Umsatz
− Personalaufwand	−	Vertriebskosten
− Abschreibungen	−	allgemeine Verwaltungskosten
	+	sonstige betriebliche Erträge

- sonstige betriebliche Aufwendungen
+/− Finanzergebnis
= **Ergebnis der gewöhnlichen Geschäftstätigkeit**
+/− außerordentliches Ergebnis
− Steuern
= **Jahresüberschuss / Jahresfehlbetrag**

◘ **Abb. 6.17** GuV-Rechnung im Überblick

Die **Gewinn- und Verlustrechnung** verfolgt das Ziel, detailliert über die Unternehmenstätigkeit Rechenschaft abzulegen und den Periodenerfolg (Jahresüberschuss beziehungsweise Jahresfehlbetrag als Differenz zwischen Ertrag und Aufwand) zu ermitteln. Die enge Verbindung mit der Bilanz ergibt sich aus dem **System der doppelten Buchführung**. Demnach wird jeder Geschäftsvorfall, der sich auf Aufwand und Ertrag des Unternehmens auswirkt, in der Gewinn- und Verlustrechnung gegengebucht. Entsprechend weisen die Bilanz und die Gewinn- und Verlustrechnung einen Jahresüberschuss oder Jahresfehlbetrag beziehungsweise Bilanzgewinn/Bilanzverlust aus.

Die Gliederung der Gewinn- und Verlustrechnung ist in § 275 HGB festgelegt und bestimmt, dass die Gewinn- und Verlustrechnung in Staffelform aufzustellen ist. Dabei kann sie nach dem **Gesamtkostenverfahren** oder dem **Umsatzkostenverfahren** erstellt werden. Der wesentliche Unterschied zwischen beiden Verfahren besteht darin, dass zur Bestimmung des Betriebserfolges nach dem Gesamtkostenverfahren sämtliche produzierten Leistungen (Umsatzerlöse und Bestandsmehrungen) berücksichtigt, hingegen beim Umsatzkostenverfahren nur die umgesetzten Leistungen (ohne Bestandsmeldungen) betrachtet werden (vgl. ◘ Abb. 6.17).

Wie ◘ Abb. 6.17 zeigt, wird der Jahresüberschuss beziehungsweise Betriebserfolg beim Gesamtkostenverfahren durch die Gegenüberstellung der produzierten Leistungen auf der Ertragsseite mit dem gesamten Periodenaufwand auf der Aufwandseite ermittelt.

Beim Umsatzkostenverfahren wird der Betriebserfolg als Differenz zwischen den Gesamtumsatzerlösen und dem Umsatzaufwand der in der Abrechnungsperiode abgesetzten Produkte errechnet. Der Umsatzaufwand wird kalkuliert, indem die Herstellkosten der Bestandsmehrung vom gesamten Periodenerfolg abgezogen werden.

Anhang und Lagebericht

Gemäß § 264 HGB müssen alle Kapitalgesellschaften den Jahresabschluss um einen Anhang erweitern. Ziel des Anhangs ist es, den Leser des Jahresabschlusses einer Gesellschaft durch ergänzende Angaben mit sämtlichen erforderlichen Informationen zu versorgen, welche einen den tatsächlichen Verhältnissen entsprechenden Einblick in die Vermögens-, Finanz- und Ertragslage des Unternehmens gewährleisten.

Gemäß der §§ 284–285 HGB müssen im Anhang unter anderem die folgenden Angaben gemacht werden:

- Vorgehensweise bei der Erstellung von Konzernjahresabschlüssen,
- angewandte Bilanzierungs- und Bewertungsmethoden und Abweichungen davon,
- Vorgehensweise bei der Umrechnung von Währungen,
- Erläuterungen zu einzelnen Positionen der Bilanz und der Gewinn- und Verlustrechnung,
- Namen und Gesamtbezüge der Organmitglieder, also von Vorständen, Geschäftsführern und Aufsichtsräten, sowie
- wesentliche Beteiligungen an anderen Unternehmen.

Zudem ist ein **Lagebericht** zu erstellen und zu veröffentlichen, welcher eine schriftliche Darstellung des Geschäftsverlaufs und der wirtschaftlichen Situation des Unternehmens beinhaltet. In § 289 HGB sind die Aufgaben und Anforderungen des Lageberichtes geregelt, welche jedoch kein gesetzlicher Bestandteil des Jahresabschlusses ist.

Der Lagebericht ist eine ergänzende Informationsquelle für die Bilanzadressaten, er bezieht sich in Anlehnung an den Anhang auf den Geschäftsverlauf und die Lage der Kapitalgesellschaft im Berichtsjahr. Dabei sind insbesondere Risiken der künftigen Entwicklung aufzudecken und unter anderem Fortschritte im Bereich Forschung und Entwicklung darzustellen (Vahs und Schäfer-Kunz 2012).

Im Lagebericht werden insbesondere folgende Angaben gemacht:

- Verlauf des vergangenen Geschäftsjahres,
- Situation des Unternehmens,
- geplante Weiterentwicklung des Unternehmens,
- Situation der verschiedenen Geschäftsbereiche des Unternehmens,
- Aktivitäten im Bereich Forschung und Entwicklung, sowie
- Entwicklungen im Personalbereich.

Sowohl der Anhang als auch der Lagebericht unterstützen somit die Aussagefähigkeit des Jahresabschlusses durch zusätzliche Angaben und Begründungen über Vorgänge, welche nach dem Schluss des Geschäftsjahres aufgetreten und von besonderer Bedeutung für die Gesellschaft sind. Die Aussagefähigkeit wird weiterhin durch zusätzliche Informationen und Aufgliederungen über die voraussichtliche Entwicklung der Kapitalgesellschaft unterstützt, welche nicht in der Bilanz oder Gewinn- und Verlustrechnung dargestellt werden (Thommen und Achleitner 2012).

6.2.4 Grundlagen internationaler Rechnungslegung

In den letzten Jahren haben für das externe Rechnungswesen neben den handelsrechtlichen Rechnungslegungsvorschriften zunehmend auch internationaler Rechnungslegungsnormen an Bedeutung gewonnen. Im Vordergrund stehen dabei die **International Financial Reporting Standards (IFRS)** und – falls eine Aktiennotierung an einer amerikanischen Börse angestrebt wird – die in den Vereinigten Staaten geltenden **Generally Accepted Accounting Principles (US-GAAP)**.

Die International Financial Reporting Standards (IFRS), welche bis zum Jahr 2003 **International Accounting Standards (IAS)** hießen, werden vom **International Accounting Standards Board (IASB)** entwickelt, um die internationale Vergleichbarkeit von Jahresabschlüssen und von Unternehmensbewertungen sicherzustellen.

Kapitalmarktorientierte und damit in der Regel börsennotierte europäische Konzerne müssen ihre Konzernabschlüsse gemäß dieser Standards erstellen, nicht kapitalmarktorientierte europäische Konzerne dürfen ihre Konzernabschlüsse statt der landesüblichen Rechnungslegungsvorschriften gemäß dieser Standards erstellen und Nichtkonzerne dürfen ihre Abschlüsse zusätzlich zu den landesüblichen Regelung Vorschriften gemäß dieser Standards erstellen.

Die Berücksichtigung der internationalen Rechnungslegungsnormen stellt die Unternehmen insofern vor große Herausforderungen, als dass diese Normen einer anderen Bilanzierungstradition entspringen. Die handelsrechtliche Rechnungslegung, welche den kontinentaleuropäischen Systemen (zum Beispiel HGB) zugerechnet wird, verfolgt als Primärziele der Rechnungslegung das **Vorsichtsprinzip**, den Gläubigerschutz und die Stärkung der Selbstfinanzierungskraft des Unternehmens. Demgegenüber liegt das Hauptaugenmerk der angloamerikanischen Systeme (IFRS, US-GAAP) auf der Vermittlung eines **true and fair view** oder einer **fair presentation** des Unternehmens sowie auf der Vertretung der Investoreninteressen und der Kapitalmarktfähigkeit des Wertpapiers. Auf kontinentaleuropäischer Ebene zählt die Wahrung der Investoreninteressen eher zu den untergeordneten Zielen des Rechnungswesens (Thommen und Achleitner 2012).

Der Grund für diese Differenzen im Fokus liegt in der unterschiedlichen Finanzierungstradition kontinentaleuropäischer und angloamerikanischer Unternehmen begründet. Während kontinentaleuropäische Unternehmen vor allem bankenfinanziert waren und in der Regel von einem beschränkten Eigentümerkreis gehalten wurden, welche sich auch anders als durch den Jahresabschluss informieren konnte, nahmen angloamerikanische Unternehmen schon lange Eigenkapital auf dem Kapitalmarkt auf und mussten daher den Informationsbedürfnissen vielfältiger Aktionäre Genüge tun, deren primäre Informationsquelle der Jahresabschluss war (Thommen und Achleitner 2012).

6.3 Lern-Kontrolle

Kurz und Bündig

Internes und externes Rechnungswesen ist entscheidend für das Wirtschaften, die Kalkulation und die langfristige Entwicklung von Unternehmen. Während sich das interne Rechnungswesen auf betriebsinterne Bilanzen und Kalkulationen konzentriert, ist das externe Rechnungswesen auf die ökonomischen Beziehungen des Unternehmens mit seiner Umwelt (Stakeholder) ausgerichtet. Zur Ermittlung verschiedener Bilanzen und der Gewinn / Verlustrechnung werden verschiedene Kostenrechnungssysteme genutzt, die jeweils ihre eigenen Vor- und Nachteile haben (Ist-, Normal-, Plan-, Voll-, und Teilkostenrechnung). Die grundsätzliche Vorgehensweise ist – trotz verschiedener Kalkulationsmethoden – aber zumeist gleich. So basieren Bilanzen, Jahresabschlüsse und Kalkulationen vor allem auf der Unterscheidung zwischen Kostenart, Kostenerstellung und Kostenträger.

? Let's check

1. Was ist der Gegenstand des Rechnungswesens?
2. Was sind Beispiele für Geschäftsfälle, bei denen es sich jeweils nur um eine Einzahlung, eine Einnahme oder einen Ertrag handelt?
3. Was sind Beispiele für Geschäftsfälle, bei denen es sich zwar um einen Ertrag, aber nicht um einen Umsatzerlös handelt?
4. Was sind Beispiele für Geschäftsfälle, bei denen es sich jeweils nur um eine Auszahlung, eine Ausgabe oder einen Aufwand handelt?
5. Welche zwei Teilbereiche umfasst das Rechnungswesen?
6. Welche Aufgaben sind im externen Rechnungswesen jährlich durchzuführen?
7. Was kennzeichnet die doppelte Buchführung?
8. Welche Unterlagen umfasst der Jahresabschluss?
9. Welche Rechnungslegungspflichten hängen von der Unternehmensgröße ab?
10. Wozu dient die Bilanz?
11. Wie wird die Bilanz gegliedert?
12. Was wird in der Gewinn- und Verlustrechnung gegenübergestellt?
13. Worin unterscheidet sich das Gesamtkosten- vom Umsatzkostenverfahren bei der Gewinn- und Verlustrechnung?
14. Welche Angaben werden im Anhang und im Lagebericht gemacht?
15. Welche unterschiedlichen Zielsetzungen verfolgen die Rechnungslegungsvorschriften des Handelsgesetzbuches und die der IFRS?
17. Welche Aufgaben hat das interne Rechnungswesen?
18. Welche Grundtypen von Kostenrechnungssystemen lassen sich unterscheiden?
19. Welche Stufen umfasst die Kostenrechnung?
20. Welche Kostenarten werden unterschieden?
21. Wie werden die verschiedenen Kostenarten ermittelt?
22. Wie lassen sich Einzel- und Gemeinkosten voneinander abgrenzen?

6.3 · Lern-Kontrolle

23. Worin unterscheiden sich fixe von variablen Kosten?
24. Welche Aufgaben hat die Kostenstellenrechnung?
25. Wie ist ein Betriebsabrechnungsbogen aufgebaut?
26. Wie können Kostenträgergemeinkosten auf Kostenstellen verrechnet werden?
27. Wie werden innerbetriebliche Leistungen verrechnet?
28. Welche Arten von Kalkulationssätzen gibt es?
29. Welche Aufgaben hat die Kostenträgerrechnung?
30. Worin unterscheidet sich die Äquivalenzziffernkalkulation von der Divisionskalkulation?
31. Wie wird bei der Zuschlagskalkulation vorgegangen?
32. Wie ist der Deckungsbeitrag definiert?
33. Wozu dient die einstufige Deckungsbeitragsrechnung?
34. Welche Vorteile bietet die mehrstufige Deckungsbeitragsrechnung?

Vernetzende Aufgaben

1. Wie und warum unterscheiden sich die Jahresabschlüsse von verschiedenen Unternehmensformen?
2. Wie unterscheiden sich die Interessen der verschiedenen externen Stakeholder bezüglich der Jahresabschlüsse und Lageberichte einer Aktiengesellschaft?
3. Wie können unbewusste bzw. bewusst gemachte Kalkulationsfehler sanktioniert werden?
4. Braucht ein öffentliches oder ein gemeinnütziges Unternehmen auch ein internes und externes Rechnungswesen? Worin unterscheiden sich private bzw. öffentliche Kalkulationen?

Lesen und Vertiefen

- Coenenberg, A. B. (2003): Kostenrechnung und Kostenanalyse, 5. Aufl., Stuttgart.
- Thommen, J.-P. / Achleitner, A.-K. (2012): Allgemeine Betriebswirtschaftslehre, 7. Auflage, Wiesbaden.
- Vahs, D. / Schäfer-Kunz, J. (2012): Einführung in die Betriebswirtschaftslehre, 6. Aufl., Stuttgart.

Materialwirtschaft

Marc Oliver Opresnik, Carsten Rennhak

7.1 Grundbegriffe – 194

7.2 Ziele der Materialwirtschaft – 195

7.3 Beschaffung – 197
7.3.1 Insourcing versus Outsourcing – 197
7.3.2 ABC-Analyse – 198
7.3.3 XYZ-Analyse – 200
7.3.4 Bestellpolitik – 200

7.4 Logistik – 202

7.5 Lern-Kontrolle – 204

M. O. Opresnik, C. Rennhak, *Allgemeine Betriebswirtschaftslehre*,
Studienwissen kompakt, DOI 10.1007/978-3-662-44327-9_7,
© Springer-Verlag Berlin Heidelberg 2015

Lern-Agenda

Insbesondere in Industrieunternehmen ist die Sicherstellung der Versorgung mit Material von großer Bedeutung. Nachfolgend wird deshalb vermittelt

- welche Materialarten es gibt,
- welche Ziele die Materialwirtschaft verfolgt,
- welche Aufgaben die Beschaffung innerhalb der Materialwirtschaft hat und
- welche Aufgaben die Logistik innerhalb der Materialwirtschaft hat.

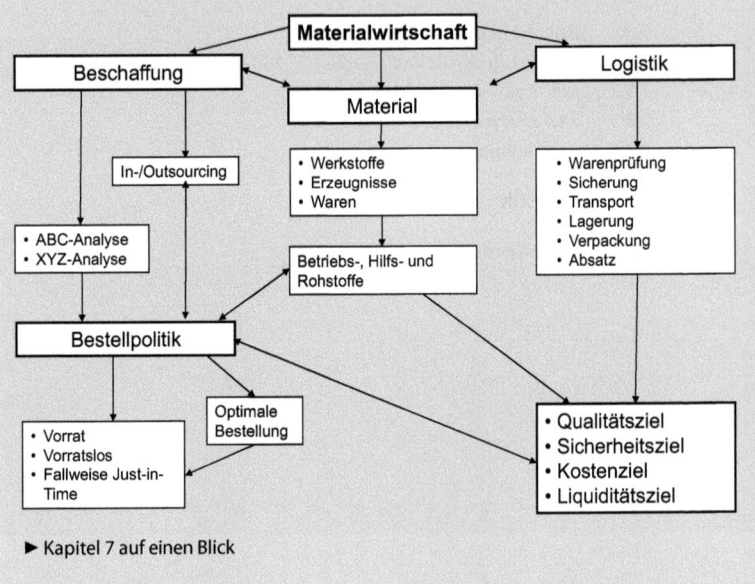

▶ Kapitel 7 auf einen Blick

7.1 Grundbegriffe

Die Materialwirtschaft umfasst die beiden materialbezogenen Funktionen der Beschaffung und der Logistik:

— **Merke!** —

Gegenstand der **Materialwirtschaft** ist es, durch die Beschaffung und durch die Logistik die Versorgung mit und die Entsorgung von Gütern für alle Bereiche und alle Kunden von Unternehmen entsprechend der jeweiligen Bedarfe sicherzustellen.

Spezifischer formuliert hat die Materialwirtschaft dafür zu sorgen, dass die benötigten materiellen Produktionsfaktoren in der richtigen Art, am richtigen Ort, zur richtigen Zeit, in der richtigen Menge, in der richtigen Qualität im Betrieb zur Verfügung stehen.

Im Mittelpunkt Materialwirtschaft steht das Material als Oberbegriff für eine Reihe von Gütern:

> **Merke!**
>
> Das **Material** umfasst die Werkstoffe, die unfertigen und die fertigen Erzeugnisse sowie die Waren eines Unternehmens.

Die in der Produktion als Produktionsfaktor eingehenden Werkstoffe werden weiter in Roh-, Hilfs- und Betriebsstoffe bzw. in die sogenannten RHB-Stoffe unterteilt:

- **Rohstoffe** als Stoffe, die **unmittelbar in das zu fertigende Erzeugnis eingehen** und dessen Hauptbestandteil bilden.
  Beispiele: Tuch-/Bekleidungsindustrie, Blech-/Automobilindustrie,
- **Hilfsstoffe**, die ebenfalls **unmittelbar in das zu fertigende Erzeugnis eingehen**, aber im Vergleich zu den Rohstoffen lediglich eine **Hilfsfunktion** erfüllen, da ihr mengen- und wertmäßiger Anteil gering ist.
  Beispiele: Leim, Schrauben, Lack bei der Möbelherstellung,
- **Betriebsstoffe**, die selbst **keinen Bestandteil des fertigen Erzeugnisses bilden**, sondern mittelbar oder unmittelbar bei der Herstellung des Erzeugnisses verbraucht werden. Zu den Betriebsstoffen rechnen alle Güter, die den Leistungsprozess ermöglichen und in Gang halten.
  Beispiele: Energiestoffe, Schmierstoffe, Büromaterialien, Betriebsmaterialien.

Der **Materialbedarf** kann aus der **Herstellungsplanung** abgeleitet werden. Diese wiederum ergibt sich aus dem **erwarteten Umsatz**, welcher sich aus den vorliegenden Aufträgen von Kunden und Prognosen über den künftigen Absatz ableiten lässt.

Dabei werden die **Endprodukte als Primärbedarf** bezeichnet und die **Betriebs- und Produktionsmittel als Sekundärbedarf**. Wird vom Gesamtbedarf der Bestand an vorhandenen Materialien abgezogen, so erhält man den **Nettobedarf**, welchen es schließlich zu beschaffen gilt.

7.2 Ziele der Materialwirtschaft

Die Ziele der Materialwirtschaft ergeben sich aus den übergeordneten Unternehmenszielen. In der Materialwirtschaft werden insbesondere die folgenden Ziele verfolgt (vgl. ◘ Abb. 7.1):

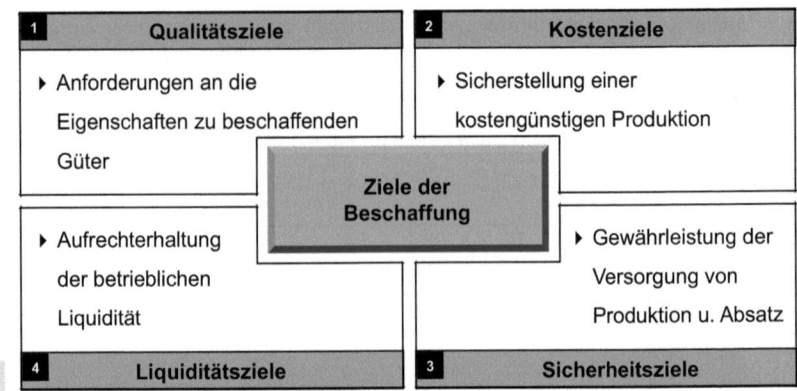

◻ Abb. 7.1 Zentrale Ziele der Beschaffung

— **Kostenziele**
Im Hinblick auf die eigentliche Erbringung der materialwirtschaftlichen Aufgaben ist es ein Ziel, die Beschaffungskosten und die Logistikkosten zu reduzieren.

— **Sicherheitsziele**
Das wichtigste Ziel der Logistik ist in der Regel die Termineinhaltung bei der Versorgung der Produktion und der Kunden mit Material und damit die Vermeidung von sogenannten Fehlmengenkosten. Fehlmengenkosten entstehen, wenn die Produktion oder die Kunden das entsprechende Material nicht zum vereinbarten Termin erhalten und dann die Produktion stillsteht, teureres Ersatzmaterial verwendet werden muss oder Konventionalstrafen gezahlt werden müssen (Vahs und Schäfer-Kunz 2012).

— **Qualitätsziele**
Der Beschaffungsbereich hat nicht nur das Ziel, die Materialkosten zu senken, sondern muss gleichzeitig sicherstellen, dass die beschafften Materialien die benötigte Qualität aufweisen.

— **Liquiditätsziele**
Eine weitere, sehr wichtige Zielsetzung der Materialwirtschaft ist die Aufrechterhaltung der betrieblichen Liquidität, so dass das Unternehmen jederzeit in der Lage ist, seinen kurz- und mittelfristigen Zahlungsverbindlichkeiten nachzukommen.

7.3 Beschaffung

7.3.1 Insourcing versus Outsourcing

Primäre Aufgabe der Beschaffung ist die Versorgung des Unternehmens mit Produktionsfaktoren.

Im Rahmen der Entscheidung zur Frage **Make or Buy?** wird analysiert, welche der benötigten Materialien und Güter von außerhalb bezogen werden müssen und welche besser selbst hergestellt werden.

Insofern bereits bestimmte Leistungen und Materialien im Unternehmen hergestellt werden, stellt sich die Frage, ob diese Materialien weiterhin durch das Unternehmen selbst bereitgestellt oder ob die Leistungen ausgelagert, d. h. **outsourced** und dann von außen bezogen werden sollen.

Geeignet für den Einkauf und somit für die Auslagerung sind alle Aufgaben, welche die anderen Unternehmen wirtschaftlicher und damit kostengünstiger lösen können. Die Leistungen, die das Unternehmen selbst besser erbringen kann und in denen es so gut ist, dass sie von anderen nicht nachgemacht oder nicht so effektiv und wirtschaftlich erbracht werden können, gehören zu den **Kernkompetenzen**.

Weitere Anlässe für die eigene Fertigung sind:
- Vorhandensein und Nichtauslastung von eigenen Produktionsmöglichkeiten sowie die günstigere Produktion zum Beispiel aufgrund von größeren Stückmengen (Skalenerträgen),
- Vermeiden von Transaktionskosten zur Beschaffung der benötigten Güter bei den Zulieferern,
- Vermeidung von Liefer- und Transportzeiten,
- weniger Abhängigkeit von den Zulieferern,
- Geheimhaltungsgründe,
- Know-how-Sicherung.

Die **Fertigungstiefe** bezeichnet das Ausmaß bis zu dem die zur Produktion benötigten Materialien im Unternehmen selbst erzeugt werden:

> **Merke!**
>
> Fertigungstiefe = Umfang der Eigenfertigung / Umfang der Gesamtfertigung

Bei einer **Fertigungstiefe von 1 bzw. 100 Prozent** würden alle Güter selbst hergestellt werden, d. h. von der Gewinnung von Rohstoffen bis zu den Endprodukten würde der gesamte Herstellungsprozess und somit die **gesamte Wertschöpfung in der Fertigung im Unternehmen stattfinden**.

Materialart	Wertanteil in %	Mengenanteil in %
A-Güter	Ca. 80 %	Ca. 10 %
B-Güter	Ca. 15 %	Ca. 20 %
C-Güter	Ca. 5 %	Ca. 70 %

◘ **Abb. 7.2** Grenzwerte der ABC-Analyse

Bei einer **Fertigungstiefe von 0 bzw. 0 Prozent** würde dagegen die **gesamte Produktion außerhalb des Unternehmens stattfinden** und der eigene Leistungsbeitrag bestünde dann nur noch im Vertrieb der fremdbezogenen Produkte im Handel.

Von einer **totalen vertikalen Integration entlang der Fertigung** spricht man, wenn die gesamte Wertschöpfung in den Händen des Unternehmens verbleibt.

Gründe für das Outsourcing und den Fremdbezug von Material sind dagegen die folgenden Aspekte:

- Die zu beziehenden Leistungen gehören nicht zum Kerngeschäft des Unternehmens.
- Die zu beziehenden Güter stammen aus einer Massenproduktion, bei welcher der Zulieferer aufgrund der großen Mengen vergleichsweise große Kostenvorteile erzielen kann.
- Der Zulieferer hat aufgrund seiner Spezialisierung einen großen Kompetenz- und Know-how-Vorsprung, der daneben auch eine höhere Qualität zur Folge hat.
- Mit der Selbstleistung sind erhebliche zusätzliche Investitionen erforderlich.
- Die eigenen Produktionskapazitäten sind voll ausgelastet.
- Eventuelle Transport- und Lagerkosten des Fremdbezugs sind relativ gering.

7.3.2 ABC-Analyse

Die **ABC-Analyse** ist eine zentrale Methode der Materialklassifizierung im Hinblick auf Wert und Menge. In Bezug auf die Beschaffung von Materialien liegt der Verwendung der ABC-Analyse die **Annahme zugrunde, dass ein kleinerer mengenmäßiger Anteil bestimmter benötigter Materialien einen vergleichsweise größeren Anteil an dem Gesamtwert aller erforderlichen Materialien hat.**

Ob eine bestimmte Materialart in die **A-, B- oder C-Kategorie** gehört, hängt von der Festlegung der Grenzwerte ab. Häufig stützt sich die Analyse auf die in ◘ Abb. 7.2 dargestellte Einteilung.

Die ABC-Analyse teilt die Beschaffungsgüter oder andere zu klassifizierende Objekte demnach nach ihrem relativen Anteil am Gesamtwert in A-, B- und C-Güter ein. Die Vorgehensweise beinhaltet im Allgemeinen die folgenden Schritte (Vahs und Schäfer-Kunz 2012):

7.3 · Beschaffung

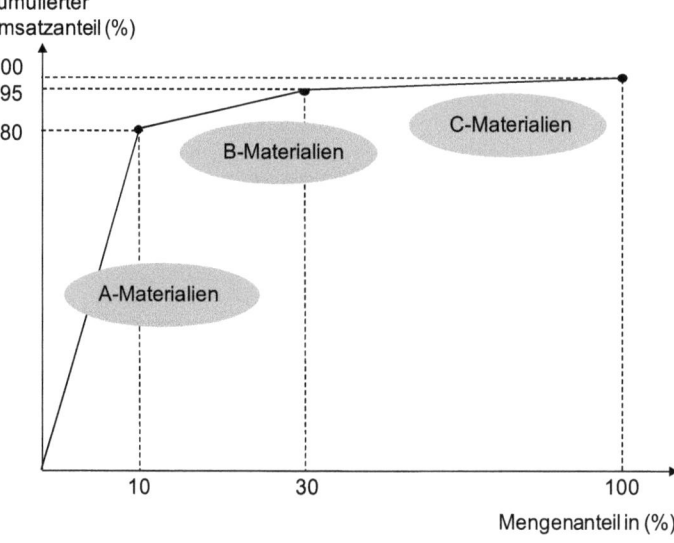

Abb. 7.3 ABC-Analyse im Beschaffungsbereich (Wöhe 2013)

1. Zunächst wird basierend auf den Verbrauchsdaten der Vergangenheit der Periodenverbrauch aller Güter in Mengeneinheiten ermittelt.
2. Dann werden diese Mengeneinheiten mit ihren Preisen multipliziert, um den Wertverbrauch der einzelnen Güter festzustellen.
3. Danach wird jede Güterart entsprechend diesem Wertverbrauch geordnet.
4. Schließlich werden die kumulierten Verbrauchswerte und Prozentsätze des mengen- und wertmäßigen Verbrauchs errechnet und die Güter nach dem wertmäßigen Verbrauch in A-, B- und C-Kategorien klassifiziert.

Die Ergebnisse der ABC-Analyse lassen sich anschließend grafisch mit einem Balkendiagramm oder einer sogenannten **Lorenz- oder Konzentrationskurve** verdeutlichen (vgl. **Abb. 7.3**).

Entsprechend der Klassifikation der einzelnen Güter lassen sich folgende **strategische Implikationen** ableiten:

- **A-Güter, A-Lieferanten, A-Abnehmer:** Auf sie gerichtete Maßnahmen bedürfen sorgfältiger Planung, Steuerung und Kontrolle. Es lohnen sich beschaffungsanalytische (z. B. Preisvergleich von verschiedenen Anbietern) und beschaffungspolitische Maßnahmen (z. B. das Aushandeln von bestimmten Konditionen). Neben der Anwendung von genaueren Kosten- und Preisanalysen ist bei diesen

Materialposten auch eine genaue Überwachung und Steuerung der Lieferzeiten und der Lagerung der Materialien zu erwägen.
- **B-Gütern** sollte durchschnittliche Aufmerksamkeit geschenkt werden.
- **C-Güter** sollten lediglich routinemäßig behandelt werden, da hohe Anstrengungen nur einen verhältnismäßig geringen Nutzen bringen. Für diese Materialien bzw. Güter müssen deshalb auch keine speziellen und genaueren Analysen durchgeführt werden. Einfachere Bestellvorgänge (z. B. Sammelbestellungen) oder eine einfachere Lagerführung sind für diese Klasse angezeigt.

7.3.3 XYZ-Analyse

Bei der **XYZ-Analyse** ist nicht der Anteil am Gesamtwert, sondern die Regelmäßigkeit des Bedarfsanfalls von Bedeutung, um Entscheidungen über die Beschaffung zu treffen.

Die **XYZ-Analyse** unterstellt, dass der **Bedarf** an bestimmten Materialien mehr oder weniger über den Zeitablauf schwanken kann:

- **X-Materialien sind Materialien, deren Bedarf relativ gleichmäßig anfällt** (z. B. bei einem Textilhersteller bestimmte Garnsorten). Für diese Materialien ist eine fertigungsnahe Bestellung wirtschaftlich und sinnvoll, da der Bedarf hinsichtlich der benötigten Mengen recht gut vorhergesagt werden kann.
- **Y-Materialien unterliegen hinsichtlich des Bedarfs regelmäßigen Schwankungen** (z. B. aufgrund saisonaler Einflüsse erhöhter Baumwollbedarf für die Sommerkollektion und erhöhter Schurwollbedarf für die Wintersaison). Für diese Güter erscheint eine gewisse Vorratsbeschaffung angemessen.
- **Z-Materialien sind Materialien, die völlig unregelmäßig benötigt werden** und deren Bedarf daher kaum genau prognostiziert werden kann (z. B. individuelle Wünsche von Abnehmern für ganz bestimmte Knöpfe). Diese Güter sollten nur im Bedarfsfall bestellt werden.

7.3.4 Bestellpolitik

Im Rahmen der **Bestellpolitik** müssen Entscheidungen hinsichtlich der **Bestellzeitpunkte** und der **Bestellmengen** getroffen werden, mit dem Ziel, die Bestände, die Fehlmengen und die Bestellaufwendungen zu minimieren.

Bereitstellungsprinzipien

Hinsichtlich der Bereitstellung der Güter sind drei Prinzipien zu unterscheiden:
- Die **Vorratsbeschaffung**, die bei industriellen Unternehmen häufig anzutreffen ist. Bei ihr werden relativ große Materialmengen beschafft und auf Lager

7.3 · Beschaffung

Beschaffungsart	Vorteil	Nachteil
Fallweise Beschaffung bei Einzelfertigung	Lagerkosten sinken	mittelbare Beschaffungskosten steigen
Just-in-Time-Konzept	Lagerkosten sinken	unmittelbare Beschaffungskosten (Einkaufspreise) steigen

Abb. 7.4 Vor- und Nachteile der vorratslosen Beschaffung

genommen. Möglicherweise günstigen Beschaffungspreisen stehen hohe Lager- und Zinskosten sowie ein hohe Kapitalbindung gegenüber.
- Die **Einzelbeschaffung**, bei der die Materialien in der benötigten Menge unmittelbar vor ihrem Bedarf beschafft werden. Geringen Lager- und Zinskosten sowie einer minimalen Kapitalbindung stehen hohe Beschaffungskosten und das Risiko einer ausbleibenden oder fehlerhaften Lieferung gegenüber.
- Die fertigungssynchrone Beschaffung (Just-in-Time), bei der es sich um eine Kombination von Vorratsbeschaffung und Einzelbeschaffung handelt. Das beschaffende Unternehmen schließt rahmenmäßige Lieferverträge über große Materialmengen, ruft aber jeweils nur die für die Fertigung unmittelbar benötigten Mengen ab. Bei der Just-in-Time-Beschaffung werden zwar Lagerkosten minimiert, dafür steigen aber die mittelbaren Beschaffungskosten (z. B. Personal- und Transportkosten für den Verkehr zwischen Liefergroßhändler und Handwerksbetrieb) an.

Die Vor- und Nachteile fasst die Aufstellung in **Abb. 7.4** zusammen.

Optimale Bestellmenge

Hinsichtlich der **optimalen Bestellmengen** ist über geeignete Verfahren eine annähernd optimale Lösung zu suchen, mit welcher die Summe aus bestellfixen Kosten und Lagerkosten minimiert wird. Bestellfixe Kosten fallen dabei bei jeder Bestellung unabhängig von dem Bestellvolumen an, beispielsweise Kosten der Bestellabwicklung oder der Materialannahme. Lagerkosten entstehen durch die Lagerung von Gütern in Betrieben und steigen mit der einzulagernden Menge. Die Bestimmungsgrößen der Lagerkosten sind die Lagerbestandsmenge, der Lagerbestandswert, die Lagerdauer, die Kapitalbindungs- und Versicherungskosten und die Wertminderungen der gelagerten Güter zum Beispiel durch Verderb oder Marktpreisschwankungen.

Die Zusammenhänge werden im Folgenden anhand eines **Beispiels** verdeutlicht:

Beispiel aus der Wirtschaftspraxis: Bestellpolitik

Das Unternehmen Audio GmbH vertreibt Flachbildfernseher. Routinemäßig werden zweimal jährlich 50 neue Geräte (M) beim Hersteller bestellt. Der jährliche Gesamtbedarf bzw. Absatz (x) von 100 Geräten beim Endkunden verteilt sich gleichmäßig über das ganze Jahr. Der Herstellerpreis (P) pro Fernseher liegt bei 500 Euro pro Gerät. Unabhängig von den bestellten Mengen fällt dabei für jede Bestellung ein fixer Betrag von 2000 Euro (K_f) für Verwaltungsdienstleistungen im Einkauf an. Außerdem werden noch Lagerhaltungskosten (Kl), bestehend aus einem Zinskostenanteil von 3 Prozent (i) und einem Lagerkostenanteil von 7 Prozent (l), für die Beschaffungen angesetzt.

Die Geschäftsleitung möchte nun wissen, wie hoch die **Beschaffungskosten** jährlich insgesamt sind und inwiefern durch eine **Optimierung der Bestellmenge** und **Bestellhäufigkeit** noch eine Verbesserung in der Wirtschaftlichkeit erzielt werden kann.

Die **jährlichen gesamten Beschaffungskosten (K_g)** bestehen aus den direkten Beschaffungskosten (K_d), den indirekten Beschaffungskosten (K_{in}), den Lagerhaltungskosten (Kl) sowie eventuellen Fehlmengenkosten.

$$K_d = P \times x = 500 \times 100 = 50.000 \text{ Euro}$$

$$K_{in} = (K_f \times x)/M = (2000 \times 100)/50 = 4000 \text{ Euro (z. B. Transportkosten)}$$

$$Kl = [(P \times x)/2] \times (i+l) = [(100 \times 500)/2] \times (0,03+0,07) = 2500 \text{ Euro}$$

$$K_g = 56.500 \text{ Euro}$$

Das Kostenminimum lässt sich ermitteln, indem die erste Ableitung der Kostenfunktion nach der Bestellmenge M vorgenommen und gleich Null gesetzt wird. Es ergibt sich nach Umformung die **Andler'sche Formel**:

$$M_{opt} = \sqrt{\frac{2 \cdot X \cdot K_f}{P \cdot (l+l)}} = \sqrt{\frac{2 \cdot 100 \cdot 2000}{500 \cdot 0,1}} = 89,443$$

d. h., die optimale Anzahl sind 89 TV-Geräte pro Bestellung.

Die **optimale Bestellhäufigkeit (Y_{opt})** ergibt sich wie folgt:

$$Y_{opt} = X/M_{opt} = 100/89,443 = 1,12, \text{ d. h., es sollte nur } 1 \times \text{ jährlich bestellt werden.}$$

$$K_g = 50.000 + 2000 + 2500 = 54.500 \text{ Euro}$$

7.4 Logistik

Im Rahmen der Materialwirtschaft muss sichergestellt werden, dass die richtigen Güter im richtigen Zustand zur richtigen Zeit am richtigen Empfangsort verfügbar sind. All diejenigen Funktionen, welche dieses Ziel verfolgen, werden unter dem Begriff Logistik zusammengefasst:

7.4 · Logistik

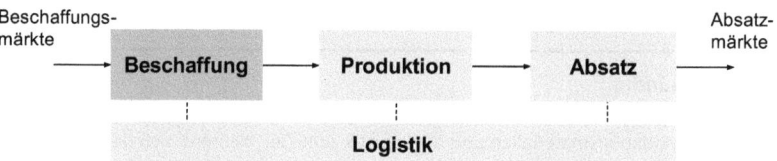

Abb. 7.5 Grundzusammenhang zwischen Beschaffung, Produktion, Absatz und Logistik

> **Merke!**
>
> Gegenstand der **Logistik** ist es, für alle Bereiche und Kunden von Unternehmen durch die Änderung der räumlichen, zeitlichen und strukturellen Eigenschaften von Gütern die Versorgung mit und die Entsorgung von Gütern entsprechend der jeweiligen Bedarfe sicherzustellen (Vahs und Schäfer-Kunz 2008).

Das **Einsatzgebiet der Logistik** wird mittlerweile nicht nur im Bereich der Beschaffung von Materialien von externen Zulieferunternehmen gesehen.

Als **Querschnittsleistung** zu den anderen Bereichen eines Unternehmens (z. B. Einkauf, Verwaltung, Produktion, Absatz) umfasst es die Gestaltung und Steuerung des gesamten Materialflusses.

Zur Logistik gehören Tätigkeiten wie die Warenprüfung, die Sicherung der Materialien beim Transport und Lagerung und die Verpackung der Produkte.

Den Grundzusammenhang zwischen Beschaffung, Produktion, Absatz und Logistik verdeutlicht ◘ Abb. 7.5.

Zur optimalen Ausführung der Lagerfunktionen stehen eine Vielzahl von Verfahrensweisen und **Lagerstrategien** zur Verfügung.

Die bekanntesten Lagerverwaltungsstrategien sind:
- **FIFO (First In – First Out)-Strategie:** Die zuerst im Lager aufgenommenen Materialien werden zuerst ausgelagert.
- **LIFO (Last In – First Out)-Strategie:** Die zuletzt angelieferten Materialien werden zuerst ausgeliefert.

Wichtige **Entscheidungen im Rahmen des Transport-Managements sind**:
- wie das Material transportiert werden soll, d. h. die **Wahl des Transportmittels** (z. B. mit der Eisenbahn, dem LKW, dem Schiff oder dem Flugzeug),
- auf welcher Strecke, auf welchem Weg das Material transportiert werden soll, d. h. die **Wahl des Transportweges** (z. B. Flug-, See- oder Landstrecken),
- wer den Transport durchführen soll, d. h. die **Wahl des Transporteurs** (dazu gehört z. B. die Entscheidung, ob selbst oder durch eine andere Firma transportiert werden soll und wenn Letzteres, welche Firmen infrage kommen).

7.5 Lern-Kontrolle

Kurz und Bündig

Die Materialwirtschaft hat bei der Organisation eines Unternehmens vor allem die Beschaffung von Produktionsmaterialien und die Logistik zum Ziel. Während sich der Bereich der Beschaffung vor allem mit der Analyse der Kosten, des Bedarfs, der Planung und Umsetzung des Wirtschaftens mit Rohstoffen, Erzeugnissen und Waren beschäftigt, hat die Logistik andere Arbeitsziele. Sie konzentriert sich insbesondere auf die Warenprüfung, die Materialsicherung, den Transport, die Lagerung und die Verpackung von Materialien und Produkten. Sowohl der Bereich Beschaffung als auch die Logistik haben einerseits eine hohe Qualität und Sicherheit, andererseits aber auch niedrige Kosten und den Erhalt der Liquidität eines Unternehmens zum Ziel.

? Let's check

1. Was ist der Gegenstand der Materialwirtschaft?
2. Welche Materialarten können unterschieden werden?
3. Welche Ziele verfolgt die Materialwirtschaft?
4. Was ist Gegenstand der Beschaffung?
5. Welche strategischen Handlungsoptionen gibt es in der Beschaffung?
6. Welche strategischen, qualitativen und kostenmäßigen Dimensionen haben Make-or-buy-Entscheidungen?
7. Welche Aussagen lassen sich aus der ABC-Analyse ableiten?
8. Welche Aussagen lassen sich aus der XYZ-Analyse ableiten?
9. Wie wird nach Andler die optimale Bestellmenge bestimmt?
10. Was ist Gegenstand der Logistik?

? Vernetzende Aufgaben

1. Wie beeinflussen unterschiedliche Bestellpolitiken (Just-In-Time, Vorrat, Fallweise Bestellungen) die Unternehmensziele Qualität, Kosten, Sicherheit und Liquidität?
2. Warum sind ABC- und XYZ-Analyse auch bei der Finanzierung von Unternehmen und Investitionen entscheidend?
3. Wie fließen die verschiedenen Methoden des Rechnungswesens in den Bereich der Materialwirtschaft mit ein?
4. Inwieweit könnten bei der Beschaffung von wertvollen Rohstoffen wie seltenen Erden oder Coltan Spannungsfelder mit verschiedenen Stakeholdern eines Unternehmens entstehen?
5. Für welche Unternehmensarten kann Outsourcing bzw. totale vertikale Integration sinnvoll bzw. eine Gefahr sein? Beziehen Sie zur Beantwortung der Frage konkrete Beispiele mit ein!

Lesen und Vertiefen
- Vahs, D. / Schäfer-Kunz, J. (2012): Einführung in die Betriebswirtschaftslehre, 6. Aufl., Stuttgart.
- Wöhe, G. (2013): Einführung in die Allgemeine Betriebswirtschaftslehre, 25. Aufl., München.

Produktion

Marc Oliver Opresnik, Carsten Rennhak

8.1 Grundlagen – 208

8.2 Gestaltungsmöglichkeiten von Produktionssystemen – 210
8.2.1 Festlegung des Prozesstyps der Produktion – 210
8.2.2 Festlegung des Organisationstyps der Produktion – 211

8.3 Produktionstheorie – 212
8.3.1 Substitutionale Produktionsfunktionen – 213
8.3.2 Limitationale Produktionsfunktionen – 213
8.3.3 Produktionsfunktion vom Typ A (Ertragsgesetz) – 214

8.4 Lern-Kontrolle – 218

M. O. Opresnik, C. Rennhak, *Allgemeine Betriebswirtschaftslehre*,
Studienwissen kompakt, DOI 10.1007/978-3-662-44327-9_8,
© Springer-Verlag Berlin Heidelberg 2015

Lern-Agenda

Die Möglichkeit, Produkte wirtschaftlich herstellen zu können, ist eine grundlegende Voraussetzung für die Wirtschaftlichkeit von Betrieben. Nachfolgend wird deshalb vermittelt

- was Produktionsfaktoren sind,
- welche Aufgaben die Produktionswirtschaft hat,
- was Gegenstand der Produktionstheorie ist,
- welche Produktionsformen es gibt,
- was eine Produktionsfunktion ist und
- was das Ertragsgesetz besagt.

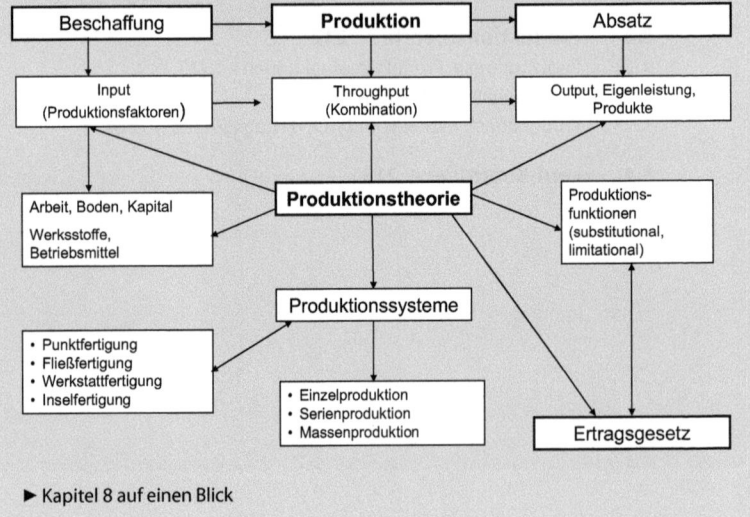

▶ Kapitel 8 auf einen Blick

8.1 Grundlagen

Die Produktionswirtschaft bildet das Bindeglied zwischen der Beschaffung auf der einen und dem Absatz auf der anderen Seite der betrieblichen Wertschöpfungskette.

8.1 · Grundlagen

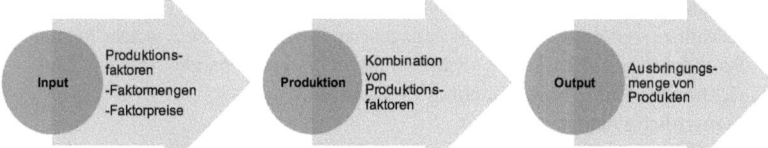

Abb. 8.1 Produktionsprozess (Wöhe 2013)

> **Merke!**
>
> Gegenstand der **Produktionswirtschaft** ist die wirtschaftliche Gestaltung und Durchführung von Transformationen. Dazu werden **Produktionsfaktoren (Input)** in **Eigenleistungen** und **Produkte (Output)** umgewandelt. Der schematische Umwandlungsprozess wird als **Produktion (Throughput)** bezeichnet (vgl. ◘ Abb. 8.1).

Das **Ziel der Produktionstheorie** besteht darin, die funktionalen Zusammenhänge zwischen der Menge der eingesetzten Produktionsfaktoren und der Menge der hergestellten Produkten zu zeigen. Die Zielsetzung der Produktionswirtschaft ähnelt dabei in vielen Punkten derjenigen der Materialwirtschaft. Im Wesentlichen werden Kosten-, Zeit-, Ergebnis- und Flexibilitätsziele verfolgt. Im Speziellen geht es darum, Herstellkosten zu senken, Termine einzuhalten, Stückzahlen zu gewährleisten und die Qualität der Produktion, Produktions- sowie Lieferflexibilität zu optimieren.

Klassisch werden in der Volkswirtschaftslehre die **Produktionsfaktoren** Arbeit, Kapital und Boden unterschieden (Baßeler et al. 2006):

- Träger des Faktors **Arbeit** ist der einzelne Mensch. Er umfasst das Potenzial der Arbeitskräfte, einschließlich deren Wissen und ihren Fähigkeiten.
- Der Begriff **Boden** bezog sich ursprünglich auf den zur Produktion verwendeten Ackerboden. Heute umfasst der Begriff die verwendete Produktionsfläche sowie die Werkstoffe, welche zur Produktion benötigt werden.
- **Kapital** umfasst die produzierten Produktionsmittel, die Werkzeuge, Maschinen, Gebäude, Anlagen sowie die Infrastruktur in Form von Verkehrs- und Kommunikationswegen.

In der modernen Betriebswirtschaftslehre werden die Produktionsfaktoren heute meist im Sinne von Gutenberg in Werkstoffe, Betriebsmittel und menschliche Arbeit unterteilt (vgl. ◘ Abb. 1.4):

- **Werkstoffe**
  Hierunter fallen Roh-, Hilfs- und Betriebsstoffe, welche für die Produktion und die Aufrechterhaltung der Produktion eingesetzt werden.

- **Betriebsmittel**
Hierunter werden die Güter des Anlagevermögens verstanden, welche bei der Produktion genutzt werden, so insbesondere Boden, Gebäude, Anlagen, Einrichtungen, Know-how, Patente sowie Lizenzen.
- **Menschliche Arbeit**
Der Faktor menschliche Arbeit umfasst objektbezogene, ausführende Tätigkeiten sowie dispositive Arbeiten zur Gestaltung und Führung der Produktion.

8.2 Gestaltungsmöglichkeiten von Produktionssystemen

8.2.1 Festlegung des Prozesstyps der Produktion

Je nach **Auflagen-** beziehungsweise **Losgröße**, also der Anzahl an gleichen Erzeugnissen, welche nacheinander produziert werden sollen, und in Abhängigkeit davon, ob die Betriebsmittel umgerüstet werden oder nicht, lassen sich verschiedene Prozessketten der Produktion unterscheiden (Corsten 1996):

- **Einzelproduktion**
Die Einzelproduktion eignet sich, wenn von einem Produkt nur wenige Einheiten hergestellt werden. In der Regel kommt sie zum Einsatz, wenn nicht standardisierte Erzeugnisse im Kundenauftrag produziert werden. In der Regel werden die Betriebsmittel bei der Einzelproduktion nach jeder Auflage für die nächste Auflage umgerüstet. Ein klassisches Beispiel ist der Anlagenbau. Wichtigste Eigenschaft aller in diesem Zusammenhang zur Anwendung kommenden Betriebsmittel ist eine vielseitige Einsetzbarkeit.
- **Serienproduktion**
Bei der Serienproduktion handelt es sich um eine Mehrfachproduktion, bei welcher die Auflagengröße vor dem Produktionsbeginn festgelegt wird. Nach Abschluss einer Fertigungsserie werden die Betriebsmittel in der Regel auf eine neue Fertigungsserie umgerüstet. Im Rahmen der Serienfertigung werden standardisierte Erzeugnisse mit kundenspezifischen Merkmalen gefertigt. Ein Beispiel hierfür sind Autotüren verschiedener Modellserien.
- **Massenproduktion**
Im Rahmen der Massenfertigung wird von einem bestimmten Produkt über einen längeren Zeitraum hinweg eine große Menge hergestellt. Meist findet hierbei eine Produktion hoch standardisierter und homogener Produkte statt. Ein in Massenproduktion hergestelltes Produkt sind zum Beispiel Zündkerzen und Schrauben.

8.2.2 Festlegung des Organisationstyps der Produktion

Bei der Festlegung des Organisationstyps der Produktion geht es um die räumliche Anordnung der Maschinen und Arbeitsplätze zu technischen Einheiten. Grundsätzlich werden folgende Organisationstypen der Produktion unterschieden (Corsten 1996):

- **Punktfertigung**
  Die Punktfertigung ist durch ein unbewegliches Erzeugnis gekennzeichnet, welches dazu führt, dass alle zur Produktion benötigten Betriebsmittel an dem Ort des Erzeugnisses zusammengefasst werden müssen. Ein klassisches Beispiel ist die Baustellenfertigung bei Schiffen oder Gebäuden. Auch die Einzelplatzfertigung oder Werkbankfertigung von Uhren fällt unter diesem Bereich.
- **Werkstattfertigung**
  Bei der Werkstattfertigung werden Gruppen gleicher, aber unbeweglicher Betriebsmittel zu sogenannten Werkstätten zusammengefasst. Im Produktionsprozess durchlaufen die Erzeugnisse dann Schritt für Schritt die einzelnen Werkstätten. Für den Transport der Erzeugnisse zwischen den einzelnen Werkstätten werden in der Regel Unstetigförderer, wie beispielsweise Gabelstapler, eingesetzt. Dies führt zu einer hohen Flexibilität, welche allerdings einen entsprechenden Koordinationsaufwand mit sich bringt. Die Werkstattfertigung eignet sich insofern insbesondere für die Einzel- und die Serienproduktion.
- **Fließfertigung**
  Bei der Fließfertigung durchlaufen die Erzeugnisse auf Stetigförderern, wie beispielsweise Förderbänder, nacheinander angeordnete unbewegliche Betriebsmittel. Der Umfang der einzelnen Arbeitsaufgaben ist bei der Fließfertigung in der Regel relativ gering. Die Zeit, welche zur Ausführung eines einzelnen Arbeitsgangs zur Verfügung steht, wird Taktzeit genannt. Die Fließfertigung ist eng mit dem Namen *Taylor* und ihrem Einsatz in den *Ford*-Werken zu Beginn des 20. Jahrhunderts verbunden. Die heute aus Gründen der Motivation und der starken physischen und psychischen Belastung der Mitarbeiter mit negativen Attributen versehene Fließfertigung kommt in der Regel dann zum Einsatz, wenn große Mengen gleichartiger Produkte hergestellt werden müssen. Die hohe Produktivität geht jedoch mit einer hohen in Flexibilität im Hinblick auf die produzierbaren Erzeugnistypen einher.
- **Gruppenfertigung**
  Die Gruppefertigung stellt eine Kombination aus Werkstatt- und Fließfertigung dar. Sie wird häufig auch als **Inselfertigung** bezeichnet. Teile der Produktion werden dabei zu sogenannten Produktionsinseln zusammengefasst. Da unterschiedliche Gruppen verschiedene Inseln durchlaufen können, werden die Flexibilitätsvorteile der Werkstattfertigung mit den Produktivitätsvorteilen der Fließfertigung kombiniert.

8.3 Produktionstheorie

Gegenstand der Produktionstheorie ist die Erklärung der Relationen zwischen der für die Produktion eingesetzten Menge an Produktionsfaktoren und der damit produzierten Menge an Ausprägungsgütern. Im Rahmen der Produktionstheorie wird versucht, über Produktionsfunktionen Gesetzmäßigkeiten zwischen dem Input und dem Output zu formulieren (Vahs und Schäfer-Kunz 2012).

> **Merke!**
>
> **Produktionsfunktionen** stellen die Beziehungen zwischen den technisch effizienten Faktoreinsatzkombinationen von Produktionsfaktoren und den Ausbildungsmengen an Gütern dar (Wöhe 2013).

Mathematisch kann die Ausbringungsmenge an Gütern x als eine Funktion der Mengen an Produktionsfaktoren q definiert werden:

$$x = f(r_1, r_2, \ldots, r_n)$$

mit:
- x = Ausbringungsmenge an Erzeugnissen
- $f()$ = Produktionsfunktion
- r = Verbrauchsmengen der Produktionsfaktoren
- n = Anzahl der Produktionsfaktoren

Im Allgemeinen werden mehrere Produktionsfaktoren zur Herstellung von Gütern benötigt, denn um ein komplexes Gut, wie einen Computer oder ein Auto herstellen zu können, ist eine Vielzahl von Materialien, Maschinen, Werkzeugen und Arbeitsleistungen erforderlich.

Bei der Produktionsplanung stellen sich unter anderem die folgenden Fragen:
- Wie kombiniert das Unternehmen die Produktionsfaktoren?
- In welchem Verhältnis werden die Produktionsfaktoren zueinander eingesetzt?
- Wie viel müssen von welchen Produktionsfaktoren eingesetzt werden, um eine bestimmte Anzahl von Gütern produzieren zu können?
- Wie viele Produkte können mit einer gegebenen Menge an Produktionsfaktoren hergestellt werden?

In Abhängigkeit davon, ob die Mengen an Produktionsfaktoren r in einem bestimmten Verhältnis zueinanderstehen müssen oder nicht, werden **substitutionale** und **limitationale** Produktionsfunktionen unterschieden.

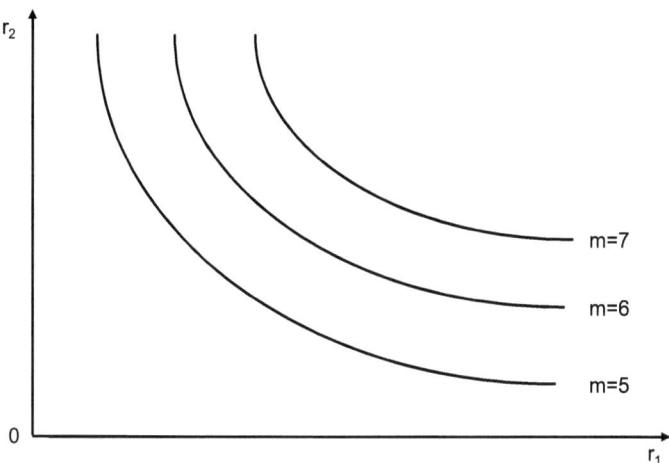

○ **Abb. 8.2** Substitutionale Produktionsfunktion (Wöhe 2013)

8.3.1 Substitutionale Produktionsfunktionen

Bei **substitutionalen Produktionsfunktionen** müssen die Mengen an Produktionsfaktoren q nicht in einem genau festgelegten Verhältnis zueinanderstehen. Die Veränderung der Menge eines einzigen Produktionsfaktors r führt in der Regel zu einer Veränderung der Ausbringungsmenge an Gütern x. Ebenso können gleiche Ausbringungsmengen x durch unterschiedliche Mengenkombinationen der Produktionsfaktoren generiert werden, da sich diese gegenseitig substituieren (vgl. ○ Abb. 8.2).

8.3.2 Limitationale Produktionsfunktionen

Bei limitationalen Produktionsfunktionen stehen die Mengen an Produktionsfaktoren r anders als bei substitutionalen Produktionsfunktionen in einem bestimmten Verhältnis zueinander. Die Veränderung der Menge eines einzigen Produktionsfaktors führt in der Regel nicht zu einer Veränderung der Ausbringungsmenge an Gütern x. Vielmehr müssen alle Mengen an Produktionsfaktoren in einem bestimmten Verhältnis zueinander gesteigert werden (vgl. ○ Abb. 8.3).

Substitutionale und limitationale Produktionsfunktionen sind Grundtypen von Produktionsfunktionen im Hinblick auf das Mengenverhältnis der Produktionsfaktoren r zueinander. Das Verhältnis des Einsatzes an Produktionsfaktoren r zur Ausbringungsmenge x ist Gegenstand der nachfolgend beschriebenen Produktionsfunktion.

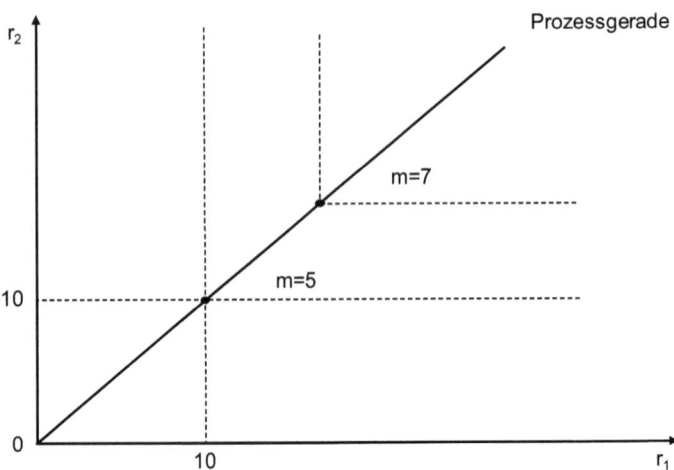

◘ Abb. 8.3 Limitationale Produktionsfunktion (Wöhe 2013)

8.3.3 Produktionsfunktion vom Typ A (Ertragsgesetz)

Der älteste aus der Literatur bekannte Typ einer Produktionsfunktion ist die im 18. Jahrhundert von Turgot (1766) für die landwirtschaftliche Produktion entwickelte und im 19. Jahrhundert von v. Thünen (1842) statistisch nachgewiesene **ertragsgesetzliche Produktionsfunktion** (auch **Produktionsfunktion vom Typ A** genannt).

Das **Ertragsgesetz** ist eine Theorie aus der Volkswirtschaftslehre. Es beschäftigt sich mit der Frage, wie sich die Effizienz eines Wertschöpfungsprozesses entwickelt, wenn nur ein variabler Produktionsfaktor erhöht wird, die anderen aber gleich bleiben (ceteris paribus).

Die Produktionsfunktion vom Typ A ist typisch für die landwirtschaftliche Produktion und ein Beispiel für eine substitutionale Produktionsfunktion. In der Landwirtschaft führt ein zunehmender Einsatz von Düngemitteln, also die Steigerung der Menge des Produktionsfaktors r_1, zunächst zu einer progressiven Steigerung der Erntemenge, also der Ausbringungsmenge x. Bei einer weiteren Erhöhung der Menge an Düngemitteln wird der Anstieg degressiv. Schließlich ist sogar ein absoluter Rückgang der Erntemenge aufgrund der Überdüngung des Bodens festzustellen.

Wie sich unter den Produktionsbedingungen des Ertragsgesetzes der Gesamtertrag E, der Grenzertrag E' sowie der Durchschnittsertrag e in Abhängigkeit von unterschiedlichen Einsatzmengen des variablen Faktors r_1 entwickeln, zeigt ◘ Abb. 8.4.

8.3 · Produktionstheorie

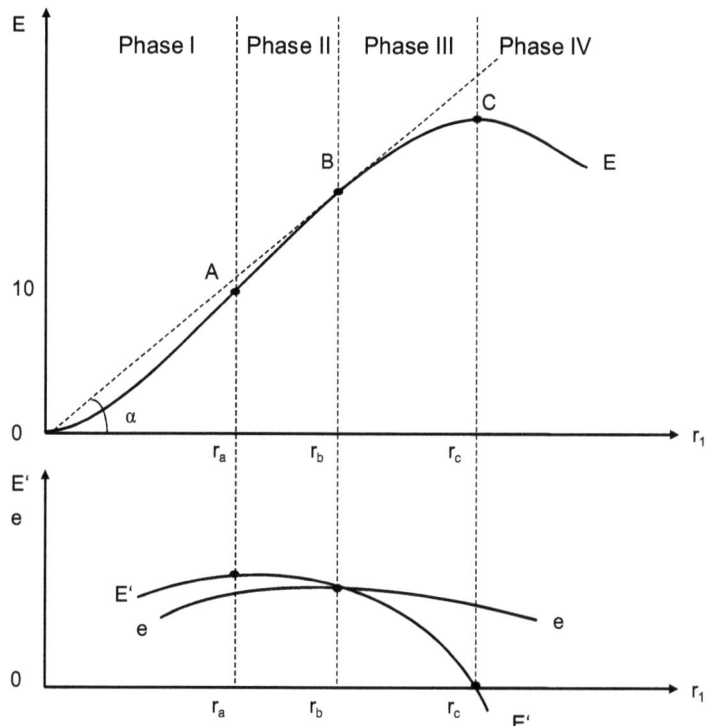

◘ **Abb. 8.4** Ertragsgesetzlicher Verlauf von Gesamtertrag E, Grenzertrag E' und Durchschnittsertrag e (Wöhe 2013)

Vom Beginn der Produktion (Nullpunkt) bis zum Wendepunkt A steigt der **Gesamtertrag E** progressiv an. Danach steigt der Gesamtertrag degressiv an und erreicht sein Maximum im Punkt C. Eine darüber hinausgehende Steigerung des Inputfaktors r_1 ist kontraproduktiv, was sich aus der Abnahme des Gesamtertrags nach dem Überschreiten des Punktes C erkennen lässt.

In Phase I, das heißt bei progressiv steigendem Grenzertrag E, gelangt man mit zunehmender Faktoreinsatzmenge zu steigenden Grenzerträgen E'. Im Wendepunkt A erreicht der Grenzertrag E' sein Maximum. In Phase II und III sinkt der Grenzertrag E', ist jedoch immer noch positiv. Mit dem Überschreiten des Punktes C, das heißt mit dem beginnenden Rückgang des Gesamtertrages E, wird der Grenzertrag negativ.

Phase	Gesamtertrag E	Durchschnittsertrag e	Grenzertrag E'	Endpunkt der Phase
I	progessiv steigend	steigend	positiv, steigend bis Max.	Wendepunkt E' = max.
II	degressiv steigend	steigend bis Max.	positiv, fallend	e = max. E = E'
III	degressiv steigend bis Max.	fallend	positiv, fallend bis 0	e = max. E' = 0
IV	fallend	fallend	negativ, fallend	

Abb. 8.5 Vierphasenschema der ertragsgesetzlichen Produktionsfunktion (Wöhe 2013)

Legt man vom Nullpunkt aus die Tangente an die Gesamterlösfunktion E, gelangt man im Berührungspunkt B zu jener Einsatzmenge r_1, wo der Grenzertrag E' mit dem **Durchschnittsertrag e** deckungsgleich ist. Hier erreicht der Durchschnittsertrag e sein Maximum.

Mit Hilfe der Punkte A, B und C lässt sich die Gesamtertragsfunktion anhand eines von Gutenberg entwickelten **Vierphasenschemas** darstellen (vgl. ◘ Abb. 8.5).

Die **Gesamtkostenfunktion K** nach dem Ertragsgesetz ist durch folgende Punkte gekennzeichnet (Wöhe 2013):

- Da eine partielle Gesamtertragsfunktion mit einem variablen und einem oder mehreren fixen Produktionsfaktoren vorliegt, beginnt die Gesamtkostenfunktion nicht im Ursprung, sondern auf dem Fixkostensockel K_f.
- Der Einsatz des variablen Produktionsfaktors r_1 führt – wie ◘ Abb. 8.6 zeigt – zunächst zu einer progressiven, nach dem Wendepunkt A zu einer degressiven Entwicklung des Gesamtertrags.

Die Gesamtkostenfunktion einer ertragsgesetzlichen Produktionsfunktion verläuft demnach ausgehend vom Fixkostensockel K_f zunächst degressiv und anschließend progressiv, so dass sich ein **S-förmiger Kostenverlauf** ergibt.

Von Beginn der Produktion bis zum Wendepunkt A steigen die Gesamtkosten K degressiv an. Die **Grenzkosten K'** sind die Kosten, welche darüber informieren, wie sich die Gesamtkosten verändern, wenn die Produktionsmenge sich um eine Produkteinheit erhöht oder verringert. Sie fallen und erreichen am Ende der **Phase I** ihr Minimum.

Die Gesamtkosten K setzen sich aus den **Fixkosten K_f** und den **variablen Kosten K_v** zusammen. Legt man vom Ursprungspunkt der Gesamtkostenfunktion K ausgehend die Tangente an die Gesamtkostenfunktion, erhält man den Punkt B. Die Ausbringungsmenge m_B markiert das Ende der **Phase II**. Hier erreichen die variablen Stückkosten k_v ihr Minimum und sind deckungsgleich mit den (ansteigenden) Grenzkosten K'.

Legt man vom Nullpunkt ausgehend die Tangente an die Gesamtkostenfunktion K, erhält man den Tangentialpunkt C. Die Ausbringungsmenge m_c markiert das Ende der **Phase III**. Am Ende dieser Phase erreichen die Stückkosten k ihr Minimum und sind deckungsgleich mit den ansteigenden Grenzkosten K'.

Das **Stückkostenminimum** bildet gleichzeitig die **Untergrenze für den Preis**, den ein Unternehmen mit dem Verkauf der Produkte am Markt erzielen muss. Sollte der

8.3 · Produktionstheorie

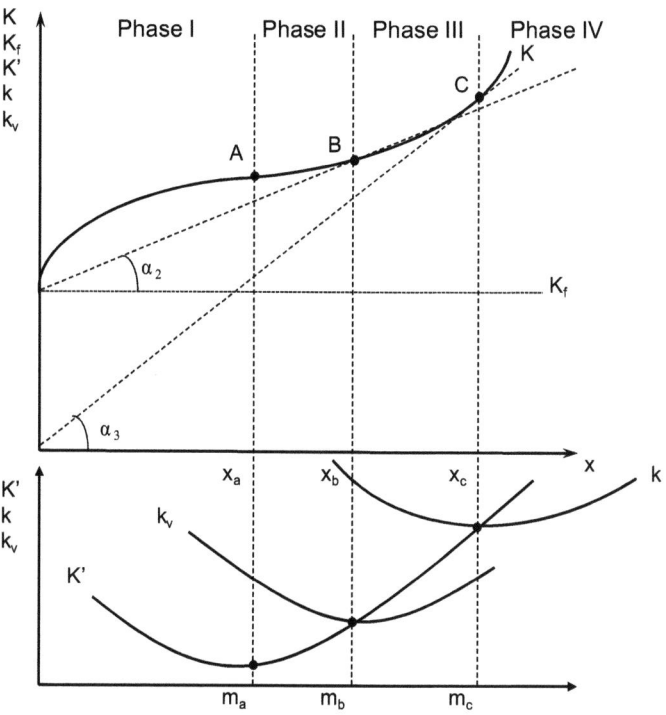

◻ **Abb. 8.6** Ertragsgesetzlicher Verlauf von Gesamtkosten K, Durchschnittskosten k, variablen Stückkosten kv, und Grenzkosten K' (Wöhe 2013)

Phase	Gesamtkosten K	variable Durchschnittskosten kv	gesamte Durchschnittskosten k	Grenzkosten K'	Endpunkt der Phase
I	degressiv steigend	fallend	fallend	fallend bis Min.	Wendepunkt K' = Minimum
II	progressiv steigend	fallend bis Minimum	fallend	steigend K' <= kv K' < k	kv = Minimum kv = K'
III	progressiv steigend	steigend	fallend bis Minimum	steigend K' >= kv K' <= k	k = Minimum k = K'
IV	progressiv steigend	steigend	steigend	steigend K' > kv K' >= k	

◻ **Abb. 8.7** Vierphasenschema der ertragsgesetzlichen Kostenfunktion (Wöhe 2013)

Preis darunter liegen, würde der Betrieb Verluste machen, denn der Preis deckt in diesem Fall nicht die durchschnittlichen Kosten beziehungsweise die Stückkosten. Langfristig gesehen bedeutet dies, dass die Produktion in jedem Fall eingestellt werden müsste, sollen Verluste vermieden werden.

Einen Überblick über die vier Phasen der ertragsgesetzlichen Kostenfunktion gibt ◘ Abb. 8.7.

8.4 Lern-Kontrolle

Kurz und Bündig
Die Produktion bildet die Klammer zwischen Beschaffung (Input) und Absatz (Output) eines Unternehmens, durch die Kombination verschiedener Produktionsfaktoren (Throughput). Je nach Art des herzustellenden Produktes oder Erzeugnisses, stehen verschiedene Produktionssysteme zur Verfügung (Einzel-, Serien-, Massenproduktion), die mit unterschiedlichen Fertigungsmöglichkeiten kombiniert werden müssen (Punkt-, Fließ-, Werkstatt-, Inselfertigung). Entscheidend ist dabei die passende Kombination aus für die Produktion wichtigen Produktionsfaktoren, deren Verhältnis zueinander entweder substitutional oder limitational ausgerichtet sein kann. Produktionstheorien wiederum, wie beispielsweise das Ertragsgesetz, versuchen den Produktionsprozess zu abstrahieren und einen funktionalen Zusammenhang zwischen Kosten, Ertrag und Preis herzustellen.

❓ Let's check
1. Welche klassischen Produktionsfaktoren werden in der Volkswirtschaftslehre unterschieden und welche nach Gutenberg?
2. Welche Ziele verfolgt die Produktionswirtschaft?
3. Was beschreiben die verschiedenen Produktionsfunktionen?
4. Für welche Einsatzbereiche eignen sich die verschiedenen Organisationstypen der Produktion?
5. Beschreiben Sie die unterschiedlichen Phasen der ertragsgesetzlichen Kostenfunktion!

❓ Vernetzende Aufgaben
1. In welchem Verhältnis stehen die Bereiche Produktion und Materialwirtschaft zueinander? Gibt es Spannungsfelder, die innerhalb eines Unternehmens zu Problemen führen können?
2. Wie beeinflussen verschiedene Produktionssysteme die Finanzierung von Unternehmen?

3. Inwiefern hat sich die Bedeutung der klassischen Produktionsfaktoren für große Unternehmen in den vergangenen Jahrzehnten verändert?
4. Inwiefern kann eine Unternehmenszusammenlegung für die Produktion problematisch sein?

Lesen und Vertiefen

- Baßeler, U. / Heinrich, J. / Utrecht, B. (2006): Volkswirtschaft: Grundlagen und Probleme der Volkswirtschaft, 18. Aufl., Stuttgart.
- Vahs, D. / Schäfer-Kunz, J. (2012): Einführung in die Betriebswirtschaftslehre, 6. Aufl., Stuttgart.
- Wöhe, G. (2013): Einführung in die Allgemeine Betriebswirtschaftslehre, 25. Aufl., München.

Serviceteil

Definitionen im Überblick – 222

Tipps fürs Studium und fürs Lernen – 228

Literatur – 233

Der Abschnitt „Tipps fürs Studium und fürs Lernen" wurde von Andrea Hüttmann verfasst.

M. O. Opresnik, C. Rennhak, *Allgemeine Betriebswirtschaftslehre*,
Studienwissen kompakt, DOI 10.1007/978-3-662-44327-9,
© Springer-Verlag Berlin Heidelberg 2015

Definitionen im Überblick

Aktivierung – Als aktivierend bezeichnen Kroeber-Riel et al. (2008, S. 49 und 58 ff.) Vorgänge, die mit inneren Erregungen und Spannungen verbunden sind und das Verhalten antreiben. Die Stärke der Aufmerksamkeit, mit der sich der Rezipient einer Werbebotschaft zuwendet, stellt u. a. einen Maßstab für den Grad der Aktivierung dar.

Amortisationsrechnung – Im Rahmen der **Amortisationsrechnung** wird der Zeitraum ermittelt, welcher benötigt wird, um das investierte Kapital über die Rückflüsse zurückzugewinnen. Damit sich Investitionen überhaupt amortisieren, muss die Amortisationsdauer kleiner als die Nutzungsdauer sein. Die Investition mit der kürzesten Amortisationszeit ist die vorteilhafteste Alternative.

Annuitätenmethode – Bei der **Annuitätenmethode** wird der Kapitalwert einer Investition demnach in **gleichgroße jährliche Beträge beziehungsweise Annuitäten** umgerechnet, deren Zinssumme wieder den Kapitalwert ergeben würde. Dieses Vorgehen kommt der in der Praxis üblichen Betrachtungsweise jährlicher Gewinne entgegen. Eine Investition ist in diesem Kontext dann vorteilhaft, wenn die Annuität positiv ist. Bei der Wahl zwischen zwei Investitionsalternativen ist die Alternative mit der größeren Annuität zu wählen.

Aufwendungen – Aufwendungen bezeichnen Minderungen des Erfolges durch den Verbrauch oder den Gebrauch von Gütern.

Ausgaben – Analog hierzu bezeichnen **Ausgaben** Minderungen des aus den flüssigen Mitteln, zuzüglich den Forderungen abzüglich den Verbindlichkeiten, bestehenden Geldvermögens durch den Zugang von Gütern.

Auszahlungen – Auszahlungen bezeichnen Minderungen der flüssigen Mittel durch den Abgang von Bar- oder Buchgeld.

Betriebe – Betriebe sind Wirtschaftseinheiten, in denen zur Deckung fremder Bedarfe Güter produziert und abgesetzt werden.

Betriebswirtschaftslehre – Gegenstand und Erkenntnisobjekt der **Betriebswirtschaftslehre** ist das Wirtschaften in und von Unternehmen.

Bedürfnisse – Unter Bedürfnissen versteht man die Mangelempfindungen nach Gütern oder Dienstleistungen mit dem gleichzeitigen Wunsch ihrer Befriedigung.

Bilanz – Der Begriff **Bilanz** stammt von dem italienischen Begriff „bilancia" ab, der Bezeichnung für eine zweischalige Waage. Die Bilanz ist die durch eine umfassende Darstellung von Art, Größe und Zusammensetzung des **Vermögens (Aktiva)** sowie des **Fremd- und Eigenkapitals (Passiva)** auf einen bestimmten Stichtag hin erstellte übersichtliche Zusammenstellung der Vermögens- und Finanzlage des Unternehmens.

Distributionspolitik – Im Rahmen der **Distributionspolitik** legt das Unternehmen Absatzwege, also den Weg, auf dem ein Wirtschaftsgut vom Hersteller zum Verbraucher gelangt (Diller 2001), und Absatzorgane, also Organe der Hersteller mit Distributionsaufgaben, Distributionsmittler (Groß- und Einzelhandel), Distributionshelfer und Beschaffungsorgane der Konsumenten (Toporowski 2009), fest.

Definitionen im Überblick

Dynamische Investitionsrechnung – Die **dynamische Investitionsrechnung** hat die Aufgabe, Zahlungen, welche zu unterschiedlichen Zeitpunkten anfallen, durch Aufzinsung beziehungsweise Abzinsung auf einen einheitlichen Zeitpunkt vergleichbar zu machen.

Deckungsbeitrag – Der **Deckungsbeitrag** ist dabei die **Differenz aus Erlösen und variablen Kosten**. Er sagt aus, welchen Beitrag ein Produkt zur Abdeckung der fixen Kosten und zur Gewinnerzielung beiträgt. Deckungsbeitrag = Umsatzerlös – variable Selbstkosten.

Einliniensystem – Im **Einliniensystem** ist eine Stelle nur jeweils einer einzigen Instanz unterstellt. In Mehrliniensystem dagegen hat eine Stelle von mehreren übergeordneten Stellen Weisungen entgegenzunehmen (Wöhe 2013).

Einnahmen – Einnahmen bezeichnen Mehrungen des aus den flüssigen Mitteln, zuzüglich den Forderungen abzüglich den Verbindlichkeiten, bestehenden Geldvermögens durch den Abgang von Gütern.

Einzahlungen – Einzahlungen bezeichnen Mehrung der flüssigen Mittel durch den Zugang von Bar- oder Buchgeld.

Einzelkosten – Einzelkosten können einer Bezugsgröße (Kostenträger, Kostenstelle) direkt (ohne Schlüsselung) zugerechnet werden. Beispiele sind Fertigungslohnkosten oder Materialkosten.

Entscheidung – Eine **Entscheidung** kann definiert werden als die Wahl zwischen mindestens zwei Alternativen, von denen eine die sogenannte Unterlassungsalternative sein kann.

Erträge – Erträge bezeichnen Mehrungen des Erfolges durch die Erstellung, Bereitstellung oder den Absatz von Gütern.

Externes Rechnungswesen – Gegenstand des **externen Rechnungswesens** ist die Ermittlung und die Bereitstellung von Informationen über monetäre und mengenmäßige Größen, welche benötigt werden, um die betrieblichen Geschehnisse gegenüber externen Stakeholdern zu dokumentieren (Vahs und Schäfer-Kunz 2012).

Fertigungstiefe – Fertigungstiefe = Umfang der Eigenfertigung / Umfang der Gesamtfertigung

Fixe Kosten (K_f) – Fixe Kosten sind Kosten, die innerhalb bestimmter Leistungsgrenzen und innerhalb eines bestimmten Zeitraumes keine Veränderungen aufweisen, beispielsweise Mieten oder Versicherungsgebühren.

Gemeinkosten – Gemeinkosten (z. B. Miete) lassen sich einer Kostenträgereinheit nicht unmittelbar zurechnen, da sie im üblichen Fall des Mehrproduktunternehmens durch die Leistungserstellung insgesamt verursacht werden. Aufgabe der Kostenstellenrechnung ist es, die Gemeinkosten mithilfe von Kostenverteilungsschlüsseln zunächst auf Kostenstellen und nachher im Wege der Kostenträgerrechnung über Kalkulationssätze auf die einzelnen Kostenträgereinheiten weiter zu verrechnen.

Gewinn – Die Gewinndefinition lautet:
Gewinn = Erlös – Kosten

Gewinn- und Verlustrechnung – Die Gewinn- und Verlustrechnung (GuV) ist eine periodische Erfolgsrechnung, welche eine übersichtliche Ertrags- und Aufwandszusammenstellung des abgelaufenen Geschäftsjahres enthält (Thommen und Achleitner 2012).

Gewinnvergleichsrechnung – Im Rahmen der **Gewinnvergleichsrechnung** werden die Gewinne von zwei oder mehr Investitionsalternativen einander gegenübergestellt. Die Investition mit dem höchsten durchschnittlichen Gewinn pro Periode ist die vorteilhafteste Alternative.

Haushalte – Haushalte sind Wirtschaftseinheiten, in welchen zur Deckung eigener Bedarfe Güter und Dienstleistungen konsumiert werden.

Internationales Marketing – Das **internationale Marketing** lässt sich nach Hermanns (1995, S. 25 f.) kennzeichnen als die „Planung, Organisation, Koordination und Kontrolle aller auf die aktuellen und potenziellen internationalen Absatzmärkte bzw. den Weltmarkt gerichteten Unternehmensaktivitäten".

Interne Zinsfußmethode – Auch die **interne Zinsfußmethode** ist in einer bestimmten Weise mit der Kapitalwertmethode verbunden. Sie unterscheidet sich von letzterer formal dadurch, dass sie im Rahmen der Investitionsanalyse den Zinssatz errechnet, bei welchem ein **Kapitalwert gerade null** wird. Eine Investition mit einem Kapitalwert von null bringt dem Investor bei Fremdfinanzierung keinen reinen Vermögenszuwachs. Die Einzahlungsüberschüsse reichen gerade aus, die Anschaffungsauszahlungen zu kompensieren und die Finanzierungskosten zu decken. Das investierte Kapital verzinst sich genau zum Kalkulationszinsfuß. Eine Investition mit einem positiven (negativen) Kapitalwert verzinst sich dagegen zu einem Zinssatz, welcher über (unter) dem Kalkulationszinsfuß liegt.

Interner Zinsfuß – Der **interne Zinsfuß** r zeigt an, zu welchem Prozentsatz sich das in einem Investitionsprojekt gebundene Kapital verzinst.

Internes Rechnungswesen – Gegenstand des **internen Rechnungswesens** ist die Ermittlung und Bereitstellung von Informationen über monetäre und mengenmäßige Größen, welche benötigt werden, um die betriebliche Leistungserstellung zu planen und zu kontrollieren (Vahs und Schäfer-Kunz 2012).

Investition – Investition ist die Umwandlung der durch Finanzierung oder aus Umsätzen stammenden flüssigen Mittel des Unternehmens in Sachgüter, Dienstleistungen und Forderungen (Käfer 1974).

Investitionsrechnung – Investitionsrechnungen sind Rechenverfahren zur Beurteilung der monetären Vorteilhaftigkeit von Investitionen (Vahs und Schäfer-Kunz 2012).

Involvement – Involvement beschreibt den Grad der langfristigen persönlichen Relevanz eines Stimulus sowie den Grad der kurzfristigen Aktivierung durch für die Person relevante stimulusgerichtete Reize im Rahmen von Informationssuche, -aufnahme, -verarbeitung und -speicherung.

Kapitalwertmethode – Im Rahmen der **Kapitalwertmethode** wird eine Investition an einer Alternativinvestition gemessen, welche sich mit dem Kalkulationszinsfuß i verzinst. Alle Investitionen deren Kapitalwert (Vahs und Schäfer-Kunz 2012):

> 0 ist, erzielen im Vergleich zur Alternativinvestition einen Kapitalzuwachs,

= 0 ist, erzielen dieselbe Verzinsung wie die Alternativinvestition,

< = 0 ist, erzielen eine schlechtere Verzinsung als die Alternativinvestition, und die Investitionsauszahlung wird unter Umständen nicht wiedergewonnen.

Kognitiv – Kognitiv sind Vorgänge, durch die der Rezipient Informationen aufnimmt, verarbeitet und speichert. Es handelt sich also um Prozesse der gedanklichen Informationsverarbeitung im weiteren Sinne.

Kommunikationspolitik – Als **Kommunikationspolitik** wird die Gesamtheit der Kommunikationsinstrumente und -maßnahmen eines Unternehmens bezeichnet, die eingesetzt werden, um das Unternehmen und seine Leistungen den relevanten Zielgruppen des Unternehmens darzustellen (Rennhak 2001).

Definitionen im Überblick

Kosten – Kosten bezeichnen Minderungen des Erfolges durch den Verbrauch oder den Gebrauch von Gütern im Rahmen der gewöhnlichen betrieblichen Tätigkeit der Periode.

Kostenstellen – Kostenstellen sind Teilbereiche des Unternehmens, deren Kosten erfasst, geplant und kontrolliert werden (Hummel und Männel 1995). Die den Kostenstellen zugerechneten Gemeinkosten werden auf die Kostenstellennutzer weiter verrechnet.

Kostenvergleichsrechnung – Im Rahmen der **Kostenvergleichsrechnung** werden die Kosten von zwei oder mehr Investitionsalternativen einander gegenübergestellt. Die Investition mit den niedrigsten Kosten ist die vorteilhafteste Alternative.

Leistungen – Leistungen bezeichnen Mehrungen des Erfolges durch die Erstellung, die Bereitstellung oder den Absatz von Gütern im Rahmen der gewöhnlichen betrieblichen Geschäftstätigkeit der Periode.

Logistik – Gegenstand der **Logistik** ist es, für alle Bereiche und Kunden von Unternehmen durch die Änderung der räumlichen, zeitlichen und strukturellen Eigenschaften von Gütern die Versorgung mit und die Entsorgung von Gütern entsprechend der jeweiligen Bedarfe sicherzustellen (Vahs und Schäfer-Kunz 2008).

Märkte – Märkte bestehen aus der Gesamtheit von Wirtschaftseinheiten, die Güter anbieten und nachfragen, die sich gegenseitig ersetzen können.

Stakeholder – Die Bezugsgruppen bzw. Stakeholder eines Unternehmens sind alle Wirtschaftseinheiten, die in Beziehung zu dem Betrieb stehen und damit das Handeln des Betriebes beeinflussen und/oder von den Handlungen des Betriebes betroffen sind (Rüegg-Stürm 2002).

Marke – Die **Marke** ist ein in der Psyche des Konsumenten fest verankertes, verdichtetes Vorstellungsbild von einem Produkt, das dieses von Angeboten des Wettbewerbs unterscheidbar macht.

Marktabschöpfungspolitik – Die **Marktabschöpfungspolitik** ist durch einen relativ hohen Einführungspreis gekennzeichnet, der zunächst nur einen kleinen Kreis potentieller Käufer anspricht. Nach und nach werden dann die Preise gesenkt, um weitere Käuferkreise gewinnen zu können.

Marktdurchdringungspolitik – Die **Marktdurchdringungspolitik** ist durch einen relativ niedrigen Einführungspreis gekennzeichnet, der in der Regel auch in den Folgeperioden beibehalten wird. Mit Hilfe des attraktiven Einstiegspreises versucht man die rasche Marktdurchdringung und einen hohen Marktanteil zu erringen, um in diesem Stadium dann Rationalisierungs- und Kostensenkungspotentiale zu realisieren und nun Gewinne zu realisieren.

Material – Das **Material** umfasst die Werkstoffe, die unfertigen und die fertigen Erzeugnisse sowie die Waren eines Unternehmens.

Materialwirtschaft – Gegenstand der **Materialwirtschaft** ist es, durch die Beschaffung und durch die Logistik die Versorgung mit und die Entsorgung von Gütern für alle Bereiche und alle Kunden von Unternehmen entsprechend der jeweiligen Bedarfe sicherzustellen.

Organisation – Unter dem Begriff **Organisation** versteht man das Bemühen der Unternehmensleitung, den komplexen Prozess betrieblicher Leistungserstellung und Leistungsverwertung so zu strukturieren beziehungsweise zu organisieren, dass die Effizienzverluste minimiert werden und die Zielerreichung bestmöglich gewährleistet werden kann (Schreyögg 2008).

Preisbündelung – Bei der **Preisbündelung** werden verschiedene Produkte zu einem Gesamtpreis angeboten, der unter der Summe der Preise für die Einzelprodukte liegt. Bei der reinen Bündelung

Definitionen im Überblick

werden die Produkte nur im Bündel angeboten und können nicht einzeln erworben werden. Bei gemischter Bündelung können die Produkte des Bündels auch einzeln erworben werden.

Preisdifferenzierung – Von **Preisdifferenzierung** spricht man, wenn ein Unternehmen für (nahezu) gleiche Produkte unterschiedliche Preise verlangen kann und sich die Preisunterschiede nicht oder nicht gänzlich durch Kostenunterschiede begründen lassen.

Produktlebenszyklus – Der **Produktlebenszyklus** beschreibt den Verlauf von Absatz bzw. Umsatz im Zeitablauf zwischen der Markteinführung eines Produkts und dem Zeitpunkt, an dem es vom Markt genommen, d. h. aus dem Produktprogramm eliminiert wird.

Produktionsfaktoren – In der Betriebswirtschaftslehre bezeichnet man als **Produktionsfaktoren** alle Elemente, die im betrieblichen Leistungserstellungs- und Leistungsverwertungsprozess miteinander kombiniert werden (Thommen und Achleitner 2012).

Produktionswirtschaft – Gegenstand der **Produktionswirtschaft** ist die wirtschaftliche Gestaltung und Durchführung von Transformationen. Dazu werden **Produktionsfaktoren(Input)** in **Eigenleistungen** und **Produkte (Output)** umgewandelt. Der schematische Umwandlungsprozess wird als **Produktion (Throughput)** bezeichnet.

Produktionsfunktionen – Produktionsfunktionen stellen die Beziehungen zwischen den technisch effizienten Faktoreinsatzkombinationen von Produktionsfaktoren und den Ausbildungsmengen an Gütern dar (Wöhe 2013).

Produktpolitik – Die **Produktpolitik** umfasst alle Tätigkeiten, die sich auf die marktgerechte Gestaltung des Leistungsprogramms einer Unternehmung beziehen, d. h. alle Aktivitäten, die mit der Auswahl und Weiterentwicklung eines Produktes oder eines Produktbündels sowie dessen Vermarktung zusammenhängen. Die Produktpolitik kann somit als das **Herz des Marketings** aufgefasst werden, d. h. ohne diesen Teil des Marketing-Mix können alle anderen Teile nicht wirksam werden. Sie steht damit am Anfang jeglicher Marktgestaltung durch das Unternehmen überhaupt.

Produktprogramm – Die Summe aller von einem Unternehmen angebotenen Produkte wird als Produktprogramm, Produktportfolio oder auch als Produktsortiment.

Rentabilitätsvergleichsrechnung – Im Rahmen der Rentabilitätsvergleichsrechnung wird der Return on Investment (ROI) oder Return on Capital Employed ermittelt und die Investitionsalternative mit der höchsten Rentabilität gewählt.

Rentabilität – Die Rentabilität berechnet sich wie folgt:

$$\text{Rentabilität} = \frac{\text{durchschnittlicher Gewinn}}{\text{durchschnittlicher Kapitaleinsatz}}$$

Sprungfixe Kosten – Sprungfixe Kosten sind Kosten, die nur für bestimmte Beschäftigungsintervalle fix sind. Das heißt, sie steigen mit der Beschäftigung treppenförmig an. Dies ist beispielsweise der Fall, wenn bei Produktionsausweitung ab einer bestimmten Menge eine weitere Maschine angeschafft und abgeschrieben werden muss.

Standort – Der **Standort** ist der geographische Ort, an dem ein Unternehmen seine Leistungen erstellt und absetzt. **Standortentscheidungen** sind Entscheidungen darüber, an wie vielen und an welchen geographischen Orten welche Leistungen eines Unternehmens erstellt und abgesetzt werden (Hansmann 1974).

Definitionen im Überblick

Standortfaktoren – Standortfaktoren sind entscheidungsrelevante Kriterien, anhand derer die Eignung eines bestimmten geographischen Ortes für die Errichtung einer Betriebsstätte überprüft werden kann (Vahs und Schäfer-Kunz 2012).

Umsatzerlöse – Umsatzerlöse bezeichnen Erträge aus dem Absatz von Gütern.

Variable Kosten (K_v) – Variable Kostensind als sogennante **Mengenkosten** von der Menge abhängig und ändern sich bei Leistungsschwankungen unmittelbar, beispielsweise Materialkosten.

Tipps fürs Studium und fürs Lernen

- **Studieren Sie!**

Studieren erfordert ein anderes Lernen, als Sie es aus der Schule kennen. Studieren bedeutet, in Materie abzutauchen, sich intensiv mit Sachverhalten auseinanderzusetzen, Dinge in der Tiefe zu durchdringen. Studieren bedeutet auch, Eigeninitiative zu übernehmen, selbstständig zu arbeiten, sich autonom Ziele zu setzen, anstatt auf konkrete Arbeitsaufträge zu warten. Ein Studium erfolgreich abzuschließen erfordert die Fähigkeit, der Lebensphase und der Institution angemessene effektive Verhaltensweisen zu entwickeln – hierzu gehören u. a. funktionierende Lern- und Prüfungsstrategien, ein gelungenes Zeitmanagement, eine gesunde Portion Mut und viel pro-aktiver Gestaltungswille. Im Folgenden finden Sie einige erfolgserprobte Tipps, die Ihnen beim Studieren Orientierung geben, einen grafischen Überblick dazu zeigt ❏ Abb. 9.1.

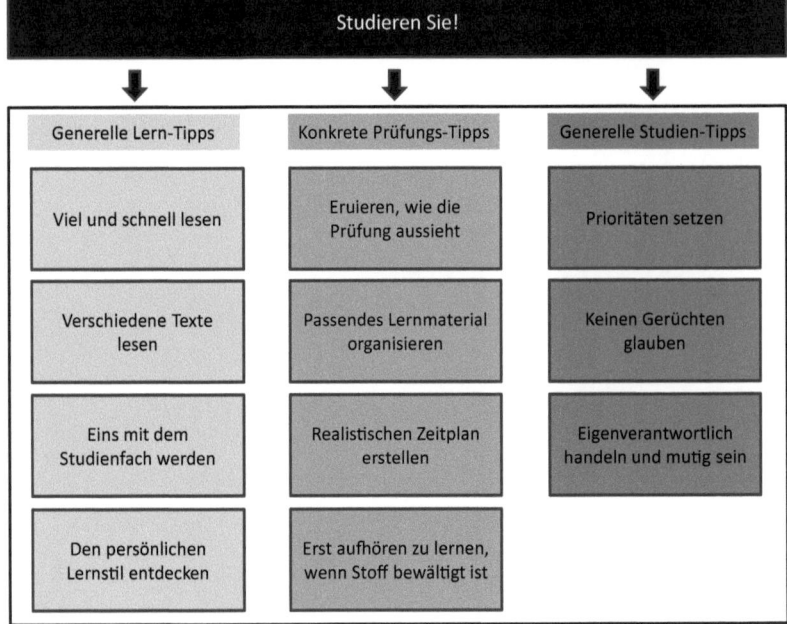

❏ Abb. 9.1 Tipps im Überblick

Tipps fürs Studium und fürs Lernen

Lesen Sie viel und schnell

Studieren bedeutet, wie oben beschrieben, in Materie abzutauchen. Dies gelingt uns am besten, indem wir zunächst einfach nur viel lesen. Von der Lernmethode – lesen, unterstreichen, heraus schreiben – wie wir sie meist in der Schule praktizieren, müssen wir uns im Studium verabschieden. Sie dauert zu lange und raubt uns kostbare Zeit, die wir besser in Lesen investieren sollten. Selbstverständlich macht es Sinn, sich hier und da Dinge zu notieren oder mit anderen zu diskutieren. Das systematische Verfassen von eigenen Text-Abschriften aber ist im Studium – zumindest flächendeckend – keine empfehlenswerte Methode mehr. Mehr und schneller lesen schon eher ...

Werden Sie eins mit Ihrem Studienfach

Jenseits allen Pragmatismus sollten wir uns als Studierende eines Faches – in der Summe – zutiefst für dieses interessieren. Ein brennendes Interesse muss nicht unbedingt von Anfang an bestehen, sollte aber im Laufe eines Studiums entfacht werden. Bitte warten Sie aber nicht in Passivhaltung darauf, begeistert zu werden, sondern sorgen Sie selbst dafür, dass Ihr Studienfach Sie etwas angeht. In der Regel entsteht Begeisterung, wenn wir die zu studierenden Inhalte mit lebensnahen Themen kombinieren: Wenn wir etwa Zeitungen und Fachzeitschriften lesen, verstehen wir, welche Rolle die von uns studierten Inhalte im aktuellen Zeitgeschehen spielen und welchen Trends sie unterliegen; wenn wir Praktika machen, erfahren wir, dass wir mit unserem Know-how – oft auch schon nach wenigen Semestern – Wertvolles beitragen können. Nicht zuletzt: Dinge machen in der Regel Freude, wenn wir sie beherrschen. Vor dem Beherrschen kommt das Engagement: Engagieren Sie sich also und werden Sie eins mit Ihrem Studienfach!

Entdecken Sie Ihren persönlichen Lernstil

Jenseits einiger allgemein gültiger Lern-Empfehlungen muss jeder Studierende für sich selbst herausfinden, wann, wo und wie er am effektivsten lernen kann. Es gibt die Lerchen, die sich morgens am besten konzentrieren können, und die Eulen, die ihre Lernphasen in den Abend und die Nacht verlagern. Es gibt die visuellen Lerntypen, die am liebsten Dinge aufschreiben und sich anschauen; es gibt auditive Lerntypen, die etwa Hörbücher oder eigene Sprachaufzeichnungen verwenden. Manche bevorzugen Karteikarten verschiedener Größen, andere fertigen sich auf Flipchart-Bögen Übersichtsdarstellungen an, einige können während des Spazierengehens am besten auswendig lernen, andere tun dies in einer Hängematte. Es ist egal, wo und wie Sie lernen. Wichtig ist, dass Sie einen für sich effektiven Lernstil ausfindig machen und diesem – unabhängig von Kommentaren Dritter – treu bleiben.

Bringen Sie in Erfahrung, wie die bevorstehende Prüfung aussieht

Die Art und Weise einer Prüfungsvorbereitung hängt in hohem Maße von der Art und Weise der bevorstehenden Prüfung ab. Es ist daher unerlässlich, sich immer wieder bezüglich des Prüfungstyps zu informieren. Wird auswendig Gelerntes abgefragt? Ist Wissenstransfer gefragt? Muss man selbstständig Sachverhalte darstellen? Ist der Blick über den Tellerrand gefragt? Fragen Sie Ihre Dozenten. Sie müssen Ihnen zwar keine Antwort geben, doch die meisten Dozenten freuen sich über schlau formulierte Fragen, die das Interesse der Studierenden bescheinigen und werden Ihnen in irgendeiner Form Hinweise geben. Fragen Sie Studierende höherer Semester. Es gibt immer eine Möglichkeit, Dinge in Erfahrung zu bringen. Ob Sie es anstellen und wie, hängt von dem Ausmaß Ihres Mutes und Ihrer Pro-Aktivität ab.

Decken Sie sich mit passendem Lernmaterial ein

Wenn Sie wissen, welcher Art die bevorstehende Prüfung ist, haben Sie bereits viel gewonnen. Jetzt brauchen Sie noch Lernmaterialien, mit denen Sie arbeiten können. Bitte verwenden Sie niemals die Aufzeichnungen Anderer – sie sind inhaltlich unzuverlässig und nicht aus Ihrem Kopf heraus entstanden. Wählen Sie Materialien, auf die Sie sich verlassen können und zu denen Sie einen Zugang finden. In der Regel empfiehlt sich eine Mischung – für eine normale Semesterabschlussklausur wären das z. B. Ihre Vorlesungs-Mitschriften, ein bis zwei einschlägige Bücher zum Thema (idealerweise eines von dem Dozenten, der die Klausur stellt), ein Nachschlagewerk (heute häufig online einzusehen), eventuell prüfungsvorbereitende Bücher, etwa aus der Lehrbuchsammlung Ihrer Universitätsbibliothek.

Erstellen Sie einen realistischen Zeitplan

Ein realistischer Zeitplan ist ein fester Bestandteil einer soliden Prüfungsvorbereitung. Gehen Sie das Thema pragmatisch an und beantworten Sie folgende Fragen:

Tipps fürs Studium und fürs Lernen

Wie viele Wochen bleiben mir bis zur Klausur? An wie vielen Tagen pro Woche habe ich (realistisch) wie viel Zeit zur Vorbereitung dieser Klausur? (An dem Punkt erschreckt und ernüchtert man zugleich, da stets nicht annähernd so viel Zeit zur Verfügung steht, wie man zu brauchen meint.) Wenn Sie wissen, wie viele Stunden Ihnen zur Vorbereitung zur Verfügung stehen, legen Sie fest, in welchem Zeitfenster Sie welchen Stoff bearbeiten. Nun tragen Sie Ihre Vorhaben in Ihren Zeitplan ein und schauen, wie Sie damit klar kommen. Wenn sich ein Zeitplan als nicht machbar herausstellt, verändern Sie ihn. Aber arbeiten Sie niemals ohne Zeitplan!

Beenden Sie Ihre Lernphase erst, wenn der Stoff bewältigt ist

Eine Lernphase ist erst beendet, wenn der Stoff, den Sie in dieser Einheit bewältigen wollten, auch bewältigt ist. Die meisten Studierenden sind hier zu milde im Umgang mit sich selbst und orientieren sich exklusiv an der Zeit. Das Zeitfenster, das Sie für eine bestimmte Menge an Stoff reserviert haben, ist aber nur ein Parameter Ihres Plans. Der andere Parameter ist der Stoff. Und eine Lerneinheit ist erst beendet, wenn Sie das, was Sie erreichen wollten, erreicht haben. Seien Sie hier sehr diszipliniert und streng mit sich selbst. Wenn Sie wissen, dass Sie nicht aufstehen dürfen, wenn die Zeit abgelaufen ist, sondern erst wenn das inhaltliche Pensum erledigt ist, werden Sie konzentrierter und schneller arbeiten.

Setzen Sie Prioritäten

Sie müssen im Studium Prioritäten setzen, denn Sie können nicht für alle Fächer denselben immensen Zeitaufwand betreiben. Professoren und Dozenten haben die Angewohnheit, die von ihnen unterrichteten Fächer als die bedeutsamsten überhaupt anzusehen. Entsprechend wird jeder Lehrende mit einer unerfüllbaren Erwartungshaltung bezüglich Ihrer Begleitstudien an Sie herantreten. Bleiben Sie hier ganz nüchtern und stellen Sie sich folgende Fragen: Welche Klausuren muss ich in diesem Semester bestehen? In welchen sind mir gute Noten wirklich wichtig? Welche Fächer interessieren mich am meisten bzw. sind am bedeutsamsten für die Gesamtzusammenhänge meines Studiums? Nicht zuletzt: Wo bekomme ich die meisten Credits? Je nachdem, wie Sie diese Fragen beantworten, wird Ihr Engagement in der Prüfungsvorbereitung ausfallen. Entscheidungen dieser Art sind im Studium keine böswilligen Demonstrationen von Desinteresse, sondern schlicht und einfach überlebensnotwendig.

Glauben Sie keinen Gerüchten

Es werden an kaum einem Ort so viele Gerüchte gehandelt wie an Hochschulen – Studierende lieben es, Durchfallquoten, von denen Sie gehört haben, jeweils um 10–15 % zu erhöhen, Geschichten aus mündlichen Prüfungen in Gruselgeschichten zu verwandeln und Informationen des Prüfungsamtes zu verdrehen. Glauben Sie nichts von diesen Dingen und holen Sie sich alle wichtigen Informationen dort, wo man Ihnen qualifiziert und zuverlässig Antworten erteilt. 95 % der Geschichten, die man sich an Hochschulen erzählt, sind schlichtweg erfunden und das Ergebnis von ‚Stiller Post'.

Handeln Sie eigenverantwortlich und seien Sie mutig

Eigenverantwortung und Mut sind Grundhaltungen, die sich im Studium mehr als auszahlen. Als Studierende verfügen Sie über viel mehr Freiheit als als Schüler: Sie müssen nicht immer anwesend sein, niemand ist von Ihnen persönlich enttäuscht, wenn Sie eine Prüfung nicht bestehen, keiner hält Ihnen eine Moralpredigt, wenn Sie Ihre Hausaufgaben nicht gemacht haben, es ist niemandes Job, sich darum zu kümmern, dass Sie klar kommen. Ob Sie also erfolgreich studieren oder nicht, ist für niemanden von Belang außer für Sie selbst. Folglich wird nur der eine Hochschule erfolgreich verlassen, dem es gelingt, in voller Überzeugung eigenverantwortlich zu handeln. Die Fähigkeit zur Selbstführung ist daher der Soft Skill, von dem Hochschulabsolventen in ihrem späteren Leben am meisten profitieren. Zugleich sind Hochschulen Institutionen, die vielen Studierenden ein Übermaß an Respekt einflößen: Professoren werden nicht unbedingt als vertrauliche Ansprechpartner gesehen, die Masse an Stoff scheint nicht zu bewältigen, die Institution mit ihren vielen Ämtern, Gremien und Prüfungsordnungen nicht zu durchschauen. Wer sich aber einschüchtern lässt, zieht den Kürzeren. Es gilt, Mut zu entwickeln, sich seinen eigenen Weg zu bahnen, mit gesundem Selbstvertrauen voranzuschreiten und auch in Prüfungen eine pro-aktive Haltung an den Tag zu legen. Unmengen an Menschen vor Ihnen haben diesen Weg erfolgreich beschritten. Auch Sie werden das schaffen!

Andrea Hüttmann ist Professorin an der accadis Hochschule Bad Homburg, Leiterin des Fachbereichs „Communication Skills" und Expertin für die Soft Skill-Ausbildung der Studierenden. Als Coach ist sie auch auf dem freien Markt tätig und begleitet Unternehmen, Privatpersonen und Studierende bei Veränderungsvorhaben und Entwicklungswünschen (▶ www.andrea-huettmann.de).

Literatur

Verwendete Literatur

Amen, M. (1998): Erstellung von Kapitalflussrechnungen, 2. Aufl., München/Wien.

Arvidsson, A. (2008): Brand value. In: Journal of Management, Vol. 13, No. 3, S. 188–193.

Atteslander, P. (2010): Methoden der empirischen Sozialforschung. 13., neubearb. u. erw. Aufl., Berlin.

Bankhofer, U./Rennhak, C. (1997): Ansätze zur Prognose von Wechselkursen – ein empirischer Vergleich. In: Institut für Statistik und Mathematische Wirtschaftstheorie der Universität Augsburg (Hrsg.): Arbeitspapiere zur Mathematischen Wirtschaftsforschung, Heft 152/1997.

Bankhofer, U./Rennhak, C. (1998): Ansätze zur Wechselkursprognose. In: Finanzmarkt und Portfolio Management, 12. Jg., Nr. 2, S. 197–212.

Bankhofer, U./Rennhak, C. (1999): An Application of Methods of Multivariate Data Analysis to Compare Different Approaches to Exchange Rate Forecasting. In: Gaul W./Locarek-Junge, H. (Hrsg.): Classification in the Information Age, Berlin, S. 430–438.

Baßeler, U./Heinrich, J./Utrecht, B. (2006): Volkswirtschaft: Grundlagen und Probleme der Volkswirtschaft, 18. Aufl., Stuttgart.

Batra, R./Ray M. L. (1983): Operationalizing Involvement as Depth and Quality of Cognitive Response. In: Advances in Consumer Research, Vol. 10, S. 309–313.

Bayerl, S./Rennhak, C. (2007): E-Markenführung. Munich Business School Working Paper 2007-01.

Becker, J. (2012): Marketing-Konzeption. Grundlagen des zielstrategischen und operativen Marketing-Managements, 10. Aufl., München.

Bestmann, U. (1992): Kompendium der Betriebswirtschaftslehre, 5. Aufl., München.

Bieg, H./Kußmaul, H. (2000): Investitions- und Finanzmanagement, München.

Birbaumer, N. (1975): Physiologische Psychologie, Berlin et al.

Brealey, R. und Myers, S. (2005): Principles of Corporate Finance, 8th edition, New York.

Bröder, T. (2006): Risiko-Management im internationalen Bankgeschäft. Bern et al.

Bruhn, M. (2001): Relationship Marketing – Das Management von Kundenbindung, München.

Bruhn, M. (2003): Sponsoring – Systematische Planung und integrativer Einsatz, 4. Auflage, Frankfurt am Main et al.

Bruns, J. (2000): Marktsegmentidentifizierung. In: Pepels, W. (Hrsg.): Marktsegmentierung. Marktnischen finden und besetzen, Heidelberg 2000, S. 47–64.

Büschgen, H. (1998): Bankbetriebslehre – Bankgeschäfte und Bankmanagement, Wiesbaden.

Camphausen, b. (2008): Grundlagen der Betriebswirtschaftslehre, Oldenbourg.

Coenenberg, A./Haller, A./Schultze, W. (2009): Jahresabschluss und Jahresabschlussanalyse, 21. Aufl., Stuttgart.

Coenenberg, A. B. (2003): Kostenrechnung und Kostenanalyse, 5. Aufl., Stuttgart.

Cohen, J. B. (1983): Involvement and You – 1000 great ideas. In: Advances in Consumer Research, Vol. 10, S. 325–328.

Copeland, Th./Weston, J. F./Shastri, K. (2008): Finanzierungstheorie und Unternehmenspolitik, 4. aktualisierte Auflage, München et al.

Corsten, H. (1996): Produktionswirtschaft, 6. Aufl., München.

Damodaran, A. (2001): Corporate Finance – Theory and Practice, 2nd edition, New York.

Davis, E./Steil, B. (2001): Institutional Investors, Cambridge MA.

Dietz, A. (1980): Betriebswirtschaftslehre und die Praxis der Leasing-Anwendung. In: Zeitschrift für Betriebswirtschaftslehre, 50. Jg., Heft 9, S. 1017–1027.

Diller, H. (2001): Vahlens Großes Marketing, 2. Aufl., München.

Drengner, J. (2003): Imagewirkungen von Eventmarketing – Entwicklung eines ganzheitlichen Messansatzes, Wiesbaden.

Drukarczyk, J. (2003): Finanzierung, 9. neu bearbeitete Auflage, Stuttgart.

Dürr, U. (2007): Mezzanine-Kapital in der HGB- und IFRS-Rechnungslegung, Berlin.

Dworak, K. (1985): Noch ein Plädoyer für die Sachprobleme, nicht nur in der Marktforschung. In: Zeitschrift für Betriebswirtschaft, 55. Jg., S. 1272–1275.

Elton, E./Gruber, M./Brown, S./Goetzman, W. (2003): Modern Portfolio Theory and Investment Analysis, 6th edition, New York.

Esch, F.-R. (2005): Strategie und Technik der Markenführung, 3. überarb. und erw. Aufl., München.

Esch, F.-R./Langner, T./Rempel, J. E. (2005): Ansätze zur Erfassung und Entwicklung der Markenidentität. In: Esch, F.-R. (Hrsg.): Moderne Markenführung – Grundlagen, innovative Ansätze, praktische Umsetzungen, 4. vollst. überarb. und erw. Aufl., Wiesbaden, S. 103–129.

Fantapié Altobelli, C. (2005): E-Brands. In: Esch, F.-R. (Hrsg.): Moderne Markenführung – Grundlagen, innovative Ansätze, praktische Umsetzungen, 4. vollst. überarb. und erw. Aufl., Wiesbaden, S. 189–209.

Fantapié Altobelli, C./Sander, M. (2001): Internet-Branding. Marketing und Markenführung im Internet, Stuttgart.

Feinen, K. (2002): Das Leasinggeschäft, Frankfurt.

Fishbein, M. (1963): An Investigation of the Relationships between Beliefs about an Object and the Attitude towards the Object. In: Human Relation, Vol. 16, S. 233–239.

Forbes, www.forbes.com, zugegriffen am 20.03.2014

Gäfgen, G. (1968): Theorie der wirtschaftlichen Entscheidung, 2. Aufl., Tübingen.

Germann, S. (2004): Strategische Implikationen des Kreditrisikomanagements bei Banken, Wiesbaden.

Graf, G. (2002): Grundlagen der Volkswirtschaftslehre, 2. Aufl., Heidelberg.

Green, P.E./Tull, D.S. (1982): Methoden und Techniken der Marketingforschung, 4. Auflage, Stuttgart.

Gröne, T. (2005): Private Equity in Germany – Evaluation of the Value Creation Potential for German Mid-Cap Companies, Stuttgart.

Gutenberg, E. (1983): Grundlagen der Betriebswirtschaftslehre, Band 1: Die Produktion, 24. Aufl., Berlin et al.

Hansmann, K.-W. (1974): Entscheidungsmodelle zur Standortplanung der Industrieunternehmen, Wiesbaden.

Hanusch, H./Kuhn, Th. (1991): Einführung in die Volkswirtschaftslehre, Berlin et al.

Haubl, R./Molt, W./Weidenfeller, G./Wimmer, P. (1986): Struktur und Dynamik der Person – Einführung in die Persönlichkeitspsychologie, Opladen.

Helmreich, T. (2002): e-branding in schwierigem Fahrwasser, www.marketing-marktplatz.de.

Hermanns, A. (1995): Aufgaben des internationalen Marketing-Managements. In: Hermanns, A./Wissmeier, U. (Hrsg.): Internationales Marketing-Management – Grundlagen, Strategien, Instrumente, Kontrolle und Organisation, München, S. 23–68.

Hesse, J./Neu, M./Theuner, G. (2007): Marketing-Grundlagen, Berlin.

Hollensen, S./Opresnik, M. (2010): Marketing. A Relationship Approach, München.

Institut für Mittelstandsforschung, IfM, www.ifm-bonn.org

Literatur

Janis, I. L./Mann, L. (1977): Decision Making – A Psychological Analysis of Conflict, Choice, and Commitment, New York.

Jugel, S. (2003): Private Equity Investments. Praxis des Beteiligungsmanagements, Wiesbaden.

Jung, H. (2010): Allgemeine Betriebswirtschaftslehre, 12. Aufl., München.

Käfer, K. (1974): Investitionsrechnungen, 4. Aufl., Zürich.

Kearsley, J. (1995): Die Werbewirkung direkt-vergleichender Werbung unter besonderer Berücksichtigung des Involvement-Konstrukts, Göttingen.

Kesting, T./Rennhak, C. (2008): Marktsegmentierung in der deutschen Unternehmenspraxis, Wiesbaden.

Klunzinger, E. (2004): Grundzüge des Gesellschaftsrechts, 13. Aufl., München.

Kreutzer, R. (2010): Praxisorientiertes Marketing – Grundlagen, Instrumente, Fallbeispiele, Wiesbaden.

Kroeber-Riel, W./Weinberg, P./Gröppel-Klein, A. (2008): Konsumentenverhalten, 9. Aufl., München.

Krugman, H. E. (1966): Answering some Unanswered Questions in Measuring Advertising Effectiveness. In: Proceedings of the Advertising Research Foundation, Vol. 12, S. 18–23.

Lastovicka, J. L./Gardner, D. M. (1979): Components of Involvement. In: Maloney, J. C./Silverman, B. (Hrsg.): Attitude Research Plays for High Stakes, Chicago, S. 53–73.

Lauer, H. (1998): Konditionen-Management – Zahlungsbedingungen optimal gestalten und durchsetzen, Düsseldorf.

Maier, K. (2004): Risikomanagement im Immobilien- und Finanzwesen – Ein Leitfaden für Theorie und Praxis,. 2. überarbeitete und erweiterte Auflage, Frankfurt am Main.

March, J. G./Simon, H. A. (1976): Organisation und Individuum – Menschliches Verhalten in Organisationen, Wiesbaden.

Markowitz H. (1952): Portfolio Selection. In: Journal of Finance, Vol. 7, S. 77–91.

Meffert, H. (2001): Erfolgreiche Markenführung im Internetzeitalter – Integration von klassischem und e-Branding. In: GFK (Hrsg.): Markenführung im Wandel – E-Branding als Baustein moderner Marktkommunikation, Nürnberg, S. 7–36.

Meffert, H. (2003): Kundenbindung als Element moderner Wettbewerbsstrategien. In: Bruhn, M./Homburg, C. (Hrsg.): Handbuch Kundenbindungsmanagement, 4. Aufl., Wiesbaden, S. 125–145.

Meffert, H. (1999): Marktorientierte Unternehmensführung im Wandel, Wiesbaden.

Meffert, H./Burmann, C./Kirchgeorg, M. (2014): Marketing: Grundlagen marktorientierter Unternehmensführung Konzepte – Instrumente – Praxisbeispiele, 12. Auflage, Wiesbaden

Mitchell, A. A. (1979): Involvement – A potentially important Mediator of Consumer Behavior. In: Advances in Cosumer Research, Vol. 6, S. 191–196.

Mittal, B. (1987): A Framework for Relating Consumer Involvement to Lateral Brain Functioning. In: Advances in Consumer Research, Vol. 14, S. 41–45.

Murphy, J. (1999): Technical Analysis of the Financial Markets – A Comprehensive Guide to Trading Methods and Applications, Upper Saddle River.

Nagel, k. (1991):Die sechs Erfolgsfaktoren des Unternehmens, Landsberg/Lech

Nufer, G./Rennhak, C. (2008): Marktforschung. In: Häberle, S. (Hrsg.): Das neue Lexikon der Betriebswirtschaftslehre, Oldenbourg, 2008, Band F-M, S. 828–832.

Pepels, W. (1997): Einführung in die Kommunikationspolitik, Stuttgart.

Pepels, W. (2007): Marketing – Lehr- und Handbuch, 5. Auflage, München

Perridon, L./Steiner, M. (2009): Finanzwirtschaft der Unternehmung, 15. überarbeitete und erweiterte Auflage, München.

Pfetzig, A. (2004): Instrumente des Marketing, Berlin.

Putrevu, S./Lord, K. R. (1994): Comparative and Noncomparative Advertising – Attitudinal Effects under Cognitive and Affective Involvement Conditions. In: Journal of Advertising, Vol. 23, S. 77–91.

Rao, V. R. (2009): Handbook of Pricing Research in Marketing, Cheltenham et al.

Renker, C. (2009): Marketing im Mittelstand. Anforderungen, Strategien, Maßnahmen, 3. Auflage, Berlin.

Rennhak, C. (2001): Die Wirkung vergleichender Werbung, Wiesbaden.

Rennhak, C. (Hrsg.) (2006b): Herausforderung Kundenbindung, Wiesbaden.

Ringlstetter, M. (1997): Organisation von Unternehmen und Unternehmensverbindungen: Einführung in die Gestaltung der Organisationsstruktur, München.

Rose, G./Glorius-Rose, C. (2001): Unternehmen: Rechtsformen und Verbindungen. Ein Überblick aus betriebswirtschaftlicher, rechtlicher und steuerlicher Sicht, 3. Aufl., Köln.

Ross, S./Westerfield, R./Jaffe J. (2005): Corporate Finance, 7th edition, Boston.

Rüegg-Stürm, J. (2002): Das neue St. Galler Management-Modell, 2. Aufl., Bern et al.

Russel, E. (2010): Grundlagen des Marketing, München.

Schierenbeck H. (2008): Grundzüge der Betriebswirtschaftslehre, 17. Aufl., München.

Schierenbeck, H./Wöhle, C. B. (2008): Grundzüge der Betriebswirtschaftslehre, 17. Aufl., München.

Schildbach, T. (1993): Entscheidung, in: Bitz, M. et al. (Hrsg.): Vahlens Kompendium der Betriebswirtschaftslehre, Bd. 2, 3. Aufl., München 1993, S. 59–99.

Schmeisser, W./Mauksch, C./Schindler, F. (2005): Ausgewählte Verfahren zur Analyse und Steuerung von Risiken im Kreditgeschäft unter Berücksichtigung der neuen Anforderungen – Basel II und MaK am praktischen Beispiel aus der Kreditwirtschaft, München/Mering.

Schneck, O. (2005): Lexikon der Betriebswirtschaft, 6. Aufl., München.

Schneeweiß, H. (1967): Entscheidungskriterien bei Risiko, Berlin et al.

Schnell, R./Hill, P.B./Esser, E.(1999): Methoden der empirischen Sozialforschung, 6. völlig überarbeitete und erweiterte Auflage, MÜnchen/Wien.

Schreyögg, G. (2008) Organisation: Grundlage moderner Organisationsgestaltung, 5. Aufl., Wiesbaden

Schubert, W./Küting, K. (1981): Unternehmenszusammenschlüsse, München.

Schulte, C. (2005): Corporate Finance – Die aktuellen Konzepte und Instrumente im Finanzmanagement, München.

Schulte-Zurhausen, M. (1999): Organisation, 2. Aufl., München.

Schwaiger, M. (1997): Multivariate Werbewirkungskontrolle – Konzepte zur Auswahl von Werbetests, Reihe Neue betriebswirtschaftliche Forschung, Bd. 231, Wiesbaden.

Sharpe, W. (1964), Capital Asset Prices: A Theory of Market Equilibrium under Conditions of Risk. In: Journal of Finance, Vol. 19, S. 425–442.

Simon, H. A. (1957a): Models of Man, New York.

Simon, H./Fassnacht, M. (2009): Preismanagement – Strategie, Analyse, Entscheidung, Umsetzung, 3. Aufl., Wiesbaden.

Spremann, K. (2006): Portfoliomanagement, 3. überarbeitete und ergänzte Auflage, München et al.

Statistisches Bundesamt Deutschland, www.destatis.de

Stehle, H./Stehle, A. (2005): Die rechtlichen und steuerlichen Wesensmerkmale der verschiedenen Gesellschaftsformen, 19. Aufl., Stuttgart et al.

Steiner, M. (1993): Konstituierende Entscheidungen. In: Bitz, M. et al. (Hrsg.): Vahlens Kom-

Literatur

pendium der Betriebswirtschaftslehre, Bd. 1, 3. Aufl., München 1993, S. 115–169.

Steuerpflichtige Unternehmen und deren Umsatz 2012 nach der Rechtsform (Statistisches Bundesamt Deutschland 2012)

Süchting, J. (1995): Finanzmanagement, 6. Aufl., Wiesbaden.

Szymanski, D./Bharadwaj, S. G./Vaharadajan, P. R. (1993): Standardization versus Adaptation of International Marketing Strategy: An Empirical Investigation. In: Journal of Marketing, Vol. 57, No. 4, S. 1–17.

Thommen, J.-P./Achleitner, A.-K. (2012): Allgemeine Betriebswirtschaftslehre, 7. Aufl., Wiesbaden.

Thurstone, L. L. (1927): A Law of Comparative Judgement. In: Psychological Review, Vol. 34, S. 273–286.

Tomczak, T./Sausen, K. (2003): Integrierte Marktsegmentierung. In: persönlich – Die Zeitschrift für Marketing und Unternehmensführung, Ausgabe August, S. 50–51.

Töpfer, A. (2007): Betriebswirtschaftslehre: anwendungs- und prozessorientierte Grundlagen, 2. Aufl., New York.

Toporowski, W. (2009): Strategisches Beschaffungsmanagement und Vertriebsmanagement, München.

Trommsdorff, V./Schuster, H. (1981): Die Einstellungsforschung für die Werbung. In: Tietz, B. (Hrsg.): Die Werbung, Bd. 1, Handbuch der Kommunikations- und Werbewirtschaft, Landsberg am Lech, S. 717–765.

Trommsdorff, V. (1993): Konsumentenverhalten, 2. Auflage, Stuttgart et al.

Ulrich, P./Fluri, E. (1995): Management – eine konzentrierte Einführung, 7. Aufl., Bern.

Vahs, D./Schäfer-Kunz, J. (2012): Einführung in die Betriebswirtschaftslehre, 6. Aufl., Stuttgart.

Weber, A. (1914): Industrielle Standortlehre, Tübingen.

Wilkie, W. L. (1994): Consumer Behavior, 3. Auflage, New York.

Winkelmann, P. (2008): Vertriebskonzeption und Vertriebssteuerung – Die Instrumente des integrierten Kundenmanagements, München.

Witte, E. (1995): Liquidität. In: Gerke, W./Steiner, M. (Hrsg.): Handwörterbuch des Bank- und Finanzwesens, 2. Aufl., Stuttgart, S. 1381–1387.

Wöhe, G. (2013): Einführung in die Allgemeine Betriebswirtschaftslehre, 25. Aufl., München.

Wöhe, G./Bilstein, J. (2002): Grundzüge der Unternehmensfinanzierung, 9. überarbeitete und erweiterte Auflage, München.

Zaichkowsky, J. L. (1985): Measuring the Involvement Construct. In: Journal of Consumer Research, Vol. 12, S. 341–352.

Zentes, J. (1988): Grundbegriffe des Marketing, Stuttgart.

Weiterführende Literatur

ADAC (2007): Entwicklung der Anzahl und Markenverteilung der Tankstellen in Deutschland, www.adac.de.

Advertising Research Foundation (1961): Toward Better Media Comparisons, New York.

Ahearne, A./Mathieu, J./Rapp, A. (2005): To empower or not to empower your sales force? An empirical examination of the influence of leadership empowerment behaviour on customer satisfaction and performance. In: Journal of Applied Psychology, Vol. 90, S. 945–955.

Ahn, Y. K./Lassere, P./Chandon, J. L. (1986): Centralization and Standardization of Marketing Decisions in South Korean Multinational Subsidiaries, Seoul.

Ajzen, I./Fishbein, M. (1973): Attitudinal and Normative Variables as Predictors of Specific Behavior. In: Journal of Personality and Social Psychology, Vol. 27, S. 41–57.

Alwitt, L. F./Prabhaker, P.R. (1994): Identifying who dislikes television advertising – not by demographics alone. In: Journal of Advertising Research, Vol. 34, No. 6, S. 17–29.

American Marketing Association (2007): Definition of Marketing. www.marketingpower.com.

Ausschuss für Begriffsdefinitionen aus der Handels- und Absatzwirtschaft (Hrsg.) (1995): Katalog E. Begriffsdefinitionen aus der Handels- und Absatzwirtschaft, 4. Aufl., Köln.

Backhaus, K./Büschken, J./Voeth, M. (2003): Internationales Marketing, 5. überarb. Aufl., Stuttgart.

Basil, D. Z./Deshpande, S./Runte, M. (2008): The Impact of Cause-related Marketing on Nonprofit Organizations, Partnerships, Proof and Practice. International Nonprofit and Social Marketing Conference 2008, ro.uow.edu.au/cgi

Bedell, C. (1940): How to Write Advertising that sells, New York.

Beer, S. (1967): Management Science, London.

Belch, G. E./Belch, M.A. (2001): Advertising and promotion – an integrated marketing communications perspective, 5. Aufl., New York.

Bergmann, K. (1998): Angewandtes Kundenbindungsmanagement, Frankfurt/Main.

Berndt, R./Kapousouzi, K./Scheck, C. (2001): Kommunikationspolitik im Internet. In: Berndt, R. (Hrsg.): E-Business-Management, Band 8 der Schriftenreihe „Herausforderungen an das Management" der Graduate School of Business Administration Zürich, Berlin et al., S. 195–209.

Berry, L. (1983): Relationship Marketing. In: Berry, L./Shostack, G./Upah, G. (Hrsg.): Emerging Perspectives on Services Marketing, Chicago, S. 25–28.

Bettman, J. R./Kakkar, P. (1977): Effects of Information Presentation Format on Consumer Information Acquisition Strategies. In: Journal of Consumer Research, Vol. 3, S. 233–240.

Bettman, J. R./Zins, M. A. (1977): Constructive Processes in Consumer Choice. In: Journal of Consumer Research, Vol. 4, S. 75–85.

Bettman, J. R./Zins, M. A. (1979): Information Format and Choice Task Effects in Decision Making. In: Journal of Consumer Research, Vol. 6, S. 141–53.

Beutelmeyer W./Mühlbacher, H. (1986): Standardisierungsgrad der Marketingpolitik transnationaler Unternehmungen, Wien.

Bitner, M. (1990): Evaluating service encounters: The effects of physical surroundings and employee responses. In: Journal of Marketing, Vol. 54, S. 69–82.

Blümelhuber, C. (1998): Über die Szenerie der Dienstleistung: Aufgaben, Wahrnehmungs- und Gestaltungsaspekte von ‚Geschäftsräumen'. In: Meyer, A. (Hrsg.): Handbuch Dienstleistungsmarketing, Stuttgart, S. 1194–1215.

Böcker, J./Ziemen, W./Butt, K. (2004): Marktsegmentierung in der Praxis. Der Kunde im Fokus, Göttingen.

Bode, J. (1997): Der Informationsbegriff in der Betriebswirtschaftslehre. In: Zeitschrift für betriebswirtschaftliche Forschung, 49. Jg., 5/1997, S. 449–468.

Bongartz, M./Burmann, C./Maloney, P. (2005): Marke und Markenführung im Kontext des Electronic Commerce. In: Meffert, H./Burmann, C./Koers, M. (Hrsg.): Markenmanagement – Identitätsorientierte Markenführung und praktischer Umsetzung, 2. vollst. überarb. und erw. Aufl., Wiesbaden, S. 433–467.

Booz Allen Hamilton (2000): Customer Lifetime Value. Insight, Jg. 6, Ausgabe 1. o.O.

Bortoluzzi Dubach, E./Frey, H. (2002): Sponsoring – Der Leitfaden für die Praxis, 3. Aufl., Bern et al.

Brauchlin, E./Heene, R. (1995): Problemlösungs- und Entscheidungsmethodik – Eine Einführung, 4. vollständig überarbeitete Auflage, Bern et al.

Braun, K. (2006): Marketing und Vertriebspower durch Sponsoring, Sponsoringbudgets strategisch managen und refinanzieren, Berlin et al.

Brueck, M./Schürmann, C. (2006): Faul oder Frisch? In: WirtschaftsWoche, Nr. 30, S. 40.

Literatur

Bruhn, M./Georgi, D. (1998): Wirtschaftlichkeit des Kundenbindungsmanagements. In: Bruhn, M./Homburg, C. (Hrsg.): Handbuch Kundenbindungsmanagement, 3. Aufl., Wiesbaden, S. 411–439.

Cacioppo, J. T./Petty, R. E. (1979): Effects of Message Repetition and Position on Cognitive Responses, Recall, and Persuasion. In: Journal of Personality and Social Psychology, Vol. 37, S. 97–109.

Cacioppo J. T./Petty, R. E. (1980): Sex differences in Influenceability – Toward Specifying the Underlying Processes. In: Personality and Social Psychology Bulletin, Vol. 6, S. 651–656.

Christof, K. (2000): Formale Segmentierungsverfahren. In: Pepels, W. (Hrsg.): Marktsegmentierung. Marktnischen finden und besetzen, Heidelberg 2000, S. 100–126.

Colley, R. H. (1961): Defining Advertising Goals for Measured Advertising Results, New York.

Cornwell, B. (2008): State of the Art and Science in Sponsorship-linked Marketing. In: Journal of Advertising, Vol. 37, No. 3, S. 41–55.

Cronbach, L. J. und Meehl, P. E. (1955): Construct Validity in Psychological Tests. In: Psychological Bulletin, Vol. 52, S. 281–302.

Czepiel, J. A./Solomon, M. R./Surprenant, C. F. (Hrsg.) (1985): The Service Encounter. Managing Employee/Customer Interaction in Service Businesses, Lexington.

Dangelmaier, W./Helmke, S./Uebel, M. (2004): Grundrahmen des Customer Relationship Management-Ansatzes. In: Dangelmaier, W./Helmke, S./Uebel, M. (Hrsg.): Praxis des Customer Relationship Management, 2. Aufl., Wiesbaden, S. 2–16.

DeVoe, M. (1956): Effective Advertising Copy, New York.

Diller, H. (1995): Beziehungsmarketing. In: Wirtschaftswissenschaftliches Studium, 9. Jg., S. 442–447.

Diller, H./Müllner, M. (1998): Kundenbindungsmanagement. In Meyer, A. (Hrsg.): Handbuch Dienstleistungsmarketing, Stuttgart, S. 1219–1240.

Dormann, C./Kaiser, D. (2002): Job conditions and customer satisfaction. In: European Journal of Work and Organizational Psychology, Vol. 11, S. 257–283.

Dormann, C./Spethmann, K./Weser, D./Zapf, D. (2003): Organisationale und persönliche Dienstleistungsorientierung und das Konzept des kundenorientierten Handlungsspielraums. In: Zeitschrift für Arbeits- und Organisationspsychologie, 47. Jg., S. 194–207.

Dörner, D./Kreuzig, H. W./Reither, F./Stäudel, T. (1983): Lohhausen – Vom Umgang mit Unbestimmtheit und Komplexität, Bern.

Dörtelmann, T. (1997): Marke und Markenführung – Eine institutionstheoretische Analyse, Dissertation, Bochum.

Drees, N. (1992): Sportsponsoring, 3. Aufl., Wiesbaden.

Drumwright, M. E. (1996): Company Advertising With a Social Dimension – The Role of Noneconomic Criteria. In: Journal of Marketing, Vol. 60, Issue 4, S. 71–87.

Eagly, A. H./Chaiken, S. (1993): The Psychology of Attitudes, Orlando.

Edell, J. A./Mitchell, A. A. (1978): An Information Processing Approach to Cognitive Response. In: Jain, S. C. (Hrsg.): Research Frontiers in Marketing –Dialogues and Directions, Chicago, S. 178–183.

English, L. (1999): Improving Data Warehouse and Business Information Quality, New York.

Eysenck, H.-J. (1957): Characterology, Stratification Theory, and Psychoanalysis. In: Bracken, H./David, H. P. (Hrsg.): Perspectives in Personality Theory, New York, S. 323–335.

Faulstich, W. (2001): Grundwissen Öffentlichkeitsarbeit, München.

Feldwick, P. (1995): Im Dickicht der Werbepretests. In: planung&analyse 5/95, S. 59–65.

Frank, B./Rennhak, C. (2009): Product Placement am Beispiel des Kinofilms Sex and the City: The Movie. In: Rennhak, C./Nufer, G. (Hrsg.): Reutlinger Diskussionsbeiträge zu Marketing & Management/Reutlingen Working Papers on Marketing & Management 2009-03.

Frank, R. E./Massy, W. F./Wind, Y. (1972): Market Segmentation, Englewood Cliffs/New Jersey.

Freter, H. (1983): Marktsegmentierung, Stuttgart u. a.

Fritz, W. (2004): Internet-Marketing und Electronic Commerce – Grundlagen – Rahmenbedingungen – Instrumente, 3. vollst. überarb. und erw. Aufl., Wiesbaden.

Galinanes-Garcia, A./Rennhak, C. (2006): Kundenbindung – Grundlagen und Begrifflichkeiten. In: Rennhak C. (Hrsg.): Herausforderung Kundenbindung, Wiesbaden, S. 3–14.

Garvin, D. (1988): What does „Product Quality" really mean? In: Sloan Management Review, 26. Jg., 1/1988, S. 25–43.

Gaulik, T./Kellner, J./Seifert, D. (2002): Effiziente Kundenbindung mit CRM, Bonn.

Georgi, D. (2003): Kundenbindungsmanagement im Kundenbeziehungslebenszyklus. In: Bruhn, M./Homburg, C. (Hrsg.): Handbuch Kundenbindungsmanagement, 4. Aufl., Wiesbaden, S. 223–243.

Gierl, H. (1989): Konsumententypologie oder A-priori-Segmentierung als Instrumente der Zielgruppenauswahl. In: Zeitschrift für betriebswirtschaftliche Forschung, 11. Jg., Nr. 9, S. 766–789.

Günter, B./Helm, S. (2001) (Hrsg.): Kundenwert: Grundlagen – innovative Konzepte – praktische Umsetzungen, Wiesbaden.

Gutek, B./Bhappu, A./Liao-Troth, M./Cherry, B. (1999): Distinguishing between service relationships and encounters. In: Journal of Applied Psychology, Vol. 84, S. 218–233.

Halfmann, M./Rennhak, C. (2006): Kundenwert. In: Rennhak, C. (Hrsg.): Herausforderung Kundenbindung.

Hall, S. R. (1915): Writing an Advertisement – Analysis of the Methods and Mental Processes that Play a Part in the Writing of Successful Advertising, Boston.

Hammer, T. (2005): Das surfende Klassenzimmer – Wie der amerikanische Software-Konzern Microsoft versucht, die Hoheit über die Schulcomputer zu erlangen. In: Die ZEIT, 43. Jg., S. 35.

Hedlund, G. (1981): Autonomy of Subsidiaries and Formalization of Headquarters-Subsidiary Relationships in Swedish MNCS. In: Otterbeck, L. (Hrsg.): The Management of Headquarters-Subsidiary Relationships in Multinational Corporations, Aldershot, S. 25–78.

Heinemann, G. (1989): Betriebstypenprofilierung und Erlebnishandel. Eine empirische Analyse am Beispiel des textilen Facheinzelhandels, Wiesbaden.

Heinrich, B./Helfert M. (2003): Nützt Datenqualität wirklich im CRM? Wirkungszusammenhänge und Implikationen. In: Diskussionspapier WI-130 der Universität Augsburg, 5/2003, S. 1–21.

Helfert, M. (2000): Maßnahmen und Konzepte zur Sicherung der Datenqualität. In: Jung, R./Winter, R. (Hrsg.): Data Warehousing Strategie – Erfahrungen, Methoden, Visionen, Berlin, S. 61–77.

Helfert, M. (2002): Proaktives Datenqualitätsmanagement in Data-Warehouse-Systemen – Qualitätsplanung und Qualitätslenkung, Berlin.

Hermanns, A. (1997): Sponsoring – Grundlagen, Wirkungen, Management, Perspektiven, 2. völlig überarbeitete und erweitertete Auflage, München.

Hinrichs, H. (2002): Datenqualitätsmanagement in Data Warehouse-Systemen, Oldenburg.

Hippner, H. (2004): CRM – Grundlagen, Ziele und Konzepte. In: Hippner, H./Wilde, K. (Hrsg.): Grundlagen des CRM – Konzepte und Gestaltung, Wiesbaden, S. 13–41.

Hippner, H./Rentzmann, R./Wilde, K. (2004): CRM aus Kundensicht – Eine empirische Untersuchung. In: Hippner, H./Wilde, K. (Hrsg.):

Literatur

Grundlagen des CRM – Konzepte und Gestaltung, Wiesbaden, S. 135–163.

Hippner, H./Wilde, K. (2003): CRM – Ein Überblick. In: Helmke, S./Uebel, M./Dangelmaier, W. (Hrsg.): Effektives Customer Relationship Management, 3. Aufl., Wiesbaden, S. 4–37.

Hofstätter, P. R. (1960): Das Denken in Stereotypen, Göttingen.

Hofstätter, P. R./Lübbert, H. (1958): Bericht über eine neue Methode der Eindruckanalyse in der Marktforschung. In: Psychologie und Praxis, 2. Jg., S. 71–77.

Holland, H. (2004): Direktmarketing, 2. Aufl., München.

Homburg, C./Bruhn, M. (2003): Kundenbindungsmanagement – Eine Einführung in die theoretischen und praktischen Problemstellung. In: Bruhn, M./Homburg, Chr. (Hrsg.): Handbuch Kundenbindungsmanagement, 4. Aufl., Wiesbaden, S. 3–37.

Homburg, C./Giering, A./Hentschel, F. (2003): Der Zusammenhang zwischen Kundenzufriedenheit und Kundenbindung. In: Bruhn, M./Homburg, Chr. (Hrsg.): Handbuch Kundenbindungsmanagement, 4. Aufl., Wiesbaden, S. 91–121.

Homburg, C./Krohmer, H. (2003): Marketingmanagement – Strategie, Instrumente, Umsetzung, Wiesbaden.

Homburg, C./Sieben, F. (2003): Customer Relationship Management – Strategische Ausrichtung statt IT-getriebenem Aktivismus. In: Bruhn, M./Homburg, C. (Hrsg.): Handbuch Kundenbindungsmanagement, 4. Aufl., Wiesbaden S. 423–450.

Homburg, C./Stock, R. (2004): The link between salespeople's job satisfaction and customer satisfaction in a business-to-business context: a dyadic analysis. In: Journal of the Academy of Marketing Science, Vol. 32, S. 144–158.

Huang, M.-H. (1998): Exploring a New Typology of Advertising Appeals – Basic, versus Social, Emotional Advertising in a Global Setting. In: International Journal of Advertising, Vol. 17, S. 145–168.

Hummel, T. (2004): Internationales Marketing, München et al.

Huth, R./Pflaum, D. (1993): Einführung in die Werbelehre, 5. Aufl., Stuttgart.

Jacoby, J. (1978): Consumer Research – A State of the Art Review. In: Journal of Marketing, Vol. 42, S. 87–96.

Jacoby, J./Chestnut, R. W./Karl, C./Fisher, W. (1976): Pre-purchase Information Acquisition – Description of Process Methodology, Research Paradigm, and Pilot Investigation. In: Advances in Consumer Research, Vol. 4, S. 306–314.

Kaas, K.-P. (1977): Empirische Preisabsatzfunktionen bei Konsumgütern, Berlin et al.

Kahle, U./Hasler, W. (2001): Informationsbedarf und Informationsbereitstellung im Rahmen von CRM-Projekten. In Link, J. (Hrsg.): Customer Relationship Management – Erfolgreiche Kundenbeziehungen durch integrierte Informationssysteme, Berlin, S. 213–234.

Kapferer, J.-N. (1992): Die Marke – Kapital des Unternehmens, Landsberg/Lech.

Kapferer, J.-N./Laurent, G. (1985): Consumer Involvement Profiles – A New Practical Approach to Consumer Involvement. In: Journal of Advertising Research, Vol. 25, S. 48–56.

Kaschube, J./Gasteiger, R. (2006): Psychologische Grundlagen des Kundenverständnisses. In: Rennhak, C. (Hrsg.): Herausforderung Kundenbindung, Gabler, 2006, S. 41–51.

Kaschube, J./Koch, S. (2005): Ein neuer Ansatz zur Systematisierung der beruflichen Leistung. In: Gruppendynamik und Organisationsberatung, 36. Jg., Nr. 2, S. 141–156.

Keegan, W. J./Schlegelmilch, B./Stöttinger, B. (2002): Globales Marketing-Management – Eine europäische Perspektive, München.

Kellerer, H. (1963): Theorie und Technik des Stichprobenverfahrens, 3. Aufl., München.

Kennedy, K./Lassk, F./Goolsby, J. (2002): Customer mind-set of employees throughout the organization. In: Journal of the Academy of Marketing Science, Vol. 30, S. 159–171.

Khalil, O./Harcar, T. (1999): Relationship Marketing and Data Quality Management. In: SAM Advanced Management Journal, 64. Jg., 2/1999, S. 26–33.

Kim, Ch. K. (1991): Testing the Independence of Cognitive and Affective Involvement. In: King, R. (Hrsg.): Developments in Marketing Science, Fort Lauderdale, S. 71–75.

Kim, Ch. K./Lord, K. R. (1991): A New Grid and Its Strategic Implications for Advertising. In: Schellinck, T. (Hrsg.): Proceedings of the Annual Conference of the Administrative Sciences Association of Canada, Niagara Falls, S. 51–60.

Kitson, H. D. (1921): The Mind of the Buyer: A Psychology of Selling, New York.

Kocks, K./Merten, K. (2000): Das Handwörterbuch der PR, Frankfurt am Main.

Köhler, R. (1993): Beiträge zum Marketing-Management – Planung, Organisation, Controlling, 3. Aufl., Stuttgart.

Köhler, R. (2001): Customer Relationship Management – Interdisziplinäre Grundlagen der systematischen Kundenorientierung. In: Klein, S./Loebbecke, C. (Hrsg.): Interdisziplinäre Managementforschung und Lehre, Wiesbaden, S. 79–107.

Köhler, R. (2003): Kundenorientiertes Rechnungswesen als Voraussetzung des Kundenbindungsmanagements. In: Bruhn, M./ Homburg, Chr. (Hrsg.): Handbuch Kundenbindungsmanagement, 4. Aufl., Wiesbaden, S. 391–422.

Kotler, P./Armstrong, G./Saunders, J./Wong, V. (2010): Grundlagen des Marketing, 5. Aufl., München.

Krafft, M. (1999): Der Kunde im Fokus: Kundennähe, Kundenzufriedenheit, Kundenbindung und Kundenwert? In: Die Betriebswirtschaft, 59. Jg., S. 511–530.

Krafft, M. (2002): Kundenbindung und Kundenwert, Heidelberg.

Kranz, H. T. (1979): Einführung in die klassische Testtheorie, Frankfurt.

Krech, D./Crutchfield, R. S./Balachey, E. L. (1962): Individual in Society, New York.

Kroeber-Riel, W. (1993): Strategie und Technik der Werbung – verhaltenswissenschaftliche Ansätze, 4. Aufl., Stuttgart et al.

Kunczik, M. (2002): Public Relations – Konzepte und Theorien, Köln.

Ladegast, S./Rennhak, C. (2006): Kommunikationsinstrument Sportsponsoring. In: Rennhak, C. (Hrsg.): Unternehmenskommunikation 2.0 – Neue Wege im Marketing, Stuttgart, S. 139–151.

Lastovicka, J. L. (1979): Questioning the Concept of Involvement Defined Product Classes. In: Advances in Consumer Research, Vol. 6, S. 174–179.

Laurent, G./Kapferer, J.-N. (1985): Measuring Consumer Involvement Profiles. In: Journal of Marketing Research, Vol. 22, S. 41–53.

Lee, A. Y./Sternthal B. (1999): The Effects of Mood on Memory. In: Journal of Consumer Research, Vol. 26, S. 115–127.

Levermann, T. (1998): Markt- und Kommunikationsbedingungen für den Einsatz innovativer Marketingmaßnahmen. In: Nickel, O. (Hrsg.): Eventmarketing – Grundlagen und Erfolgsbeispiele, München, S. 15–24.

Lienert, G. A. (1969): Testaufbau und Testanalyse, 3. Aufl., Weinheim.

Link, J./Hildebrand, V. (1995a): Mit IT immer näher zum Kunden. In: Harvard Business Manager, 3/1995, S. 30–38.

Link, J./Hildebrand, V. (1995b): Wettbewerbsvorteile durch kundenorientierte Informationssysteme. In: Link, J./Hildebrand, V. (Hrsg.): EDV-gestütztes Marketing im Mittelstand, München, S. 1–21.

Lord, F. M./Novick, M. R. (1968): Statistical Theories of Mental Test Scores, Reading.

Lussier, D. A./Olshavsky, R. W. (1979): Task Complexity and Contingent Processing in Brand

Literatur

Choice. In: Journal of Consumer Research, Vol. 6, S. 154–165.

Martin, B./Marshall R. (1999): The Interaction of Message Framing and Felt Involvement in the Context of Cell Phone Commercials. In: European Journal of Marketing, Vol. 33, S. 206–218.

Mauri, A. G. (2007): Yield management and perception of fairness in the hotel business. In: International Review of Economics, Vol. 54 (2), S. 284–293.

McGuire, W. J. (1969): An Information-Processing Model of Advertising Effectiveness, Working Paper, University of Chicago.

McQuarrie, E. F./Munson, J. M. (1987): The Zaichkowsky Personal Involvement Inventory – Modification and Extension. In: Advances in Consumer Research, Vol. 14, S. 36–40.

Mead, G. H. (1975): Geist, Identität und Gesellschaft, Frankfurt/Main.

Meffert, H. (1992): Marketingforschung und Käuferverhalten, 2. Aufl., Wiesbaden.

Mesch F./Rennhak C. (2006): Kultursponsoring – der State of the Art. In: Rennhak, C. (Hrsg.): Unternehmenskommunikation 2.0 – Neue Wege im Marketing, Stuttgart, S. 153–166.

Meyer, A. (1989): Mikrogeographische Marktsegmentierung. In: Jahrbuch für Absatz- und Verbrauchsforschung 4/1989, S. 342–365.

Mittal, B./Lee, M. S. (1989): A Causal Model of Consumer Involvement. In: Journal of Economic Psychology, Vol. 10, S. 363–389.

Nagle, T. T./Hogan, J. E. (2007): Strategie und Taktik in der Preispolitik, 4. Aufl., München.

Nerdinger, F. (1994): Psychologie der Dienstleistung, Stuttgart.

Nerdinger, F. (2003): Kundenorientierung, Göttingen.

Newell, A./Simon, H. A. (1972): Human Problem Solving, Englewood Cliffs.

o.V. (1910): Advertising and its rules, Printer's Ink Editorial, Vol. 1, Dezember, S. 74.

o.V. (1995a): DIN 55 350, Deutsches Institut für Normung e.V.

o.V. (1995b): DIN, Deutsches Institut für Normung e.V., S. 244–246.

o.V. (2005): End of the love affair, www.collaboratemarketing.com.

o.V. (2007): Creative Commons License, www.creativecommons.org.

Olson, J. C./Muderrisoglu, A. (1979): The Stability of Responses obtained by Free Elicitation – Implications for Measuring Attribute Salience and Memory Structure. In: Advances in Consumer Research, Vol. 6, S. 269–275.

Oltmanns, B. (2006): Wachstumsmotor. Eins, zwei – fertig! In: Lebensmittelpraxis, Nr. 9, S. 41.

Opaschowski, H. W. (2004): Deutschland 2020 – Wie wir morgen leben – Prognosen der Wissenschaft, Wiesbaden.

Osborn, A. F. (1922): A Short Course in Advertising, New York.

Parasuraman, A./Zeithaml, V./Berry, L. (1985): A conceptual model of service quality and its implications for future research. In: Journal of Marketing, Vol. 49, S. 41–50.

Park, C. W. (1976): The Effect of Individual and Situation-Related Factors on Consumer Selection of Judgemental Models. In: Journal of Marketing Research, Vol. 13, S. 144–151.

Payne, A./Rapp, R. (2003): Relationship Marketing – Ein ganzheitliches Verständnis vom Marketing. In: Payne, A./Rapp, R. (Hrsg.): Handbuch Relationship Marketing – Konzeption und erfolgreiche Umsetzung, 2. Aufl., München, S. 3–16.

Pepels, W. (1995): Käuferverhalten und Marktforschung. Eine praxisorientierte Einführung, Stuttgart.

Petty, R. E./Cacioppo, J. T. (1979): Issue Involvement can increase or decrease Persuasion by enhancing message-relevant Cognitive Responses. In: Journal of Personality and Social Psychology, Vol. 37, S. 1915–1926.

Petty, R. E./Unnava, R. H./Strathmann, A. J. (1991): Theories of Attitude Change. In:

Robertson, T./Kassarjian, H. (Hrsg.): Handbook of Consumer Behavior, Englewood Cliffs, S. 241–280.

Polonsky, M. J./Macdonald, E. K. (2000): Exploring the link between cause-related marketing and brand building. In: International Journal of Nonprofit and Voluntary Marketing, Vol. 5, Issue 1, S. 46–57.

Pracejus, J. W./Olsen, G. D./Brown, N. R. (2003): On the Prevalence and Impact of Vague Quantifiers in the Advertising of Cause-Related Marketing (CRM). In: Journal of Advertising, Vol. 32, Issue 4, S. 19–28.

Preston, I. L. (1982): The Association Model of the Advertising Communication Process. In: Journal of Advertising, Vol. 11, S. 3–15.

Preston, I. L./Thorson, E. (1984): The Expanded Association Model – Keeping the Hierarchy Concept Alive. In: Journal of Advertising Research, Vol. 24, S. 59–65.

Puschmann, T./Alt, R. (2002): Benchmarking Customer Relationship Management. In: Berichte der Universität St. Gallen, S. 1–42.

Quester, P. G./Smart, J. (1998): The Influence of Consumption Situation and Product Involvement over Consumers' Use of Product Attribute. In: Journal of Consumer Marketing, Vol. 15, S. 220–238.

Rapp, R. (2000): Customer Relationship Management – Das neue Konzept zur Revolutionierung der Kundenbeziehungen, Frankfurt/Main.

Redman, T. (1996): Data Quality for the Information Age, Norwood.

Rehorn, J. (1988): Werbetests, Neuwied.

Reichheld, F. (1997): Der Loyalitätseffekt – Die verborgene Kraft hinter Wachstum und Gewinnen und Unternehmenswert, Frankfurt.

Rennhak, C. (2003): Markenaffinität bei Kreditkarten, Munich Business School Workingpaper, 2003-01.

Rennhak, C. (2006a): Ansätze zur Erklärung der Kommunikationswirkung. In: Rennhak, C. (Hrsg.): Unternehmenskommunikation 2.0 – Neue Wege im Marketing, Stuttgart, S. 25–49.

Rich R. (2004): Data Quality: CRM's weak link. In: Customer Interaction Solutions, 3/2004, S. 36–38.

Robertson, T./Zielinsky, J./Ward, S. (1984): Consumer Behavior, Glenview.

Rode, V./Vallster, C. (2004): Was ist Corporate Branding? In: Harvard Business Manager, Mai 2004, S. 8–9.

Rogge, H.-J. (1981): Marktforschung, München/Wien.

Röttger, U. (2004): Theorien der Public Relations, Wiesbaden.

Russell, C. A. (2002): Effectiveness of Product Placements – The Role of Modalitiy and Plot Connection Congruence on Brand Memory and Attitude. In: Journal of Consumer Research, Vol. 29, S. 306–318.

Russell, C. A./Stern, B. (2006): Consumers, Characters, and Products – A Balance Model of Sitcom Product Placement Effects. In: Journal of Advertising, Vol. 35/1, S. 7–21.

Schaller, C./Stotko, C./Piller, F. (2004): Mit Mass Customization basiertem CRM zu loyalen Kundenbeziehungen. In: Hippner, H./Wilde, K. (Hrsg.): Grundlagen des CRM – Konzepte und Gestaltung, Wiesbaden, S. 67–89.

Scheuch, E. K./Zehnpfenning, H. (1974): Skalierungsverfahren in der Sozialforschung. In: König, R. (Hrsg.): Handbuch der empirischen Sozialforschung, Bd. 3a, Grundlegende Methoden und Techniken der empirischen Sozialforschung, Teil II, 3. Aufl., Stuttgart, S. 97–203.

Schmidt, C. (2006): Erlaubt ist, was gefällt. In: Süddeutsche Zeitung Nr. 104 vom 6./7. Mai 2006, S. 25.

Schneider, B./Bowen, D. (1985): Employee and customer perception of service in banks – replication and extension. In: Journal of Applied Psychology, Vol. 70, S. 423–433.

Schneller, J./Faehling, G. (2005): ACTA 2005 – Allensbacher Computer- und Technikanalyse 2005 – Trends in der Internetnutzung und

Literatur

Entwicklung der Online-Medien, www.acta-online.de.

Schwaiger, M. (2001): Messung der Wirkung von Sponsoringaktivitäten im Kulturbereich. In: Schriften zur Empirischen Forschung und Quantitativen Unternehmensplanung, Heft 3/2001, Ludwig-Maximilians-Universität, München.

Schwaiger, M. (2003): Evaluierung von Kultursponsoring-Maßnahmen. In: Litzel, S./ Loock, F./Brackert, A. (Hrsg.): Handbuch Wirtschaft und Kultur. Formen und Fakten Unternehmerischer Kulturförderung, Berlin/Heidelberg, S. 98–113.

Schwaiger, M. (2004): Components and Parameters of Corporate Reputation – an Empirical Study. In: Schmalenbach Business Review, Vol. 56, Januar 2004, S. 46–71.

Schwartz, J. C./Shaver, P. (1987): Emotions and Emotion Knowledge in Interpersonal Relations. In: Advances in Personal Relationships, Vol. 1, S. 105–127.

Schwede, S. (2000): Vision und Wirklichkeit von CRM. In: Information Management Consulting, 1/2000, S. 7–11.

Schweiger, G./Schrattenecker, G. (1995): Werbung, 4. völlig neu bearbeitete und erweiterte Auflage, Stuttgart et al.

Schwetz, W. (2000): Customer Relationship Management – Mit dem richtigen CAS/CRM-System Kundenbeziehungen erfolgreich gestalten, Wiesbaden.

Sheldon, A. F. (1911): The Art of Selling, Chicago.

Shimp, T./Yokum, J. (1982): Advertising Inputs and Psychophysical Judgements in Vending Machine Retailing. In: Journal of Retailing, Vol. 58, S. 95–113.

Simon, H. A. (1957b): Administrative Behavior, 2. Aufl., New York.

Slovic, P. (1972): Information Processing, Situation Specifity, and Generality of Risk-Taking Behavior. In: Journal of Personality and Social Psychology, Vol. 22, S. 128–134.

Stadtler, K. (1983): Die Skalierung in der empirischen Forschung – Einführung in die Methoden und Tests der Leistungsfähigkeit verschiedener Ratingskalen, hrsg. von Infratest Burke, München.

Stauss, B. (1998): Beschwerdemanagement. In: Meyer, A. (Hrsg.): Handbuch Dienstleistungsmarketing, Stuttgart, S. 1255–1271

Stauss, B. (2003): Kundenbindung durch Beschwerdemanagement. In: Bruhn M./ Homburg, C. (Hrsg.): Handbuch Kundenbindungsmanagement, 4. Aufl., Wiesbaden, S. 309–336.

Stauss, B. (2004): Grundlagen und Phasen der Kundenbeziehung: Der Kundenbeziehungslebenszyklus. In: Hippner, H./Wilde, K. (Hrsg.): Grundlagen des CRM – Konzepte und Gestaltung, Wiesbaden, S. 339–360.

Stiff, J. (1986): Cognitive Processing of Persuasion Message Cues – A Meta-analytic Review of the Effects of Supporting Information on Attitudes. In: Communication Monographs, Vol. 53, S. 75–89.

Stojek, M. (2000): Customer Relationship Management – Software, Strategie, Prozess oder Konzept? In: IM – Die Fachzeitschrift für Information Management und Consulting, 15. Jg., 1/2000, S. 37–42.

Strandberg, K. W. (2003): Watch placements in high-profile movies can fuel retail sales. In: National Jeweler, Vol. 97, S. 22–23.

Strong, E. K. (1925): The Psychology of Selling and Advertising, New York.

Sullivan, J. L./Feldman, S. (1979): Multiple Indicators – An Introduction, Beverly Hills.

Szymanski, D./Henard, D. (2001): Customer satisfaction – A meta-analysis of the empirical evidence. In: Journal of the Academy of Marketing Science, Vol. 29, S. 16–35.

Tewes, M. (2003): Der Kundenwert im Marketing – Theoretische Hintergründe und Umsetzungsmöglichkeiten einer wert- und marktorientierten Unternehmensführung, Wiesbaden.

Tonnemacher, J. (2003): Kommunikationspolitik in Deutschland, Stuttgart.

Vaughn, R. (1980): How Advertising Works – A Planning Model. In: Journal of Advertising Research, Vol. 20, S. 27–33.

von Rosenstiel, L./Ewald, G. (1979): Marktpsychologie, Bd. 1, Stuttgart.

Vranica, S. (2004): Product Placement Sheds it's Cozy Trappings. In: Wall Street Journal, Sep. 23, S. B1.

Wagner, H./Teege, G./Baumann, D. (2001): Digital Brand Management: Erfolgreiches Markenmanagement im Internet-Zeitalter. In: Riekhof, H.-C. (Hrsg.): E-Branding-Strategien, Wiesbaden.

Wand, Y./Wang, R. (1996): Anchoring Data Quality Dimensions in Ontological Foundations. In: Communications of the ACM, 39. Jg., 11/1996, S. 86–95.

Wang, R. (1998): A Product Perspective on Total Data Quality Management. In: Communications of the ACM, 41. Jg., 2/1998, S. 59–65.

Wang, R./Strong, D. (1996): Beyond Accuracy: What Data Quality Means to Data Consumers. In: Journal of Management Information Systems, 12. Jg., 4/1996, S. 5–33.

Webb, N./Wybrow, B. (1987): Henry Durant – Trailblazer. In: Journal of the Market Research Society, Vol. 29, S. 385–390.

Wegmann, C. (2000): eServices-Marketing. Grundlagen und Besonderheiten des Dienstleistungsmarketing von eServices, Ingolstadt.

Wehrle, F. (1984): Strategische Marketingplanung in Warenhäusern, 2. Aufl., Frankfurt u. a.

Wessel, A. (2007): Vollsortimenter bangen um ihr Image. In: Lebensmittelzeitung, Nr. 9, S. 4.

Wessells, M. G. (1982): Cognitive Psychology, New York et al.

Wiechmann, U. E. (1976): Marketing Management in Multinational Firms: The Consumer Packed Industry, New York.

Wimmer, F./Roleff, R. (1998): Steuerung der Kundenzufriedenheit bei Dienstleistungen. In: Meyer, A. (Hrsg.), Handbuch Dienstleistungsmarketing, Stuttgart, S. 1241–1254.

Wind, Y./Green, P. E. (1974): Some Conceptual, Measurement and Analytical Problems in Life Style Research. In: Wells, W. D. (Hrsg.): Life Style and Psychographics, Chicago/ Illinois 1974, S. 99–126.

Wolfe, H. D./Brown, J. K./Thompson, G. C. (1962): Measuring Advertising Results, New York.

Yankelovich Partners (2004): Consumer Resistance Study 2004, Chapel Hill.Wilbur K. (2008): How the digital video recorder (DVR) changes tradtional television advertising. In: Journal of Advertising, Vol. 37/1, S. 147–149.

Zaichkowsky, J. L. (1987): The Emotional Aspect of Product Involvement. In: Advances in Consumer Research, Vol. 14, S. 32–35.

Zeithaml, V./Parasuraman, A./Berry, L. (1992): Qualitätsservice, Frankfurt/Main.

Zellner, G. (2002): Beziehungsmanagement im Fokus – Ergebnisse einer empirischen Untersuchung. In: Berichte der Universität St. Gallen, S. 1–23.

MIX
Papier aus verantwortungsvollen Quellen
Paper from responsible sources
FSC® C105338

If you have any concerns about our products,
you can contact us on
ProductSafety@springernature.com

In case Publisher is established outside the EU,
the EU authorized representative is:
**Springer Nature Customer Service Center GmbH
Europaplatz 3, 69115 Heidelberg, Germany**

Printed by Libri Plureos GmbH
in Hamburg, Germany